MINERVA 歴史・文化ライブラリー 26

国体論はなぜ生まれたか

明治国家の知の地形図

米原 謙 著

ミネルヴァ書房

国体論はなぜ生まれたか——明治国家の知の地形図

目次

凡　例

引用・参照文献は、以下のような原則にもとづき文中に記した。また引用に際して、適宜、濁点や句読点を付した。文中で言及した文献の詳細な書誌については、巻末の一覧表を参照されたい。

一、個人全集や著作集は、当該人物の姓の後に巻・頁を記す。
　例：『北一輝著作集』第一巻二〇九頁　→　北①二〇九頁
二、シリーズ「日本思想大系」（岩波書店）は「大系」、「日本近代思想大系」（岩波書店）は「近代思想大系」、「明治文学全集」（筑摩書房）は「文学全集」と略し、それぞれ巻・頁を記す。
　例：『教育の体系』〈日本近代思想大系6〉六四頁　→　近代思想大系⑥六四頁
三、上記以外の資料集などはタイトルと巻・頁を記す。
　例：板垣退助監修『自由党史』中巻、六四頁　→　『自由党史』（中）六四頁
四、その他の参考文献は以下の原則によって表記した。
（1）著書は、著者名・文献名・頁を記す（タイトルの副題は省略する）。ただし行文上、著者や文献が自明な場合は、著者名や文献名を省略し、頁のみを記した。
　例：原武史『可視化された帝国――近代日本の行幸啓』一一頁　→　原武史『可視化された帝国』一一頁
（2）論文については、著者名・論文タイトルを記す。
　例：相原耕作「国学・言語・秩序」（『日本思想史講座3――近世』所収）　→　相原耕作「国学・言語・秩序」
五、本文中に記述できなかった若干の補足的事柄は、註として一括して巻末に掲載した。

序章　国体論という磁場

1　国体論とは何だったか

国体論の受けとめかた――「主体なき権力」？

本書に収録した論文に取り組んでいるあいだ、わたしは二人の思想家の以下のような発言をつねに意識していた。

「『国体論』と云ふ羅馬《ローマ》法王の忌諱に触るゝことは即ち其の思想が絞殺さるゝ宣告なり。政論家も是れあるが為めに其の自由なる舌を縛せられて専政治下の奴隷農奴の如く、是れあるが為めに新聞記者は醜怪極まる便佞《べんねい》阿諛《あゆ》の幇間《ほうかん》的文字を羅列して恥ぢず。是れあるが為めに大学教授より小学教師に至るまで凡ての倫理学説と道徳論とを毀傷汚辱し、是れあるが為めに基督《キリスト》教も仏教も各々堕落して偶像教となり以て交々《こもごも》他を国体に危険なりとして誹謗し排撃す」（一九〇六年、北一輝『国体論及び純正社会主義』、北①二〇九頁）。

「空気はこれを圧搾すれば液体となる如く、民主主義はこれを圧迫すれば民本主義となる。彼は物理の法則であって、これは幾百年間の屈従に馴らされたる人民の心理である。如何なる政治学者の、如何なる理屈によって着色せられようとも、歴史的に見れば、民本主義という用語が、民主主義に対する国体論上の襲撃に応ずる保護色として、一部の政論家によってもちいられたものであったことは否むことのできない事実である」(一九一八年、山川均「吉野博士及び北教授の民主主義を難ず――デモクラシーの煩悶」、山川①四五一頁)。

これを書いたとき、北一輝《いっき》(一八八三～一九三七)は三三歳、山川均(一八八〇～一九五八)は三七歳だった。すでに不敬罪などで二度の入獄経験がある山川はそれなりに筆を抑えただろうが、北の場合は自費出版の処女作だったので野心もあったのだろう。その類例のない激しい国体論批判はたちまち当局の「忌諱」にふれて発禁になった。自らの言のとおりに「絞殺」されたのである。それにしても二人の国体論批判は的をよく射ぬいている。ともに社会主義者として権力から疎外されることを辞さない決意をしていたからだろう。北は、国体論がまるで網の目のように社会の隅々まで張りめぐらされ、あらゆる言論を方向づける磁場となっている事実を指摘した。また民本主義が国体論を意識した「保護色」であることは山川の指摘をまつまでもないことだが、それでもかれの発言は、近代日本の政治的言説がその根本において国体によって制約を受けていたことを、改めて想起させるものである。

ミシェル・フーコーは『言葉と物』において、権力は特定の主体が他者に対して行使するものではなく、むしろ支配者と被支配者の相互の位置関係から発生するものだと指摘し、以下のように述べている。「秩序とは、物のなかにその内部的法則としてあたえられるものであり、物がいわばそれにしたがって見かわす秘密の網目であるが、同時に、視線、注意、言語といったものの格子をとおしてのみ実在するものにほかならない」(一八頁)。近代国体論が行使した魔力的な影響力も、フーコーのいう「主体なき権力」という性格を持っていた(杉田敦『権力の系譜学』第二章、第三章参照)。それは多くの場合、見える権力として誰かが行使するよりも、むしろ網の目のような見えない権力として人々を拘束していたのである。多くの人々には見えず、あるいは敢えて見ようとしなかったその現実を、北はあからさまに告発したのだった。

しかし、このように社会の表面で国体論が強力な磁場として機能していたとしても、それが人々を内面から拘束する秩序意識としての実質を備えていたかどうかは疑わしい。なぜなら国体論が、知識青年を納得させるに足る論理を備えていなかったことを、傍証する証言は少なくないからである。徳富蘇峰『時務一家言』（一九一三年）は「吾人が祖先は、国体論に就《つい》て、未だ何故との疑問を発したるものなかりき。今日の青年に於ては、殆んど其の疑問を発せざるものはなき也」と書いた（文学全集㉞二八五頁）。むろん「祖先」が国体論を疑問視しなかったというのは、蘇峰一流のレトリックにすぎない。里見岸雄『国体に対する疑惑』（一九二八年）はこの問題そのものを主題にした本だが、執筆の動機を「今日、我国の青年の中には、事実に於て、国体や皇室に対して幾多の疑惑を抱ける者、又は無関心なる者が頗る多い」と説明している（二九一頁）。「「リベラル」な天皇制へのゆるぎない信者」だった戦中の丸山眞男も、ドストエフスキーが自分の信仰について書いた文章に関わらせて、「果して日本の国体は懐疑のるつぼの中で鍛えられているか」と手帳に書いていたのが見つかって、特高のブラックリストに載せられたと告白している（「昭和天皇をめぐるきれぎれの回想」、丸山⑮二一頁以下）。いずれも、人々が社会活動のあらゆる局面に国体論という枠づけがあることを認め、またその枠を壊したり無視したりするつもりはないにもかかわらず、その枠の存在理由には得心していない状況を指摘している。

国体論の二重性

以上によってわかるように、国体論には二重の受けとめかたが存在していた。その二重性とは、一方ではあらゆる言説に一定の方向性を与える見えない磁場として機能したと同時に、他方では社会の表面で高唱されるほどには、人々の秩序観に確信を付与することができなかったということである。この一見して矛盾するかにみえる構造は、いかにして造りだされたのだろう。

　周知のように、上記のような磁場を造りだした最大の仕掛は教育勅語だった。教育の現場でくり返された勅語奉読の儀式は、公的な場における人々の言葉づかいや振る舞いかたを規制し、社会秩序への従順さや協調性を養った。しかし儀式による行動規制はあくまで外面におけるタブーを形成したにとどまる。木下尚江が「教育勅語は今や児童走卒も尚ほ能く之を暗誦するに至りて、而して社会の道義日に頽敗す」と書いたのは、こうした現実を指摘したものである（「今日の第一難題——倫理思想の不具」、木下⑭四三一頁）。人々の言動を内面から支え能動性を引き出すために、勅語で語られた忠孝などの徳目を、記紀の神話・歴代の天皇や臣下たちの行状などから演繹し、皇祖皇宗への尊崇心から生じた道徳規範が歴史的に形成された日本人の本性だと、国体論者たちは説明した。だが記紀を中心とする皇祖皇宗の物語は、けっして道徳を直接に語ったものではない。また神話の登場人物や歴代の天皇たちの言動も必ずしも道徳的ではなく、むしろかれら自身がしばしば激烈な権力闘争の当事者であった。

　以上のような事情を考慮すれば、記紀や歴史書から教育勅語の命題に沿った物語を作るには、それなりの知識や技術が必要だったことがわかる。わずか三百数十字の教育勅語のために書かれた解説書は「二百数十にのぼる」といわれる（大系⑥三六四頁「解題」）。著者はほとんど一流の知識人たちである。涙ぐましい努力というべきだろう。しかし木下尚江にいわせれば、青年たちが愛国心に乏しいとすれば、それは「「国家」を鵜呑みにすることをのみ命令して、之《これ》を咀嚼することを教育せざりしに基く」ということになる（「愛国心欠乏の原因」、木下⑰一八頁）。つまり学者たちは頭ごなしに「教訓」を垂れるだけで、質問されると「革命の挑戦」と受けとめて「戦慄」している状態だという（「革命の無縁国」、木下④三四九頁）。教育勅語についていえば、「外来の命令」たるにとどまっており、「名は道徳教育と言ふと雖も実は是れ又一種の法律たるに過ぎざりし也。既に一種の法律たり、謂ふ所の道徳も亦た其権威を以て之を主権者に帰したる也」と評される（「思想界の新苦心」、木下④二八九）。つまりその道徳的教訓は強権の存在を背景にしたもので、違背すれば即座に法的な処罰が待っている。教育勅語で「国体の精華」とされた道徳は人々の内面を縛っておらず、帝国憲法にもとづく統治権の総攬者としての天皇の権威によってかろうじて保障されているにすぎないと、批判しているのである。

しかし教育勅語の衍義《えんぎ》や国体論に関する膨大な著書論文を書いた知識人たちは、まさか自らが信じてもいないことを書いたわけではないだろう。上記のような批判をくり返し展開した木下は、「君主観」と題する論説で以下のように述べている。天皇には政治・国法・道徳・宗教の四つの面からの位置づけがあり、歴史的に政治や国法の面での天皇の地位は変化してきたが、「国民の情感」のうえでは道徳的宗教的な天皇観が支配的である。この国民感情にもとづく天皇観を克服しないかぎり、「我が博識なる学者と一般国民とが『君主』論の前に恐怖逡巡する」状態は克服できない（「君主観」、木下⑯一九〇頁）。ここにいう「『君主』論」とは「国体論」と言い換えたほうがわかりやすいだろう。ともあれ天皇機関説や民本主義のように、天皇にたいする宗教的な感情を不問にしたまま、政治や国法の面で天皇権力を自由主義的に解釈するだけの手法には限界があると指摘したのである。

注目すべきは、「国体論に対する疑惑」と「国民の情感」における天皇尊崇は両立しえたことである。先に言及した思想犯被疑事件に関連して、国体論が「「懐疑のるつぼ」で鍛えられる経験もなく、ただ頭ごなしに信仰として押しつけられるのはいかがなものか」と、丸山眞男はずっと疑問を感じていたと述懐している（「昭和天皇をめぐるきれぎれの回想」、丸山⑮二三頁）。しかし他方でかれは、皇紀二千六百年の祝賀行事で昭和天皇が東大に行幸したとき、「従容として迫らざる威厳を感じた」という（同上三一頁）。

そして「超国家主義の論理と心理」を発表して、天皇制と昭和天皇への「中学生以来の「思い入れ」にピリオド」を打つまでに「半年も思い悩んだ」と告白した（同上三五頁）。

宗教的信仰とまではいわないとしても、一種の親近感と敬意、そして伝統や神話にもとづく威厳に対する帰依が入り混じった感情は、知識人を含めて国民全般に広く存在した。この感情は、天皇が政治や宗教に関する意見や利害の対立を超越した「公平な第三者」として振る舞い、そのような存在として国民のあいだに受け入れられたことによって生じた。その背景には、近世以来の神道を中心とする民間信仰にもとづき、抑圧からの解放の理念をこの「公平な第三者」に託した少なからぬ人々の存在もあっただろう。丸山が感じとった君主としての威厳や風格は、幕末以来、側近はもちろん、天皇自身が身につけようと努力してきたものである。容姿や身ぶり、儀式における所作や発声、そして語学・短歌・古典などの教養から馬術の訓練まで、あらゆる面での帝王学を身につけるべく周到な教育がなされた（原武史『大正天皇』、同『昭和天皇』など参照）。こうして威厳と親愛、神聖さと人間らしさ、超越性と親近性を兼ね備えた存在として、天皇が国民全体の意志を表象するかのように振る舞い、それが天皇のあるべき姿だと人々が信じるようになったとき、国体論は成立した。

万世一系の天皇は、有史以来、一貫して「公平な第三者」としての公共性の具現だったと、国体論者は論証しようとした。むろんこれはタテマエにすぎず、事実ではないことを、かれらも承知していただろう。しかしこのタテマエに沿うように天皇の言動が演出され、人々が天皇によって表象された「公共性」に奉仕すること、この相応する二つの行動態度が近代日本のあるべき秩序の姿だった。このタテマエは前述のような天皇への尊崇心に基礎を置いていた。しかし他方では、このタテマエは史実や常識によって絶えず「疑惑」や反問にさらされるので、社会的タブーや法的政治的制裁に訴えて、不服従を抑制しなければならなかった。こうして天皇に対する大衆的な尊崇心と社会的制裁装置が競合して、言論空間を支配する構造的な磁場が形成されたのである。もちろんこのタテマエには誰も異論を唱えることが許されないので、国家的な危機が亢進したときに、それを盾に「君側の奸」を批判するという現象も生じた。磁場は、「国体」という仮構に疑問や異論を懐く（潜在的な）反体制派だけでなく、もっとも熱心なその支持者（enragé）をも拘束していた。要するに、喧伝された建国の根本理念は、秩序維持のための社会的機制であると同時に、政治的社会的なエスタブリッシュメントを攻撃する梃子にもなりえたのである。

2　本書の課題

「国体」という言葉の使用頻度

「国体」あるいは「国体論」という語がどれほど頻繁に使用されたかを推定するために、国立国会図書館の「近代デジタルライブラリー」を利用してみよう。「国体」という語で検索し、収録された文献数の時系列の変化を調べると左表のようになる。この数字は刊行された書籍のタイトルあるいは目次に「国体」という文字があるものを示している。したがって雑誌論文は含まれておらず、また現時点（二〇一四年九月）でデジタル化された文献数を示すにすぎないが、およその傾向を示しているとみてよいだろう。出版された書籍の総点数の増加という要因も関係しただろうが、「国体」に言及した文献が一九三〇年代まで着実に増えていく様子が一目瞭然である。

「国体」を含む書籍数

年	数
1800～1869	2
1870～1879	23
1880～1889	49
1890～1899	116
1900～1909	227
1910～1919	333
1920～1929	435
1930～1939	875
1940～1949	460

この表のうち、「国体」の意味がほぼ確定した一八九〇

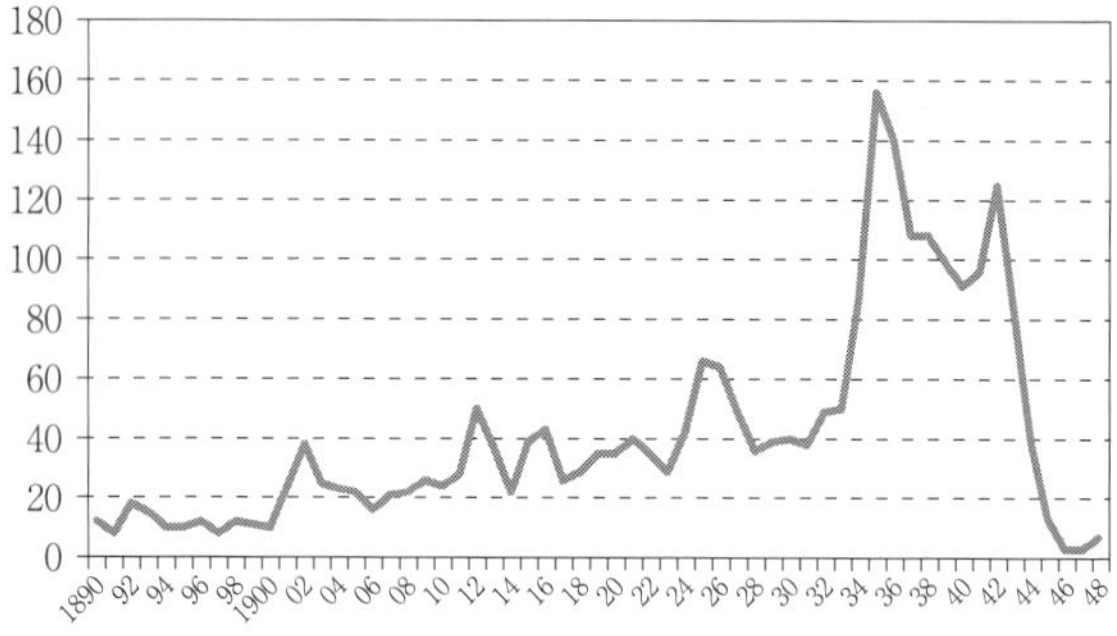

「国体」を含む書籍数

年以降の文献数の変化を、年ごとに集計したのが上のグラフである。増減をくり返しながら、全体として増えていく様子が一目瞭然であるが、その変動の過程に三つのピークがあることがわかる。最初は一九二五年（六六点）と二六年（六四点）の小ピーク、次に全体のピークになっている一九三五年（一五六点）と翌三六年（一四〇点）、最後が一九四二年（一二五点）である。この三つのピークがなぜ生じたかはおよその見当がつく。最初の小ピークは治安維持法の成立（一九二五年三月）、次の最大のピークは天皇機関説事件と国体明徴運動（一九三五年）、最後の一九四二年は前年末の対米英戦争の勃発である。このようにみると、国体をめぐる議論がその時代の政治状況を如実に反映していることがよくわかる。

「国体」は、幕末の政治危機において、まず尊王攘夷的なナショナリズムを表現するキーワードとして普及し、明治維新以後は天皇を中心とした政治体制の正統化原理となった。だから国体論は近代日本の政治的言論がつねに意識せざるをえなかった心理的機制となり、体制への危機意識が強まると、国体論が高唱されることになったのである。

本書の主題は国体論の消長のプロセスではなく、それが成立するための思想史的プロセスを考察することである。国体論の消長それ自体を扱わないのは、それが日本近代全般を扱うほど膨大なテーマだという事情をさておいて、何よりわたしが政治思想としての国体論の成立に関心を持つからである。一八九〇年代にイデオロギーとして、一応、完成した国体論は、体制の秩序原理として、政治的異論や社会的不安定に直結する言行への防衛機制として機能した。それは生産的な思想的営みであるよりも、社会現象あるいは社会運動としての側面が強い。とくに前述の一九三〇年代と四〇年代のピーク時の現象は、有機体が予期しない衝撃を受けたときに、防衛本能としておこなう不随意運動を連想させるものがある（昭和一〇年代の国体論を明治期の国体論と区別し、その独自性を強調する見解もある。昆野伸幸『近代日本の国体論』参照）。人々をあれほど強固に拘束したにもかかわらず、知的にはあまりにも空疎で千篇一律の内容しかない。これが国体論というイデオロギーの一つの特徴である。ステレオタイプ化した常套句、権力を背にした居丈高な糾弾、大衆を意識したアジテーションなど、およそ思想としては無味乾燥でしかないイデオロギーが、人々のどのような願望と政治的必要によって発生したのか。国体という観念の誕生の現場に立ち戻って考察してみたいというのが、本書の動機である。

本書の概要

以上のような考えにもとづき、本書は国体論がそのおぼろげな姿を現し始めた時期から、基本的な思想的枠組ができあがった時期までを主な対象として扱い、最後に一九二三年の裕仁皇太子の台湾行啓を取り上げている。具体的には「国体」という語が一気に流行語となるペリー来航前後から、帝国憲法と教育勅語によってこの語に明確な定義が与えられた時期[1]が、政治思想としての国体論の成立過程である。

まず本書の構想の背景にあるわたしの認識を図示しておこう。次頁の図は国体論の思想的成立の概略を示したものである。「国体」という語は、国の体面とか国柄という意味で江戸時代中期からそれなりに使われていた。しかしその後、ペリー来航後の政治過程で尊王攘夷的なナショナリズムの心情を表現

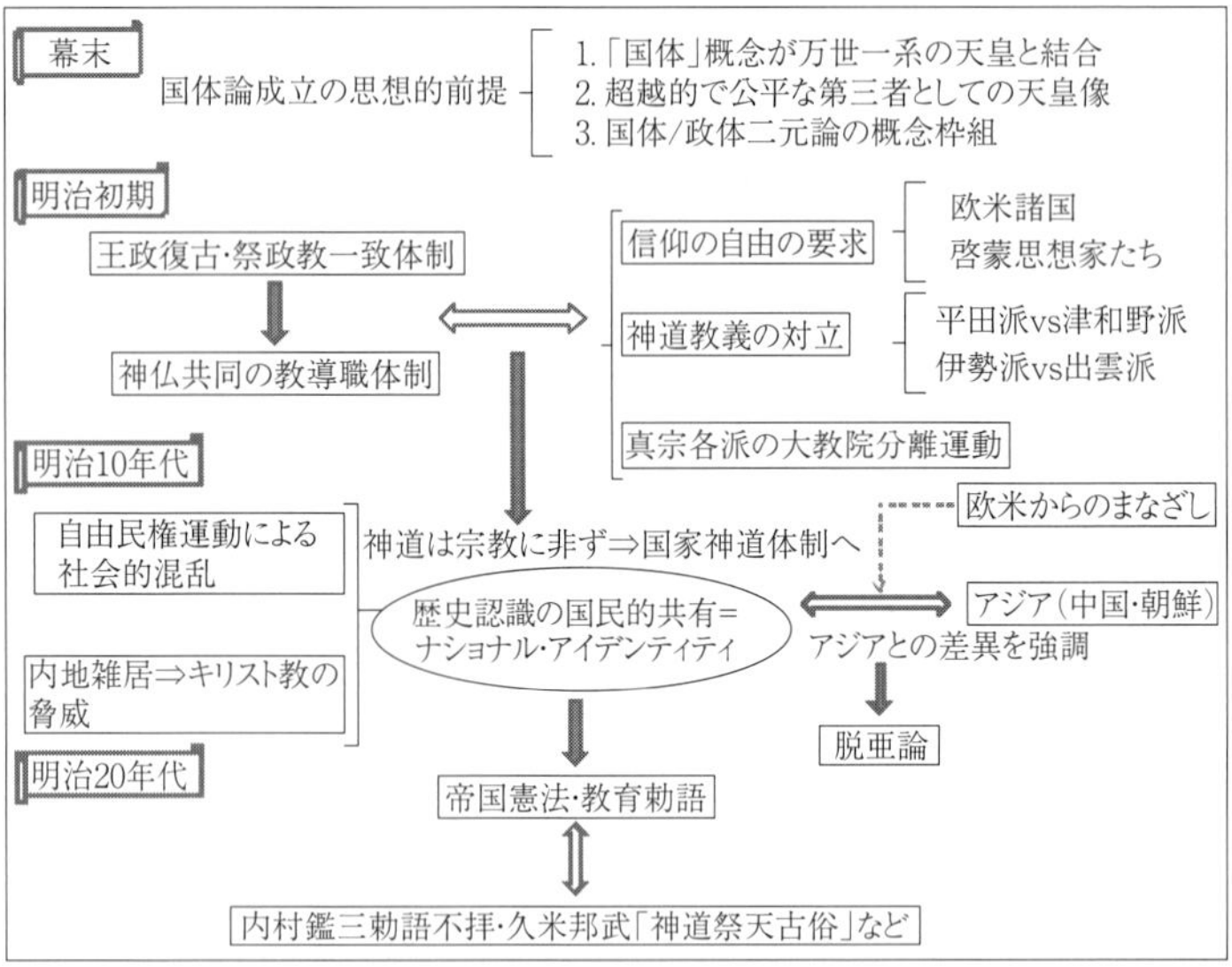

国体論成立の歴史的概念図

する中心的語彙になり、近代国体論の概念枠組が形成された。その前提は、この語が万世一系の天皇と不可分に結びつくこと、天皇が政治的・宗教的な対立を超越した「公平な第三者」とみなされるようになること、政体と国体という二元的な概念枠組ができることである。

明治維新の神武創業への復帰という理念は、国学者や神道家によって創りだされたが、当初の目標だった祭政一致はまもなく挫折し、神道と仏教の協力による大教院の教導職体制に移行した。挫折の原因の主たるものは、一つは西欧諸国や啓蒙思想家たちの政教一致体制反対・信仰自由の要求であり、もう一つは神道内部の複雑な対立である。新しくできた大教院による国民教化運動も、長州の木戸孝允などと結びついた浄土真宗が大教院から離脱して失敗に終わった。そして(神社)神道を宗教ではなく国家的な儀礼と再定義し、その他の宗教の信仰の自由を認めるとともに、神道の優越性を確保して、新たなナショナル・アイデンティティを創出することにした。その核心は日本人が古来から天皇に忠誠を尽し、万世一系の天皇を中心に文化的・政治的共同体をなしてきたという理念である。しかしこのような「伝統」の創出だけでは国家の独立は確保できない。条約改正をはじめとする国家的課題を達成するには、西欧諸国からの差別的なまなざしを意識しつつ、西欧文明圏への参入を証明しなければならなかった。こうして一方では天皇中心の政教一致的な体制の独自性と優越性、他方では伝統的アジアからの離脱という理念によって特徴づけられる国家体制が、明治二〇年代に成立した。幕末からの著しい国家構想の変貌のなかで、一貫して天皇の政治的復権を志向し、天皇「親裁」体制を実現しようとした政治家が岩倉具視だった。

明治維新後の言論空間において、言論がもっとも活性化したのは自由民権期だった。政治的な世界への参入が庶民にまで一気に拡大したこと、国民統合の原理となる倫理感や歴史意識が未成熟だったことによる自由闊達さが、言論による公共空間を成立させたのである。しかし明治維新後、徐々に活性化していった言論空間は、一〇年代後半に閉塞していった。統治エリートや啓蒙思想家たちが、どこに向かうかわからない言論の放縦さに危機感を持ち、国民統合の原理を創りださねばならないと考えたからである。一方では法的規制によって、他方では対抗イデオロギーの対置によって、自由民権期の言論による公共空間を押しつぶして、明治国家は成立した。

先の図でナショナル・アイデンティティと呼んだ国民意識は、この時期に一気に成立したのではない。それは日清・日露戦争などの経験を通じて絶えず新たに彫琢し直され、長い時間をかけて国民共有の歴史意識となっていった。その出発点をなすのが明治二〇年代に成立した国家神道・帝国憲法・教育勅語のトライアングルであり、それは明治国家のナショナル・アイデンティティの枠をかたどったものだった。

以下では、この図を念頭に置きながら、各章ごとに議論のねらいを説明し、分析の背景にあるわたしの理解や考えかたを補足しておきたい。

第1章「「国体」の発見」は、「国体」という術語が、幕末の政治過程を通じて徐々に成熟してくる思想史的プロセスを追跡している。一般に国体論と呼ばれているイデオロギーには二つの共通認識がある。一つは、万世一系の天皇が日本を統治することが日本の国体であるという認識で、第二はこのような意味での国体は古代から不変であり、日本固有のものだという信念である。この二つの考えかたが成立するには、三つの理論的前提が必要になる。第一は、近世政治思想のボキャブラリにおいて「国家の体面」を主とする多義的な概念だった「国体」が、万世一系の天皇の存在と不可分の概念に変化することである。第二は、天皇の国政上の権威が決定的に上昇し、政治的・宗教的な意見や利害の対立を超越した「公平な第三者」というタテマエが成立することである。

第三は、万世一系の天皇を中心とする祭政教一致体制は古代からの一貫したものだという考えが、言論空間を支配する構造的磁場となることである。しかし中国からの律令体制の輸入、藤原氏による摂関政治や鎌倉時代以後の武家支配、そして近代における西欧立憲主義の輸入などの歴史的事実の前では、古代の祭政教一致体制が一貫していたという主張は、到底、維持できない。この実態と理念との乖離を架橋し、天皇支配の持続という仮構を維持する概念装置が国体／政体二分論である。つまり政体は変化したが、国体は一貫していると言いぬけることによって、国体論はかろうじて現実との整合性を保持できた。もちろんこのような理論的困難を克服して、国体論が言論空間の磁場となるのは、天皇尊崇の雰囲気が社会の底辺まで下降する日露戦争後のことと想定される。しかしすでに一八九〇年代に内村鑑三勅語不拝事件や久米邦武「神道祭天古俗」事件が起こったことは、こうした磁場が確かな存在感を持ち始めたことを示している。

第2章「神々の欲望と秩序——幕末国学の国体論」は、幕末期の国学者たちの秩序構想を分析したものので、第1章で論じた国体論の概念枠組の成立を、幕末の国学者の思想的営みに沿って説明しようとしたものである。いうまでもなく、国学という学問とイデオロギーは本居宣長によって定礎されたが、それは古典(とくに『古事記』)の記述を字義どおりに解釈することを特徴とした。宣長が儒教と比較しながら誇ったように、日本古典は道徳を説くことを目的にしたものではない。少し誇張すれば、それはむしろ神々(と天皇たち)の欲望の物語であり、それをありのままに肯定すれば、秩序は崩壊する。「物のあはれ」は「色情」の肯定と紙一重であり、それは無秩序につながる。宣長後の国学者たちを当惑させたのは、まさにこの点だった。

宣長の後を継ぎ、幕末の国学者に圧倒的な影響を与えたのは平田篤胤である。篤胤は記紀をはじめとする古典から神話を再構成して『古史成文』を作るなど、宣長とはまったく異なった手法の神話解釈をおこなった。とくに大きな影響を与えたのは、オオクニヌシに人間の死後の審判の役割を付与して、独特の秩序意識を造りだしたことである。現世の見える世界を天皇が、死後の見えない世界をオオクニヌシが支配すると理解し、死後の審判という契機によって、篤胤は人間行動に対する規範意識を導きだした。つまり篤胤は死後の運命に関心を寄せることで信仰への傾斜を強め、他方では現世を倫理的に生きる必要を説くことになった。こうして通俗化した儒教倫理を密輸入して日常的な信仰と徳目を強調した篤胤は、他方では列強の接近に対して強い危機感をもち、儒者や蘭学者を批判して日本の「国体」の優越性を説く一面も持ち合わせていた。

文政以後の幕末の国学者たちは、篤胤の圧倒的な影響を受けつつ、それを独特な方向に発展させた。

オオクニヌシと天皇による分治が篤胤の世界像の特徴だったが、幕末の国学者の所説では、なぜかオオクニヌシへの言及が稀になり、天皇の存在感が急激に大きくなる。かれらが一様に説いたのは家職への精励だが、それはすべて天皇や主君への忠誠と結びつけられ、現実社会での支配服従関係が強調される。ただしそれは単純な現状肯定ではなく、むしろ多くの場合、儒教的な通俗道徳を基礎にした実践的な社会改革の構想である。おそらく幕末国学の担い手の多くが豪農など村落の支配層だったことが、かれらの議論の方向性を決定したのだろう。いわば中間管理職のつねとして、社会の矛盾をもっとも深刻に実感する立場にあったかれらは、社会変革を渇望しており、きわめて未熟ながら天皇中心の新たな政治体制を展望していたのである(2)。それは「公平な第三者」としての天皇に具現された、倫理的で誠実な生を生きる人間が報われるような公正な世界への期待だっただろう。

国体論の形成について、一般に水戸学の影響が重要視される。むろんそれは誤っていないが、天皇と主君に対する忠誠を主とした水戸学の議論は、やはり武士層の倫理感を表現したものである。明治維新後の国家体制において、武士的エートスは殊のほか強調された。統治エリートや知識人に武士出身者が多かったこと、明治国家が列強と対峙するために戦闘者の発想を重んじたことなどによって、それは表舞台で喧伝される傾向があった。教育勅語の「一旦緩急アレバ義勇公ニ奉ジ」はその典型的な表現である。しかし「国体」の思想や理念を下支えしていた中間層の発想は、水戸学ではなく、むしろ国学者によって表現されたと考えられる。ここで国学者の秩序観を考察したのはそのためである。

第3章「「地球上絶無稀有ノ国体」を護持するために——岩倉具視の構想」は、岩倉具視（一八二五～八三）を素材にして明治政府の国家構想を解明したものである。岩倉を俎上にあげたのは、国体論という観点からみるかぎり、もっとも明快で一貫した国家構想を持ち、しかもそれを恐るべき執着心と強い意志で追求した人物だからである。あるいはもっと単刀直入にいえば、もし政府中枢に岩倉という政治家がいなかったら、近代日本の政治と思想をあれほど強く規定するような形で、国体論が国家体制の内部に埋め込まれることはなかったのではないかと、わたしは想像する。国体論に関するかぎり、岩倉の存在はそれほど大きかった。

岩倉が政治家として登場したのは、一八五八年の日米修好通商条約の勅許をめぐる政治過程においてだった。このとき岩倉は勅許に対して強力な反対運動を展開するが、それは徳川幕府体制のもとで公武の協力体制を推進し、それを梃子に朝廷の政治的発言力を強めるためだった。こうした意図で和宮降嫁を推進した岩倉は、文久に入って尊王攘夷運動が高まり失脚する。三年後に復帰した岩倉は将軍職廃止＝天皇による「万機親裁」へと舵を切り、王政復古を目指して邁進する。この時期から岩倉は「国体」と「政体」を峻別し、政体は「万古不易」の国体にもとづかねばならないと主張するとともに、祭政一致と天皇親裁を基本とする国家体制を目指すようになる。「建国策」（一八七〇年）はこうした構想をまとめたもので、アマテラスの神勅による万世一系の天皇の統治が日本の国体だとし、天皇は人民が「其所」を得るようにすることによって天神に仕え、人民は「其業」に励むことによって天皇に仕えるとされている。

このような発想からは立憲主義を許容する思想が出てくるはずがない。一八七一年から一年半余りにわたって米欧を見聞して回るが、一八七五年に大久保利通が木戸孝允らと妥協して漸次立憲政体樹立の詔勅を出したとき、岩倉は激怒した。「天皇親裁」は岩倉の国家構想の骨格であり、そのために明治天皇が「民ノ父母」としての徳と威厳をそなえ、「万機ノ政」を統括できる能力を持たねばならないと、かれは明治天皇に進講した。岩倉の親裁論は、佐々木高行や元田永孚らの侍輔グループの「親政」論ほど天皇の積極的な政治関与を主張するものではないが、その立場は政府中枢にいた政治家のなかでも飛びぬけて保守的で、立憲主義に対して（最後は妥協せざるをえなかったとしても）もっとも頑強な抵抗勢力だった。最晩年の岩倉は、京都御所や皇室行事などの「伝統」の再生と『大政紀要』の修史事業に最後の力を振りしぼった。「地球上絶無稀有ノ国体」という語が出てくるのは、この修史の建言書においてである。岩倉が死去したとき、伊藤博文はまだ憲法調査のためにベルリンにいた。憲法起草はその数年後のことである。もし伊藤の憲法起草が岩倉の生前だったら、明治憲法はもっと保守的な色彩の強いものになっていただろう。

ここで明治初期の岩倉の活動の時代背景について、本文では言及していない側面を補足しておきたい。慶応四（一八六八）年三月、政府は祭政一致の制度に復帰し神祇官を再興するとの布告を発した。神道国教化の宣言である。明治維新の過程で浮上してきた国学者や神道家の要求が具体化したもので、岩倉自身もこうした運動の中心にいたとみなしてよい。しかし国教化政策はまもなく挫折し、一八七二年には教部省を設置して大教院による教導職制を敷いた（小川原正道『大教院の研究』参照）。神官と僧侶による外教排撃の国民教化政策であるが、この制度も数年後には行きづまり、結局、一八八二年一月に「神官ハ教導職ノ兼補ヲ廃シ葬儀ニ関係セザルモノトス」との内務省達が出された。神道は宗教ではなく国家的祭祀だと規定し、すべての宗教の信仰の自由を認めたもので、安丸良夫が「日本型政教分離」と呼んだ制度がここに成立した（『神々の明治維新』二〇八頁）。この制度は信仰の自由を認める一方で、国家的祭祀としての（神社）神道を特権化し、神道祭祀への服従を国民たるものの義務としたものである。第二次大戦後のいわゆる「神道指令」（一九四五年）によって「国家神道」と呼ばれることになる制度が、こうして成立した（ただし「国家神道」とか「国家的神道」の呼称は「神道指令」以前から存在した）。それはアマテラスの系譜を継ぐ天皇への忠誠と神道儀礼の遵守を国民の義務とする点で、いわば外面的な政教一致体制と評してよいだろう。

王政復古によって神道による祭政教一致体制を目指していた政府は、仏教徒をも動員した教導職制度を経て、最終的に、一種の緩和された政教一致体制で妥協することになった。岩倉自身も、維新当初、側近だった頑強な国学者たちをブレーンからはずし、後には井上毅を重用した。それは国家神道の道に合流したことを意味する。このような妥協を強いられることになった主な原因として、信仰の自由への要求、浄土真宗本願寺派を中心とする教導職反対運動、神祇行政をめぐる神道内部の平田派と津和野派、伊勢派と出雲派の対立などによる混乱を挙げることができる。(3)

信仰の自由に関する議論だけを取り上げておくと、欧米諸国からの圧力もさることながら、啓蒙思想家たちの言論も無視できない。この時期に出ていた『明六雑誌』を一覧すると、意外なほど宗教問題を扱った論説が多いのはそのためである。明六社の思想家たちのなかでも、加藤弘之『国体新論』（一八七四年）は、維新直後に支配的になっていた国学的国体論への忌憚《しっかい》ない批判として注目される。かれは「国学者流」の国体論を以下のように批判する。「天下ノ国土ハ悉皆　天皇ノ私有、億兆人民ハ悉皆　天皇ノ臣僕ナリトナシ、随テ種々牽強付会ノ妄説ヲ唱へ、凡ソ本邦ニ生レタル人民ハ只管《ひたすら》　天皇ノ御心ヲ以テ心トナシ、　天皇ノ御事トサヘアレバ、善悪邪正ヲ論ゼズ、唯甘ジテ勅命ノ儘ニ遵従スルヲ真誠ノ臣道ナリト説キ、（中略）是等ノ姿ヲ以テ我国体ト目シ、以テ本邦ノ万国ニ卓越スル所以ナリト云フニ至レリ。其見ノ陋劣ナル、其説ノ野鄙ナル、実ニ笑フベキ者ト云フベシ」（『明治文化全集』自由民権篇、一一二頁）。

加藤はこのように「天神政治」を批判した後、「人民ノ安寧幸福」が国家の目的で、君主や政府はそのための手段であると説き、君主や政府の権力は人民の私事や「霊魂心思」に干渉してはならないとして、政教一致体制を批判している。さらにこのような「国家の大主旨」に合致するのが「公明正大ノ国体」だから、政体はその国の歴史や文明の度合で君主政体・民主政体などの相違があるが、国体は「万国共ニ必ズ一ナルヲ要ス」という（同上一二五頁）。日本固有の国体など認められないという断固たる批判である。翌年に出た福澤諭吉『文明論之概略』が、国体の保持とは政権を失わないことだと説いて、血統の連続性を強調した「皇学者流」を批判したことも想起される（拙著『近代日本のアイデンティティと政治』一七頁以下参照）。

第4章「自由民権運動と明治初期の言論空間」は、ハンナ・アレントやユルゲン・ハーバーマスの概念を借用して自由民権期の言論空間について考察し、それがどのように閉塞していったかを論じたものである。ペリー来航を機に、これまで国政に関与することを許されていなかった階層の人々が、政治の世界に参入することになった。外様大名や有力藩の下級藩士はいうまでもなく、神官や豪農層までが自己の政治理念の実現を目指して奔走する。この政治の下への拡散傾向は、維新後はさらに急激に進行する。本章ではその様を、まず政治的述語の変化の面で捉えている。具体的には、かつて良き政治のメルクマールだった「仁政」にかわって「幸福」という語が出現し、さらに新聞と演説会の全国的な普及によって、政治的な議論が全国の津々浦々まで波及していく様子を叙述した。また箕作麟祥・西村茂樹・福澤諭吉など東京の一流知識人が書いた論説が泡沫雑誌に転載され、それを契機に投書欄で無名の論客たちが盛んに議論を交わしている事実を紹介して、この時期の活性化した言論空間の状況を描いた。

このような政治的言論の隆盛と急進化は、当然ながら政府側からの言論統制という反動をひき起こした。しかし問題はそれだけではなかった。自由民権家たちに圧倒的影響を与えてきた福澤などの知識人も、言論の過剰な活性化が政府側の反動を呼び起こし、官民の対立によって社会的混乱が激化することを危惧した。こうして啓蒙思想家たちは、程度の差はあれ、明治一〇年代に一様に保守化し、場合によっては政府のイデオローグになって明治国家体制の構築のために尽力することになる。自由民権の運動と議論によって開かれた言論空間は明治一〇年代後半に閉塞し、帝国憲法と教育勅語によって完全に枠をはめられる。本章では、福澤などを例にとって、明治二〇年代の国体論への道がいかに準備されたかを分析した。福澤を取り上げたのは、その社会的影響力の圧倒的な大きさもさることながら、天皇をナショナル・アイデンティティの中心に据え、神道を愛国心を養成する「日本固有の道」と捉えて、国家神道体制への道を準備したからである（拙著『近代日本のアイデンティティと政治』第一章参照）。

第5章「歴史認識をめぐる抗争――明治二〇年代の国体論」は、明治二〇年代の政治思想を歴史認識という面で切りとり、その断面図に現れた作品や人物のうち、国体論と深くかかわるものを取り上げて紹介したものである。分析対象にしたのは久米邦武「神道祭天古俗」事件、島田三郎『開国始末』と内藤耻叟《ちそう》による批判、『東京日日新聞』記者の岡本武雄と福地櫻痴《おうち》による幕末政治論と国体論である。この三つの事件（あるいは抗争）はそれぞれ性格は異なるが、明治一〇年代後半から全体像を現し始めた国体論の姿をそれぞれの角度から表現したものである。

まず「神道祭天古俗」事件は、学会の第一人者といってもよい新進の歴史学者が、国体論のタブーに触れて帝国大学教授の地位を失った事件である。久米の側がいくらか不注意だった面もあるが、その背景には、国体論が何を許容できないかがまだよくわかっていなかったという事情がある。その限界を周知させた点で、久米事件の社会的な影響は大きかった。事件は明治二〇年代を特徴づける有名なエピソードだが、久米の議論やそれを批判した神道家たちの議論をていねいに紹介分析したものは少ない。わたしの目的は、国体論にとって何がタブーだったかを明らかにすること、さらにそれがけっして一部の神道家や偏狭な政治家・官僚だけの主張だったのではなく、それなりの支持基盤を持っていたことを新聞『日本』の論調によって示すことである。

第2節で取り上げた島田三郎と内藤耻叟の論争は、旧幕臣の自由民権論者でクリスチャンの政治家だった島田と、水戸学の嫡流で幕末の水戸藩内紛の当事者である内藤との激しい対立である。島田は開明的な立場から井伊直弼の条約調印を擁護し、尊王攘夷派を批判する目的で『開国始末』を刊行した。その真意は政治的な党派闘争を道徳的な正邪に還元して叙述する尊攘派中心の維新史観を批判するとともに、井伊政権の専制主義は幕府の閉鎖的な政治システム自体の欠陥であると説明することによって、暗に明治政府の藩閥体質を告発することだった。これに対して、内藤の『開国起原安政紀事』の最大のエネルギーは自分の主君である徳川斉昭の擁護に向けられている。斉昭が天皇と幕府の両方への忠誠を両立させていたのに、井伊らがその真意を理解しなかったこと、そして水戸藩の激派が斉昭の志に反した行動をとったと論じて、島田の歴史解釈を誤りと批判するのである。二人の議論は十分にかみ合っていないが、内藤の論法には政治的対立を道徳的な正邪に還元する傾向がきわめて強い。これは水戸学というより儒教的な政治論の特徴といってよいだろう。こうした精神のあり方は、しばしば維新後の保守派の議論のなかに持ちこまれ、権力政治を道徳的用語のオブラートに包んで表現する形をとった。国体論はその典型である。

第3節で取り上げた二人のジャーナリストの立場はやや複雑である。岡本武雄は桑名藩出身で戊辰戦争に従軍し、一時は山形の獄にいたらしい。福地櫻痴の場合は幕府の外交官僚で、当然佐幕派だったが、維新後まもなく新政府に出仕し、岩倉使節団の一員にもなった。この二人は明治一〇年代後半を『東京日日新聞』の同僚として過ごした。『東京日日』は有名な主権論争の当事者だったが、同時期に国体論の論陣も張っている。その内容は明治二〇年代に全面展開する国体論の骨格をすでに明示しており、国体論成立にとって先駆的な意味を持ったといえる。明治二〇年代になると、岡本は『王政復古戊辰始末』を出し、福地は有名な『幕府衰亡論』『懐往事談』などの著作を発表した。二人の歴史叙述の態度は、尊攘派中心の維新史観に異論を持つ点では共通だが、岡本は基本的に明治維新に対して肯定的で、福地は維新の意義を否定するわけではないが、幕府側にも相応の言い分があるという相対主義の立場をとっている。かれらは尊攘派を嫌いながら維新政権に近づき、自他ともに官権派とみなされる新聞で論陣を張って政府の立場を擁護し、立憲帝政党を組織して政府与党であることを公言した。しかし他方では、幕末の自分たちの立場の正当化のために歴史を書きなおす作業をせずにいられなかったのである。

第6章「裕仁皇太子の台湾行啓――「一視同仁」の演出」は、先の五章とは性格が異なる。前五章は国体論イデオロギーの形成過程を分析したものだが、この章は一九二三年に実施された摂政・皇太子裕仁の台湾行啓について考察したものである。わたしがこの問題に取り組むことになったのは、一カ月間の研修生活を送った国立成功大学の中庭に、裕仁が記念植樹したと伝えられる巨大なガジュマル（榕樹）があったのがきっかけだった。このガジュマルの由来を、いくらか興味本位で資料で確認しているうち、裕仁の行啓が植民地における国体イデオロギーの演出にほかならないと考えるに至った。

この研究でもっとも参考になった資料が二つある。一つは『田健治郎日記』（国立国会図書館憲政資料室所蔵）である。皇太子の台湾行啓を実現した田健治郎・台湾総督は実に几帳面な人だったらしく、一日も欠かさず日記を書き残した。叙述内容はかなり克明で、かれの日常生活だけではなく、訪問先、行事、会談した人物や内容、かれの感想まで詳細に書きとめられている。総督は台湾統治の最高責任者なので、この日記によって統治の実態がかなり具体的に浮かびあがってくる。わたしはこの日記によって、短期間の行啓という局面だけではなく、台湾統治全体のなかで行啓が果たした役割が理解できるようになった。二番目の資料は、国立台湾図書館と宮内庁書稜部に所蔵されている二種類の「台湾行啓記録」である（後者は部分的に刊行されている）。この文書は行啓の実際を記録したものだが、管見のかぎりでは、先行研究はこの資料を参照していないように思える。台湾図書館所蔵本（マイクロフィルム）の末尾には、日本人と台湾人が行啓についてどのような感想を持ったかが丹念に記録されていて、行啓の実態を知るうえで貴重な資料となっている。行啓に批判的な見解も多数収録されていることからみて、総督府が行啓の効果について詳細な調査をしたことは明らかである。新聞や雑誌などの公刊資料では語られなかった行啓の実態が、その叙述から浮かびあがってくる。とくに台湾人が感じていた不満や批判は、総督府が演出した「一視同仁」との落差を如実に示していて興味深い。

「国体」という語の消滅

最後に、近代日本を拘束しつづけた「国体」という語が、死語になっていった事情について一瞥《いちべつ》しておきたい。周知のように、ポツダム宣言を受諾するにあたって、昭和天皇と統治エリートたちは最後まで「国体護持」に執着し、天皇の統治権（prerogatives）保持の保証をもとめた。連合国からの返答は、天皇と政府は連合国軍最高司令官に従属すべきもの（shall be subject to）というものだったが、それにもかかわらず、八月一四日のポツダム宣言受諾の詔書は「国体ヲ護持シ得」たと宣言した。また東久邇宮首相も記者会見や所信表明演説で、「天皇の国家統治の大権を変更するの要求を包含し居らざることの諒解の下に」ポツダム宣言を受諾したと強弁した（拙著『日本政治思想』二二八頁以下参照）。

憲法改正をめぐる国会での論戦でも、統治エリートたちは国体は護持されたと言い張った。たとえば審議が始まってまもない衆議院本会議（一九四六年六月二五日）で、吉田茂首相は以下のように述べている。日本の憲法は五箇条の誓文から「出発」したもので、五箇条の誓文は「日本の歴史、日本の国情」を文字に現わしたものだから、これが「日本国の国体」である。それは「『デモクラシー』其のもの」で、歴代の天皇御製などをみても民意を無視した政治がおこなわれたことはなく、「民の心を心とせられることが日本の国体」だった。だから民主政治は新憲法で初めてできたものではなく、従来から存したものを「単に再び違った文字で現はしたに過ぎない」。この年の一月一日、GHQに命じられて「人間宣言」とも呼ばれる詔書を発表した昭和天皇がその冒頭に五箇条の誓文を挿入したのも、吉田と同じ意図だっただろう。吉田の意を受けた金森徳次郎（憲法担当の国務大臣）も、日本の国体とは「謂はば憧れの中心として、天皇を基本としつつ国民が統合をして居ると云ふ所に根底がある」とし、したがってその時々に政体は変化したが、国体は「毫末も」変わらず、あたかも「水は流れても川は流れない」のと同じだと述べた。

いうまでもなく、このような放言と評されても仕方がないような答弁が大した抵抗もなく通用したのは、かれらが「国体」の概念を融通無碍に改変しているからである。だから貴族院本会議（一九四六年八月二六日）で、宮澤俊義が「我が帝国は万世一系の天皇君臨し統治権を総攬し給ふことを以て其の国体となし（後略）」という大審院判決にもとづいて質問をすると、金森は「其の意味に於きましては国体は変ったと御返事して宜い」と、国体変更を認めるしかなかった。かれらが国体不変という観念に固執したのは、旧体制との連続性を演出したかったからであるが、こうした姑息な態度に対して強く反発する者もいた。ここでは相対立する立場から政府を批判した佐々木惣一（一八七八〜一九六五）と南原繁（一八八九〜一九七四）の議論を紹介しておこう。

佐々木は吉野作造の親友で、京大滝川事件で文部省に抵抗したリベラルであるが、帝国憲法の原理に強く固執していた。すでに一九四五年一一月に、佐々木は近衛文麿の依頼により内大臣府御用掛として「帝国憲法改正ノ必要」と題する文書を提出しており、そこで「国家意思ノ掌握者」としての「万世一系ノ君主」という理念は「我ガ国家生活ヲ指導スル根本ノ原理」であり、改正の必要なしと答えていた。だから貴族院での審議を通じて、佐々木は一貫して新憲法によって国体が変更されることになると批判している。かれの議論の総括ともいえる一〇月五日の貴族院本会議での演説で佐々木は、「国として重んずべきものが捨て」られるなら、他に取るべき点があっても、改正案は「不可」だとし、憲法改正案に反対の旨を明言する。佐々木によれば、日本の国体とは、天皇が統治権を総攬すること、そしてその天皇の地位が「万世一系の特定の血統」の出自であるという事実にもとづくことである。新憲法案では、天皇は政治的な権能を持たない「象徴」であり、その地位は「日本国民の総意に基く」とされたので、佐々木のいう国体の二要件はともに否定されており、「正確なる意味での天皇制」は廃止されたという結論になる。佐々木はここでさらに、国体には「精神的倫理的の方面」での「国柄」と「政治の様式」での「国柄」の二つの側面があると説明する。そして政府側は、前者の意味での国体が不変だと主張しているが、後者の意味での国体が変更する以上、前者の意味での国体も影響を受けないわけにはいかないと指摘している[4]。

佐々木とは対照的な立場に立って、国体不変論を批判したのが南原繁である。そもそも三月初旬に『毎日新聞』が明らかにした憲法問題調査委員会による改正案と、三月六日に公表された政府の「憲法改正草案要綱」は根本的に異なったものだったので、その間に総司令部（GHQ）が介在したことは、誰でも察知できる公然の秘密の感があった。しかし多くの議員はこの問題に触れることなく、知らぬふりを決めこんだ。吉田茂首相も六月二二日の貴族院本会議で、日本の地位は「自由なる立場」ではなく、切迫した国際状況と国情を考慮して平和主義・民主主義に徹することが「国を救ふ所以」であると説いて、暗にGHQとのデリケートな関係を追及しないように釘を刺した。南原はまずこの点について、一二月一五日のいわゆる「神道指令」によって、帝国憲法の根本的改正が必要なことは予期できたはずだと、政府の責任を執拗に追及する。そして「日本に、其の先を見、其の叡智、又それを断行する勇気」がある政治家がいなかったのではないかとして、それを「歴史の批判」にゆだねると述べた（九月四日の貴族院憲法改正案特別委員会）。

さらに国体論については、「法律上の国体」と「道徳上の国体」という二分論を否定し、歴史的な発展のなかで「宗教と政治、或は広い意味の倫理と云ふやうなものは結合し、綜合して」国体ができた。この国体は、神道指令によって宗教的な背景が否定され、新憲法では「日本国民の総意に基いた天皇」となるので、「国家の根本性格」は変更するという（同上委員会での発言）。そして国体不変の主張は「一つの自己満足、自己慰安、（中略）自己欺瞞と申して宜しい」と断じた（八月二七日の貴族院本会議）。

南原が教育勅語にも言及し、その内容は今後の教育において「重大な問題」があると指摘したことも付言しておこう。南原の質問に対して、田中耕太郎文部大臣は「天皇政治を我々は維持し、其の下に国の秩序が維持されて居ると云ふ意味に於て、（中略）天皇の地位が教育上変更ない」と答弁した（前記の特別委員会）。戦前戦中にリベラルな立場を貫いた人が帝国憲法の原理に強い愛着を見せるのは、先の佐々木惣一の例でもわかるように、けっして珍しいことではなかった。田中だけではない。田中以前の戦後の文部大臣である前田多門、安倍能成も同様な立場に立っていた。たとえば安倍は、中学生に対して「一君万民の我が国体は、国民の各々がしっかりした強い正しい高い人間になって、大御心を体し、大御心を実現してゆくのでなければ、維持することは出来ない」と語った（山住正己『教育勅語』二二三頁参照）。また教育勅語は新憲法の理念に抵触すると述べた南原自身も、新たな勅語の奏請に言及しており、天皇が教育理念を命ずること自体に異論があったわけでなかった（山口周三『資料で読み解く　南原繁と戦後教育改革』一一二頁以下参照）。

しかし結局、ＧＨＱの指示にもとづいて、教育勅語は一九四八年六月に国会の衆参両院で失効の宣言がなされた（久保義三『対日占領政策と戦後教育改革』三一二頁参照）。国家神道・帝国憲法・教育勅語は国体論を構成するトライアングルである。統治エリートたちは、この三本柱の廃棄をＧＨＱに強制されて嫌々ながら承認した。これによって「国体」は、少なくとも言葉としては死語となったのである。

しかし「国体」という術語が死語になったことは、この語がかつて使われていた意味では使われなくなったことを意味するにすぎない。前述のように、昭和天皇と統治エリートたち（吉田茂に代表させてよい）は、国体が「護持」できたと言い張ったが、それは必ずしも虚勢や自己欺瞞の弁とばかりはいえない。たしかに「統治権の総攬者」は「象徴」となり、憲法上は政治的権能を失ったが、いわゆる天皇制の根幹は生き残ったのではないだろうか。戦後の皇室典範が、皇位は「皇統に属する男系の男子」が継承するとして、一八八九年の旧規定（「大日本国皇位は祖宗の皇統にして男系の男子之を継承す」）をそのまま引き継いだのが、何よりの証左である。たしかに「祖宗」も「万世一系」も語としては使われなくなったが、皇統の連続性という観念はまったく変化を受けないまま生き残った。皇室典範改正に関する貴族院特別委員会の議論はこの事実を如実に示している。そこでのひとつの争点は、庶子を皇位継承可能者として温存することの当否だった。金森徳次郎国務大臣はこの点について、「万世一系と云ふ中核の考へ方を時代々々の道義心其の他を以て調節して、具体的のことを決めて行かねばならぬ」と説明した。つまり庶子を公然と認めることは道義心に反するが、「万世一系」という「中核の考へ」は堅持して当然というわけである。

首相をはじめとする閣僚が新年に伊勢神宮を参拝する行事は戦後の慣習となり、ほとんど誰も異を唱えない。しかしそれは、アマテラスを皇祖とする「万世一系」の権威によって、自己の統治を正統化する象徴的行為である。かつて台湾総督が総督府と台湾神社（神宮）を大仰な仕掛けで定期的に往復したのと同工異曲といえよう（第6章を参照）。

なお付言すると、白井聡『永続敗戦論』は戦後日米の従属関係や保守政治家の歴史認識の「核心」を、「敗戦」を「終戦」と言い換えた自己欺瞞にもとめているが、わたしの考えでは、かれの議論は的をはずしている。一九四五年三月段階での昭和天皇の戦争終結の条件は「国体護持」ではなく「皇統維持」と表現されていたという（古川隆久『昭和天皇』二九二頁）。敗戦によって、明治国家体制をそのまま維持することが不可能なことは明らかだから、「国体護持」の譲れない線は皇統の連続性（と三種の神器死守）という箇所に引かれた。八月一四日以降、「国体は護持できた」と言い続けた天皇と統治エリートたちは、おそらく皇統を維持するとの何らかの心証を米国から得ていたのではないだろうか。かれらは、万世一系の皇統が断絶することさえなければ、ほとんどあらゆる譲歩を辞さない覚悟だった。皇統が保持できると楽観できる事態になったとき、（やや誇張した表現をあえて使えば）「敗戦」はかれらにとって一定程度の「勝利」ですらありえた。「終戦」という表現はこうした心理の一面にすぎない。

第1章　「国体」の発見

1　「国体」とは何か

「国体」の曖昧さ

序章の末尾で述べたように、一九四六年に新憲法の政府案が発表されたとき、知識人や政治家の最大の論点は「国体の変更」だった。それは「国体」という概念の曖昧さを露呈したものである。教育勅語が渙発された一八九〇年以後、日本の政治と思想のあり方を根源的に規定し続けた概念の内容がこれほど曖昧であることは驚くべきことだが、むしろこの曖昧さこそが国体の本質だったといえる。つまり国体にかかわる問題をタブー（接近禁止）とし、輪郭を曖昧にすることで、それは融通無碍な形で社会の全側面に影響を及ぼすことができた。全体像が朦朧としているために、その影響力は潜在的な形で示された。寡黙であるがゆえに雄弁であり、見えないがゆえに隠然たる存在感を誇示し、輪郭が不鮮明であるがゆえに遍在した。昭和天皇が戦争責任を追及されることなく天寿を全うしたのは、表面的には米国の対日政策が原因だが、根本的には国体概念の曖昧さによって法的・政治的な責任論を巧みにすり抜けることができたからである。

以下で述べるように、「国体」という語は幕末以前に使用例がないわけではないが、それが確かな存在感を示し始めるのは、ペリー来航以後のことだった。その背景には、周知の会沢正志斎『新論』の影響があったが、この段階では、この語の意味は一義的ではない。「国体」という語が、『新論』が規定した万世一系の天皇を機軸とする祭政教一致体制として確固とした意義を持つのは、「皇祖皇宗」に由来する「国体ノ精華」に言及した教育勅語以後のことである（ただし実現したのは信教の自由を認めた擬似的な政教一致体制だった）。

「『国体論』と云ふ羅馬《ローマ》法王の忌諱に触るゝことは即ち其の思想が絞殺さるゝ宣告なり。政論家も是れあるが為めに其の自由なる舌を縛せられて専政治下の奴隷農奴の如く、是れあるが為めに新聞記者は醜怪極まる便佞《べんもう》阿諛《あゆ》の幇間《ほうかん》的文字を羅列して恥ぢず。是れあるが為めに大学教授より小学教師に至るまで凡ての倫理学説と道徳論とを毀傷汚辱し、是れあるが為めに基督《きりすと》教も仏教も各々堕落して偶像教となり以て交々《こもごも》他を国体に危険なりとして誹謗し排撃す」（『国体論及び純正社会主義』、北①二〇九頁）。

これは序章でも引用した北一輝の国体論批判だが、北が指摘するような社会状態が出現したのは日露戦争後のことであろう。教育勅語の奉読の儀式によって初等教育の現場で「国体」の意識が身体の所作を支配するまでたたき込まれ、さらに日清・日露の二つの戦争によって、それが社会の底辺まで浸透した。その結果、北が批判するように、言論空間を意識あるいは無意識に方向づける構造的磁場が形成されたのである。

近代国体論の概念枠組

日本の「国体」(1)については、明治末期以後、膨大な著述が出されたが、そこで展開された議論には二つの特徴がある。第一は、国体とは万世一系の天皇が日本を統治することを中心とする概念であること。

第二は、このような意味での国体は古代から不変であり、日本固有であること。

本章の目的は、このような二つの特徴を持つ近代の国体論の概念枠組が、幕末期に成立したことを示すことである。それは具体的には、三つの側面を持つ。第一に、国家の体面、国威、特有の気風や制度、伝統的な国家体制など、多義的な語彙だった「国体」が、天皇の存在を不可欠とする語に変化することである。第二に、「国体」という語が天皇と結合するには、天皇の権威が決定的に上昇し、自身が政治的・宗教的な争いを超越した「公平な第三者」として振る舞うとともに、タテマエにせよ、周囲からもそのようにみなされる地位を獲得しなければならない。

第三は、万世一系の天皇を機軸とする政教一致体制としての「国体」は、古代まで遡るものであるとの言説が出現し、それが政治的言論の磁場を支配することである。前述のように、このような構造的磁場が出現したのは日露戦争以後のことと考えられるが、この語が政治的言論空間で広く流通し始めたのは幕末の政治過程においてであり、国体論の論理的枠組も幕末期に形成され始めた。「国体」は、万世一系の皇統と結合することによって「天壌無窮」とされるとしても、政治制度の歴史的な変遷という事実は認めざるをえない。近代国体論が唱える伝統的な政教一致体制も、大陸から伝えられた律令制や仏教・儒教によって変容し、摂関政治や武家支配によって天皇は政治権力を失った。近代には西欧的政治制度の輸入によって根本的変化を余儀なくされる。こうした変化の事実を認めつつ、他方で古代以来の不変の「国体」という仮構を維持するには、変化する表層の制度から「国体」を峻別しなければならない。それが周知の国体/政体二分論という概念装置であり、その原型も幕末に形成された。[2]

以下では、まず「国体」という言葉の語源について基本的な事実を確認したうえで、近世の代表的思想家による「国体」の用例を瞥見し、次に上記の三つの問題を順に検討する。

2　「国体」の発見

「国体」の語源と近世の使用例

近代国体論の成立に大きな役割を果たした井上哲次郎（一八五五～一九四四）によると、「国体」という語はもとは中国の古典で使われていたものだという（『国民道徳概論』三六頁以下、なお『国史大辞典』（吉川弘文館）の「国体論」（尾藤正英執筆）も参照）。それによると、もっとも古い例は『管子』君臣編下の「四肢六道、身之体也。四正五官、国之体也」という。君臣父子の四つの道徳が守られ、五行の官が役割を果たすことが、全うな国家の姿だという趣旨であろう。さらに『漢書』成帝紀に「儒林之官。四海淵原。宜皆明於古今。温故知新。通達国体」という記述があり、儒者たるものは国体に通達しなければならないと述べている。この場合の「国体」は国家形態というニュアンスである。日本の古典では『延喜式』祝詞《のりと》の「出雲国造神賀詞《いずものくにのみやつこかむよごと》」で、天孫降臨に先立って、出雲の臣たちが天穂比命《あまのほひのみこと》（アマテラスとスサノオの誓約で生れた神）を大八島国の「国体《くにかた》」を見るために遣わしたという記述がある。これは国の状態という趣旨であろう。

以上のような用例は、近代国体論の「国体」という言葉とは直接の歴史的関係はないといってよい。近代的な概念としての「国体」について考える出発点として、吉田松陰（一八三〇～五九）が自著『孔孟余話』をめぐって、朱子学者の山縣大華（一七八一～一八六六）と交わした論争を手がかりにしよう。密航失敗によって幽囚の身となった松陰は、同囚者や近親者を相手に『孟子』を講じた。その記録が『孔孟余話』で、松陰はこれを藩の老儒である山縣大華に見せて批評を請う。「余深く水府の学に服す。謂《おも》へらく、神州の道斯に在り」（吉田③三九六頁）と書いて、水戸学への傾倒を隠さなかった少壮の学徒と、正統派をもって任じた儒者との対決は、それ自身が興味深い思想のドラマをなしている。だがここで着目したいのは、大華が評語の末尾で以下のように書いたことである。「国体と云ふこと、宋時の書などに往々之れあり、我が邦の書には未だ見当らず。水府に於て始めて云ひ出せしことか」（吉田③四九八頁）。大華のこのような疑問に対して、松陰は自分も深く考えていなかったと白状し、「事に益せば、何ぞ其の言の古ならざるを嫌はん」と反論した。そして前漢の賈誼《かぎ》、宋書、『古事記』の三つの使用例を挙げて、「拘ることなかれ」と開き直っている（吉田③四九九頁、なお松陰が『古事記』といっているのは前述の祝詞のことであろう）。

このとき松陰は二十代半ば、大華は七十代半ばで、両者には約五〇歳の年齢の開きがあった。流行語に対する感受性に大きな差があったのは当然だろう。松陰はペリー来航以前にすでに会沢正志斎『新論』を読んでおり、東北旅行の際に水戸に寄って会沢に会見していた（野口武彦『江戸の歴史家』一八六頁以下参照）。「国体」という語は何の抵抗もなくかれのボキャブラリに入っていたが、大華にとってはまったく奇異な語だったのである。

松陰と大華との応酬に反して、実は「国体」という語は、頻繁とはいえないとしても、近世日本の知識人がこれまでにも使用していた。たとえば荻生徂徠《おぎゅうそらい》（一六六六〜一七二八）は、『政談』巻之三で朝鮮通信使に対する待遇をめぐって「国体」という語を使っている（体系㊱三四九頁以下）。その論旨は、通信使より格上であるはずの御三家が通信使の接待を担当していることの非を説いたものである。公儀が朝鮮王と同格なら、御三家は王族ということになるので、接待は御三家より下位の三位の者が担当すべきである。御三家が接待している現状は、禁裏と朝鮮王を同格に置き、公儀を一段格下にしたもので「国体を取失」っていると、徂徠は批判するのである。

徂徠の文章は、朝鮮使節の待遇が重きにすぎることを指摘し、その適正化を企図したものである。この文章で徂徠は、かれと同じ問題意識から通信使の待遇を改革した新井白石（一六五七〜一七二五）を「文盲」と批判している。徂徠の改革案は、朝廷の官位とは別に、武勲による勲階の新設を提言したものだが、実は白石も同じ問題意識に立って、官位体系の改革を実行しようとした（ケイト・W・ナカイ『新井白石の政治戦略』一一七頁以下参照）。白石は朝鮮からの国書に将軍が「大君」と記されているのを問題にし、「大君」は朝鮮では臣下に対する称号だと指摘する。そして従来の待遇は国家の体面を貶めるという意味で「国体において、しかるべからぬ事」だと批判するのである（『折たく柴の記』一九七頁以下）。白石『折たく柴の記』は、朝鮮通信使との会見における服装や長崎での外国貿易に関連する記述でも「国体」に言及している。後者の例だけを取り上げると、日本の警備船が密貿易をおこなう外国船の横行を十分取り締まることができない状況に対して、我国は尚武の国なのに「今かゝる船商等がためにも侮を受けむ事、国体においてもっとも然るべからず」と述べる（同上三九七頁）。以上の例からわかるように、徂徠と白石は、ともに朝鮮・中国などの外国との外交関係における国家の体面を重視する観点から、「国体」という語を使っていることがわかる。

本居宣長《もとおりのりなが》（一七三〇〜一八〇一）の『馭戎慨言《ぎょじゅう》』下之巻も、「国体」という語をめぐる言論空間の質を推測する格好の素材である。宣長が取り上げたのは、秀吉の朝鮮出兵における明国との応接だった。宣長はまず明の将軍沈惟敬に宛てた小西行長の書簡を取り上げ、「朝貢」という語が使われたことを「御国のひかりをおとす」ものだとし、その部分に「損国体」とルビを振った（本居⑧九八頁）。注目すべきは、単に「国体」という語が使われたことだけではない。この書の全編を通じて、天皇の存在ゆえに「皇国のくらゐ」が中国や朝鮮より一段高いことを、宣長は主張している。つまり宣長の意図は、「皇国のひかり」を下落させるような言論を糾弾することだった。この書の「序」が以下のような語句で始まるのは、宣長の意図を的確に示唆している。「天地の中に。八百国千国と。国はおほけど。吾皇御国ぞ。

よろづの国のおや国。本つ御国にして。あだし国々は皆。末つ国のいやし国になもありける」（同上二一頁）。

以上に示した例は、「国体」という語が、一八世紀日本の言論空間でいかなる意味を帯びて使われていたかを示唆している。いずれの例も朝鮮や中国と対峙する日本という政治的統一体を念頭に置き、「国家の体面」という趣旨で使われている。おそらく元来は藩を単位とする政治的言論では、この語は使われなかったのだろう。さらにかれらが「国体」という語を使うとき、日本国内に幕府と朝廷という二つの権力／権威が存在することが意識されていることも注目しておくべきだろう。白石と徂徠は、朝廷の存在を意識することによって幕府の権威を高めることを意図していたが、宣長は朝廷の存在による日本の独自性を強調した。そして儒者を「かの国」に心引かれたものと捉え、「たゞみだりに」かの国を大国と捉えるかれらの態度を批判したのである（同上一一四頁）。

会沢正志斎『新論』

宣長は儒教を外教と捉え、外教への忠誠心が日本の国家的権威を毀損する結果を招くことを警戒した。この宣長と似た問題意識を持ち、西欧列強の接近によるキリスト教渡来が国家的危機を招くと警鐘を鳴らしたのが、会沢正志斎（一七八二〜一八六三）の『新論』だった。「神州は太陽の出づる所」（大系㊿五〇頁）で、日の神の子孫が代々皇位について永遠に変わることがないという序文で始まる『新論』は、「国体」「形勢」「虜情」「守禦」「長計」の五論からなる。まず上中下の三編からなる「国体」では、古代の国家体制が「時勢の変」と「邪説の害」によって変化してしまったと説く。そして「形勢」では世界の情勢が説明され、「虜情」ではキリスト教が西欧列強による侵略の最大の武器だと強調される。さらに「守禦」では、列強に対抗するために富国強兵を説き、「長計」でキリスト教に対抗する「大経」

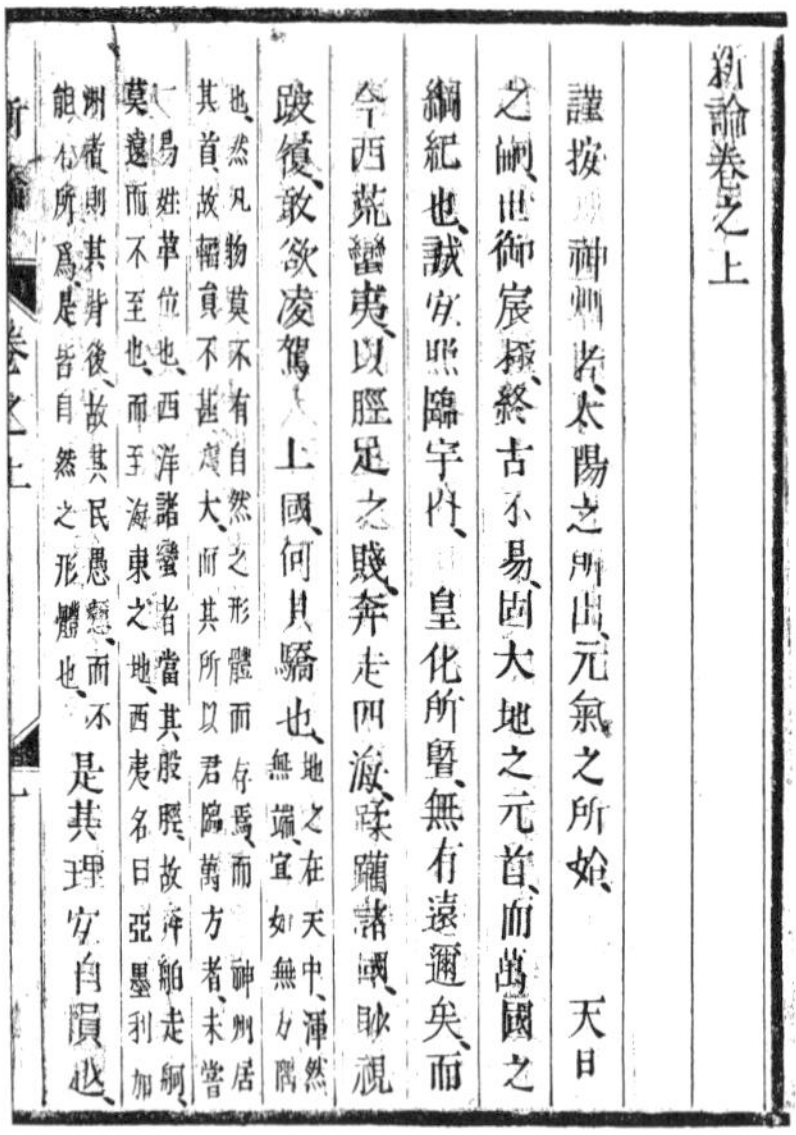
新論巻之上
謹按神州者太陽之所出元氣之所始 天日之嗣世御宸極終古不易固大地之元首而萬國之綱紀也誠宜照臨宇内 皇化所曁無有遠邇矣而今西荒蠻夷以脛足之賤奔走四海蹂躪諸國眇視跛履敢欲凌駕 上國何其驕也（地之在天中渾然無端宜如無方隅也然凡物莫不有自然之形體而存焉而神州居其首故幅員不甚廣大而其所以君臨萬方者未嘗一易姓革位也西洋諸蠻皆當其股脛故奔船走舸莫遠而不至也而至海東之地西夷名曰亞墨利加洲者則其背後故其民愚戇而不能有所為是皆自然之形體也）是其理安自顛也

『新論』冒頭（文政８（1825）年刊）

を立てる必要が説明されている。

『新論』の主題は「国体」と「長計」にあった。列強の接近を軍事力ではなくキリスト教によるイデオロギー的脅威と捉え、それに対抗する手段として「国体」という概念を練りあげたのである。「国体」（上）の冒頭に近い部分で、会沢は以下のように論じている（同上五二頁以下）。天照大神が天孫に三種の神器（とくに鏡）を与えて「これを視ること、なほ吾を視るがごとくせよ」と命じた言葉に従い、歴代の天皇は天祖への敬と孝をあらわす祭祀をおこない徳を修めた。こうして君臣の義と父子の親《しん》を体現する行為によって忠孝の道義が明らかにされ、天祖が上から照臨し、天皇は天祖に仕えることで民を統治した。すなわち祭政一致である。天祖に対する歴代天皇の情が自然に発するものであるのと同じく、群臣も神々の子孫として天祖と天皇に仕え、内では先祖を祭り、外では天皇の大祭に供奉した。こうして親に対する孝は君主への忠となり（忠孝一致）、祖先への祭祀は民を教化し統治することにつながる（祭政教一致）。以上が日本の本来の「国の体」である。

その後、この「祖宗の訓」は「巫覡《ふげき》の流」や仏教などの影響を受けて変質してしまったが、しかしそれはまだ一部の民を害したにすぎない。これとは異なり、キリスト教は列強による侵略の手段となっている。「西荒の戎虜に至っては、すなはち各国、耶蘇の法を奉じて、以て諸国を呑併し、至る所に祠宇を焚燬《ふんき》し、以てその国土を侵奪す」(同上六八頁)。つまり確固たる国体を失って民が心のよりどころを失ってしまうと、それにつけこんでキリスト教が社会に浸透する恐れがある。「虜は民心に主なきに乗じ、陰《ひそ》かに辺民を誘ひ、暗にこれが心を移さんとす。民心一たび移らば、すなわち未だ戦はずして、天下すでに夷虜の有とならん」(同上六九頁)。だから西欧列強の侵略を防ぐには、富国強兵だけでは不十分である。「四体」のない人間が存在しえないように、国体のない国家も存続しえない。国体が不安定でイデオロギー的な侵略に脆弱な状態では、「民心」が「胡神」に誘惑され、せっかくの富強も敵のために有利になるだけである。会沢はこのように論じて、単に富国強兵だけではなく、キリスト教に対抗する国民教化のイデオロギーを持たねばならないと主張した。西欧の脅威を何よりキリスト教というイデオロギーのレヴェルで理解したのである。

キリスト教の教えは「邪僻浅陋」で論ずるに足りないが、「その帰は易簡にして、その言は猥瑣、以て愚民を誑誘《きょうゆう》」しやすい(同上九四頁)。それに対抗するにはどうすればいいか。会沢は以下のように答える。人は草木禽獣とは異なり、死生に思いまどうものである。だから聖人は祭祀をおこなうことで「幽明を治め」、死者の「憑《よ》るところ」を明示し、生者には死後の「依るところ」を示して不安を解消した。こうして「民、すでに天威に威敬悚服《しょうふく》すれば、すなはち天を誣《し》ふるの邪説に誑《あざむ》かれず、幽明に歉然《けんぜん》たるなければ、すなはち身後の禍福に眩《くらま》されず」(同上一四四頁)。庶民が仏教やキリスト教に惑わされるのは、死後の運命に関する教説による。これに対抗するものとして会沢が構想したのが祭政教一致の国家体制だった。会沢はそれを以下のように表現している。「孝は以て忠を君に移し、忠は以てその先志を奉じ、忠孝は一に出で、教訓正俗、言はずして化す。祭は以て政となり、政は以て教となり、教と政とは、未だ嘗《かつ》て分ちて二となさず。故に民はただ天祖を敬し、天胤を奉ずるを知るのみにて、郷《むか》ふところ一定して、異物を見ず」(同上五六頁)。人々が孝敬の心を代々伝えることで、孝は忠となり、忠孝の一致によって民は自然に教化され、風俗を正すことができる。こうして民は天祖と天皇に奉仕することによって心を一つにし、邪教に惑わされることはないというのである。

万世一系の天皇による祭祀と、それを見習う群臣たちの天皇への忠誠によって示された祭政教一致体制が、会沢がいう「国体」の核心だった。それは具体的には、天皇を上に戴いて「大将軍は帝室を翼戴して、以て国家を鎮護し、邦君はおのおの疆《きょう》内を統治し、民をして皆その生を安んじて寇盗《こうとう》を免れしむ。今、邦君の令を共《つつし》み、幕府の法を奉ずるは、天朝を戴きて、天祖を報ずる所以《ゆえん》なり」（同上一五三頁）。幕府が天皇に忠誠をつくすことによって、諸国の大名も幕府の法に従って良き統治をおこなう。同じことを藤田幽谷「正名論」はより直截に以下のように表現する。「幕府、皇室を尊べば、すなはち諸侯、幕府を崇《たっと》び、諸侯、幕府を崇べば、すなはち卿・大夫、諸侯を敬す」（「正名論」、同上一三頁）。幕府が皇室を尊重する姿勢を示せば、それに倣って諸国の藩主も幕府を尊び、藩主が幕府に服従する姿勢を明示すれば、藩士たちも藩主に忠誠をつくすというのである。このように水戸学は、天皇への忠誠心を喚起することによって、列強の接近で揺らぎ始めた徳川体制の秩序意識を再構築しようとした。しかし周知のように、水戸学の尊王論は、その本来の意図とは逆に、日米修好通商条約調印による「違勅」問題によって倒幕論を激生させてしまうことになる。

3　ペリー来航と構造的磁場の形成

ナショナリズム用語としての「国体」

以上のように、水戸学の「国体」という観念は、儒教の名分論と万世一系の皇統意識が結合したところに成立した。会沢の『新論』執筆の二年後に松平定信に献呈されたという頼山陽『日本外史』でも、

「国の体面」という意味でこの語が使われている例が散見される（『日本外史』（上）六五頁、二七八頁など）。また吉田松陰は嘉永四（一八五一）年の兄宛書簡で、毛利藩の体面という意味で使っているが（⑦一〇五頁）、ペリー来航直後の「急務策一則」では、武家政権成立以来の状態を「皇道明らかならず国体建たず」と表現している（②三二頁）。「国体」という言葉の使用が徐々に広まっていく様子が窺われるだろう。そしてペリー来航を契機に、上書・意見書・勅書などに「国体」の語が頻出するようになる。「国体」は列強の接近による危機感を尊王攘夷的ナショナリズムとして表現する格好の語になっていくのである。

この時期の「国体」という語には、大別すると、(1)国家の体面あるいは国威、(2)国家の気風、(3)伝統的な国家体制、(4)万世一系の皇統を機軸とする政教一致体制、という四つの用例がある。前の三つは、最終的に教育勅語によって(4)のなかに統合される。幕末における用例では、これらの四つの意味が混合している場合も多く、使っている本人もその差異を十分に意識していないように思える。しかし意味の変容を大雑把にいえば、まず(1)の用例が支配的だったのが、徐々に(2)(3)の意味が付加され、それととともに水戸学とは関係のない人物の発言にも(4)の用例が散見されるようになる。その様子を瞥見してみよう。

嘉永六（一八五三）年六月三日、ペリーが浦賀に来航した。周知の折衝の末、幕府は九日に久里浜で大統領国書を受領し、一二日にペリーは浦賀を去った。京都所司代は一五日に武家伝奏の三條実萬《さねつむ》を通じて朝廷にアメリカ船四艘の渡来の事実を伝え、「深ク致心配候程《しんぱいいたしそうろうほど》」のことではないが、「御国体」にかかわらないとも限らないので、防備を「格別厳重」にすると説明した（『孝明天皇紀』②一一二頁）。幕府がペリー来航についてあえて奏上したのは、弘化三（一八四六）年に幕府に対して海防強化の勅書が出され、その際に天皇が対外情勢についての報告を要求したという前例があったからだろう（藤田覚『江戸時代の天皇』二八七〜二八八頁参照）。孝明天皇（一八三一〜六六）たちは対外的危機を感じ始めていた。

京都所司代の説明に対して、朝廷側は「御国体ニ拘リ候儀有之《これあり》候テハ誠ニ不安」なので、七社七寺に祈禱すると達書している（『孝明天皇紀』②一一二頁）。幕府が国家独立への危機感を「国体」にかかわると表現し、それを受けた朝廷の側でも同じ語を用いて返答したのである。ここで「国体」とは国の体面とともに国家の独立をさし、より直截には皇統断絶への恐れを示唆する表現であろう。これ以後、「外夷」渡来に関連して「御国体」への懸念が常套句となり、天皇は事あるごとに「国体安穏天下泰平宝祚《ほうそ》悠久」等々を神仏に祈願することになる。

他方、この国家的危機を契機に海防評議に参加することになった徳川斉昭《なりあき》は、老中阿部正弘に「海防愚存」と題する文書を提出した。ここで斉昭は、米国は交易さえ許可すれば満足するとの議論を批判し、交易は「邪教」を広める契機となり、それを手段に無理難題を押しつけるのがかれらの「国風」だと述べる。そして浦賀に侵入したペリーの「驕傲無礼」な行為に屈したことは「開闢《かいびゃく》以来之国恥」だと断じ、要求に応諾するのは「御国体に於て相済申間敷《あいすみもうすまじく》」と捉えた（『水戸藩史料』上編乾、四七頁以下）。この例でもわかるように、ペリーの傍若無人な行為に屈するのは「国恥」と意識され、彼我の軍事力の差を考慮したリアリスティックな応対も「国体を汚」し、「国威を落」とす行為として批判された。「国体」は、このように国家的自負心を表現する語として広く使われるようになるのである。

ペリーが二度目にやって来た嘉永七（一八五四）年、福井藩主の松平慶永《よしなが》は老中阿部正弘への建議草稿で、幕府の「平穏無事」を事とする交渉態度を批判して、以下のように述べている。「交易御許容の名は無之共《これなくとも》、実は同様にて、十分兵威之御撓屈被成《なされ》、枉御国体《ごこくたいをまげ》、彼之願次第御許容相成候《あいなりそうろう》儀と奉　存《ぞんじたてまつり》候。左すれば開闢已来万古屹立の皇国、今茲《ここ》嘉永七年甲寅の春に当って初而《はじめて》夷狄之屈辱を被為受《うけなされ》候儀、乍恐《おそれながら》征夷大将軍の御重任は御名而已《のみ》にて、上は天朝御代々神祖御始御歴世様方へ被対《たいせられ》、下は諸大名万民迄へも御信義払地《ちをはらい》、御申訳は被為在間敷《ありなされまじく》と奉　存　候《ぞんじたてまつりそうろう》」（『昨夢紀事』①一七七頁）。

開明的な藩主として知られた松平慶永は、水戸藩主だった徳川斉昭とも近いが、水戸学的な素養の持主ではない。かれが「狂御国体」という語を使ったのは、「祖法」と意識された鎖国体制が幕府の軟弱な態度のために根本的に崩壊しつつあるという危機感にもとづいている。「開闢」以来の国家的独立が危機に瀕しているという意識は、夷狄から被った「屈辱」感となり、幕府が「征夷大将軍」としての役割を果たしていないという非難につながっていく。同じ草稿で慶永は、「墨夷《ぼくい》之凌辱」が将軍一身だけでなく「天朝」と「東照宮御始御代々様」に及ぶものであることを強調し、「国威」を挽回できなければ「売国之罪」を免れないと断じている（同上一八一頁）。つまりここで「国体」とは、国家の独立と名誉、万世一系の「天朝」の存在と将軍が担うべき任務に結びついたものと意識されている。

同年一二月一三日の松平慶永の阿部正弘宛書簡を取り上げてみよう（同上二四四頁以下）。慶永は、この年の大火で焼失した禁裏がまだ修復されていないことを指摘し、この状態で夷狄が襲来すれば日本は東西分裂状態になって、西国の大名はもはや幕府に追従しないだろうと説く。たとえ関東に異変が起こっても、「京畿盤石《ばんじゃく》泰山之如く」であれば「本邦総崩れ」にはならないが、逆に徳川が征夷大将軍の名号をいったん失ってしまえば、その権威は一気に失墜すると指摘するのである。当時の朝廷と幕府の関係があぶり出されている。福地櫻痴『幕府衰亡論』が指摘しているように、「征夷大将軍」は元来の「征夷」から意味転換して、西欧列強を打ち払う役目を担うものと認識され、それを実行できなければ権力を失うと意識されたのである（文学全集⑪二〇九頁）。

「全世界無比之御国体」

「国体」をめぐる議論がさらに激化したのは安政四（一八五七）年以後だった。この年、幕府は米国公使ハリスの江戸城への登城と公使の江戸駐在を認め、さらに通商貿易を許可する姿勢を示した。反対の急先鋒の代表は前水戸藩主の徳川斉昭だったが、周知のように、対立は外交問題だけではなく将軍継嗣問題にも連動していたので熾烈を極めた。翌年の松平慶永の斉昭宛書簡（安政五年五月二二日）は、時勢を悲歎して以下のように述べている。「皇国之御儀は全世界無比之御国体に而、智勇共卓絶に有之《これあり》、王化隆盛之頃は皇威も海外へ輝候事、御承知被成在候通、一々不及贅説《ぜいせつにおよばず》候。然処《しかるところ》近年西洋諸国は開国之勢にて兵力財用日に相増し、皇国は夫に反し何共歎ケ敷《なげかわしき》事に相運《あいはこび》候。実に切歯之次第《しだい》に御坐候」（『昨夢紀事』④七三頁）。

ここでは日本の「国威」が盛んだった時代が想起され、その「国体」は「世界無比」だとされている。この口吻は、この年に起こった幕府／朝廷関係の変貌ぶりを、すでに反映している。この年正月、老中堀田正睦《まさよし》が米国との通商条約勅許を奏請するために上京したが、天皇は勅許を与えなかった。天皇が関白の九条尚忠に宛てた書簡によれば、「夷人願通リ」になれば「天下之一大事」で、「私之代ヨリ加様之《かようの》儀ニ相成候テハ後々迄之恥」で、皇祖皇宗に対して身の置き所がないという（『孝明天皇紀』②七二六頁）。開国によって「夷狄」が国内に居住することは天皇にとって耐えがたい屈辱で、「先代之方々」に対する「不孝」と意識された。それとともに、「鎖国」こそが伝統的な国家体制と考えられ、それを固守することが皇祖皇宗に対する義務と信じられたのである。

その直後に大老に就任した井伊直弼《なおすけ》を中心に、幕府は条約調印を強行した。これを知った天皇は激怒し、自らの譲位をちらつかせながら、武士の「名目」は続いても、外夷に対抗できないなら「征夷之官職紛失」だと幕府を非難した。これによって幕府権力は朝廷から委任されたものだという「大政委任」の思想が、支配的になっていった（大久保利謙「幕末政治と政権委任の問題」、大久保①一二頁以下参照）。さらに蘭露英仏などと同様な条約を締結した（あるいは予定）と知った天皇は、八月にもう一度譲位の意向を示して、幕府の外交方針に対する不満をぶちまけた。八月五日の「御趣意書」という文書によれば、条約締結は「神国之瑕瑾《かきん》」と懸念したのに、幕府は何ら応答せず、調印後に知らせてきたのは「届棄同様」であり、「厳重ニ申セハ違勅、実意ニテ申セハ不信之至」だという(『孝明天皇紀』③二八頁)。そしてこのような状況を捨て置けば「朝威」が立たないと述べ、「政務委任于関東」とはいっても、「天下国家之危亡ニ拘ル大患」をそのままにしておくのは、伊勢神宮をはじめ皇祖皇宗に申し訳が立たないと、天皇は危機感を募らせた。

幕府の現実主義的な外交方針に対して、天皇はあくまで原理主義的な反対を貫こうとした。幕府に同調する九条関白に辞職を要求したり、水戸藩などへの「戊午の密勅」を出して幕府を牽制するなど、天皇が頑なに調印反対の態度をとったので、幕府は武備が整えば鎖国の旧法に戻ると言明せざるをえなかった。他方では、「戊午の密勅」を契機に水戸藩は収拾のつかない混乱状態に陥り、尊王攘夷派が公家・武家の両側で跳梁し始めて、幕末の政治過程に重大な影響を及ぼすようになる。尊攘派の感覚からすれば、ハリスの登城や江戸在住許可は「冠履倒置」の処置であり、「皇国開闢已来尊厳之国体淳厚之風俗」が夷狄の所為のために著しく「汚穢」されたという(「関鉄之介の列藩への布告文」、『水戸藩史料』上編坤、六〇三頁)。井伊大老暗殺における「斬奸主意書」も、登城許可、条約締結、踏絵の廃止、邪教寺の建設、公使館の設置などは、「神州古来之武威を穢し国体を辱しめ祖宗之明訓孫謀」に悖《もと》る許しがたい行為だと批判している(同上八一六頁以下)。国家の体面という意味での「国体」が、「淳厚之風俗」や「古来之武威」と表現されるような国家の気風と合体し、万世一系の皇統に合流して、この語をめぐる構造的磁場が形成されていく様子が窺えるだろう。要するに、国家的な自負心が「神州」という語で端的に表現されるような皇統の連続性を根拠としたエスノセントリズムと結合し、その意識が「国体」という語に凝縮し始めるのである。

倒幕論へ

ところで尊攘激派は幕府の外交政策を激しく批判したが、それはまだ倒幕論を意味するものではなかった。老中安藤信正を襲撃した水戸浪士の「斬奸趣意書」は、その冒頭で井伊直弼襲撃に言及し、かれらは幕府に「異心」を持つものではなかったと弁明している（『水戸藩史料』下編、一五四頁以下）。そして安藤がこのまま存命すれば、日本はキリスト教を奉じる「外夷同様禽獣の群」になってしまうと危惧し、自分たちの行為は、「傲慢無礼之外夷共を疎外し、神州之御国体も幕府之御威光も相立」つようにするためだと正当化する。幕府と朝廷という二重の権力／権威体制はなお当然の前提とされ、それを包含する漠然とした政治的習慣（「君臣上下の大義を弁ひ忠烈節義を守（る）」、同上一五七頁）が、ここでは日本の「国体」として意識されていた。

しかしもし幕府と朝廷という権力／権威体制では、もはや従来の「国体」が保持しえないと意識されたら、幕府の存在を否定するしかなくなる。[3] 大橋訥菴《とつあん》の「政権恢復秘策」（文久元年九月）はそうした思考を典型的に示している。訥菴は、このままでは日本が「戎狄の属国」になってしまうのは必至だと危機感を露わにして、徳川幕府の命脈はもはや尽きていると強調する。訥菴の認識によれば、幕府の態度は朝廷を蔑《ないがし》ろにするものなので、幕府を打倒して「皇国ノ安全ヲ謀リ玉フテコソ、本末軽重ノ弁」が立つ（大系56一九五頁）。和宮降嫁も「擅《ほしいまま》ニ夷狄ト通ジテ、国体ヲ変ゼントスル」企みにほかならないという（同上二〇三～二〇四頁）。ここでの「国体ノ変革」への危惧は「天祖ノ国ヲ以テ夷狄トナラセジ」という意識にもとづくもので、幕府が朝廷を軽んじ、「主上ヲ廃セン」としているのではないかという猜疑心が、その倒幕論の根拠になっている（同上二〇五頁）。

では王政復古が実現し、幕府と朝廷の権力／権威体制の二重体制がもはや存在しえなくなったとき、「国体」という語彙はどのようなニュアンスで語られたのだろう。年来の王政論者だった岩倉具視が、明治元年に書いた「王政復古外交勅諭草案」を引いてみよう。「(前略) 名分不正《たださざ》レバ何ヲ以テカ国体ヲ維持シ以テ皇威ヲ海外ニ輝スニ足ラン。然ルニ外国交際ノ事件 就中《なかんずく》 至重至大、国体ノ汚隆之ニ因テ関係スル所ナリ。仰テ神皇建国ノ体裁ヲ考ルニ、其君タルヤ独尊自立ニシテ普天率土ノ土地人民総テ含養教導シ自ラ君師タルノ国体ナリ」(『岩倉具視関係文書』②一三一頁)。この短い文章で、岩倉は三度「国体」という語を使っている。文脈から理解すると、「国体」という同一の語句が次々に意味をずらし、国家の独立、国家の体面、国家の特色という意味で次々に使われている。そして三番目の語義(国家の特色)は、皇統と関連させて世界の「君師」たる国家という意味が込められている。「国体」は、明治という時代の到来とともに、さらにエスノセントリズムのニュアンスを強め、前述の『新論』冒頭を想起させる内容になっている。

4　新しい天皇像の登場

「下民の困窮、その罪皆予に在り」

前述のように、近代国体論が成立するには、天皇があらゆる政治的・宗教的対立を超越した「公平な第三者」として振る舞い、そのタテマエを人々が受け容れることが必要だった。ここではそのような天皇像の成立のプロセスを追跡する。

天皇の権威の政治的意味について、幕臣として幕府の倒壊に立ち会った福地櫻痴は、『幕府衰亡論』で以下のように説明している(文学全集⑪一六四頁以下)。幕府を衰亡させた原因は「勤王と外交」に要約される。「勤王」についていえば、幕府は三つの点で朝廷に負い目があった。任官叙位、朱子学的な王覇の別という名分論、幕府が朝廷を「尊崇」するというタテマエに立っていたことである。朝廷は一般の人にとって単に名目的存在で、関東では「将軍あるを知て天子あるを知らざりし」という状態だったが、大名や旗本にとっては「任官叙位」の権限を持っていた。そして朝廷の地位は朱子学の名分論によって基礎づけられたので、幕府は自己の権威を正当化するためにも朝廷を「尊崇」する態度をとった。その結果、「朝敵と云ふ悪名」を蒙ったら、「将軍家たりとも公方様たりとも天地間に身を容《い》る、所なし」と教えられたという。幕府滅亡後の後知恵の感がなくもないが、圧倒的な権力を持っているかに見えた徳川政権も、朝廷との関係でアキレス腱ともいうべき弱点があったことを問わず語りに示したものといえるだろう。

ペリー来航以後の政治過程において、朝廷の政治的権威が急上昇した事情は、歴史的になお十分解明されたとはいえない。しかし近年の政治史研究によれば、近世史において朝廷の権威が明確に上昇し始めるのは一八世紀末の光格天皇を画期とするという（辻達也編『天皇と将軍』、藤田覚『幕末の天皇』、同『近世政治史と天皇』、同『江戸時代の天皇』、佐々木克『幕末の天皇・明治の天皇』、家近良樹『幕末の朝廷』など参照）。ここでは思想史の面から興味深いいくつかのエピソードをひろってみよう。一八世紀末の天明の大飢饉を契機に、御所の周りを廻る「御所千度参り」が自然発生した。こうした民衆の祈願を背景に、光格天皇は天明七（一七八七）年に、幕府に対して餓人救済の申し入れをおこなったという。また一九世紀初頭にはロシア船が蝦夷地に盛んに出没するようになると、幕府は所司代を通じて、ロシア船との騒擾を朝廷に報告していた。つまり内政・外交の両面で、朝廷が幕府政治に口を挟んでいた事実が確認されるのである。これらはまだ例外的なものにすぎなかったが、御所の復古的造営や天皇号の再興を通じて、一九世紀前半に、幕府に対する天皇の権威が上昇しつつあった。朝廷の側では天皇の政治的影響力を意図的に高めようとする努力がなされ、社会的底辺でも国学者を中心に神道の信仰が広まり始めていた。ペリー来航はこうした傾向を決定的にしたものだった。

幕府と朝廷との関係は、和宮降嫁が政治課題となり始めた万延元（一八六〇）年頃から、徐々に朝廷の側に重心が移り始めた。幕府が家茂《いえもち》と皇女和宮との婚儀を申し入れたとき、朝廷側は有栖川宮熾仁《たるひと》親王との婚約などを理由に固辞した。幕府は「公武一和」を理由に執拗に降嫁を要求し、武備整備後に「御沙汰の通」りに交易拒絶を実行すると、改めて約束しなければならなかった。このときの文書のなかには、「窮民救助」に関連して以下のような文言がある。「叡慮之趣、下民ニ至迄貫徹仕《つかまつり》候《そうろう》様《よう》取量《とりはかり》可申《もうすべく》候」（『孝明天皇紀』③四六九頁）。すでに海外貿易による物価騰貴が起こっており、幕府は様々な「窮民救助」の策を講じていた。朝廷もそのことを意識して、それが朝廷の「叡慮」によることを知らしめるように、幕府に対して要求したのである。政治的・社会的危機を契機に、天皇の国政への意識的介入が深まりつつある状況が見てとれるが、ここで重要なのは一般庶民に対して天皇という権威の存在を誇示し、その「叡慮」を知らしめようとしたことである。天皇と朝廷は、幕府の施政の背後に、より公平で慈愛に満ち、国家全体の行方を気にかけている超越的な権威が存在すると自己主張し始めた。

翌文久元（一八六一）年二月一一日、朝廷は山城国の細民救済のために黄金五〇枚を賜与すると所司代に申し入れた。幕府側は、窮民救済は自らおこなうとしてこの申し出を断ったが、このときの天皇の「言渡」には「民者《は》国之本、下民之困窮其罪皆在予《よにあり》」という文言がある（同上五二九頁）。「下民」の生活が不安定であれば、その責任は自分にあるという天皇の発言は、為政の直接責任者としての幕府よりも上位に自己を位置づけ、人民の前で「公平な第三者」として振る舞う姿勢を明示している。帝国憲法発布の際に出された勅語は、臣民に対する「親愛」とその「康福ヲ増進」し「懿徳《いとく》良能ヲ発達」させることを願うと述べているが、明治天皇の「叡慮」の原型はすでにここに姿を現しているといえる。

「汝将軍及ビ各国ノ大小名、皆朕ガ赤子也」

井伊大老や老中安藤信正が水戸浪士に襲撃されたとき、孝明天皇は浪士たちを「実ニ勇豪ノ士」「誠ニ愛《いとしむ》ムベキノ士」と評して、同情と憐憫の意を表明した（『孝明天皇紀』③八九〇頁以下）。そして一〇年以内に攘夷を実行するという幕府の言質について、そのとおりに実行しなければ「神武天皇神功《じんぐう》皇后ノ遺縦」に則って、百官諸侯を率いて「親政」すると言明する。「公武一和」をひたすら願っていた孝明天皇は、鎖国体制という旧来の「国体」維持への焦慮から幕府への批判的態度を示唆し、本来望んでいなかった尊攘派の激発をひき起した。それはあたかも、「天皇親政」を呼号したテロリズムが跳梁した一九三〇年代を連想させるものである。

「公平な第三者」と「天皇親政」の理念は矛盾すると考えられるかもしれない。しかし党派的利害の彼岸にある超越者というイメージは、無力な被治者の共感を喚起し「親政」への密かな願望を生みだす。「公平な第三者」として公共性を独占している天皇と、「天皇親政」への期待は表裏一体である。社会的矛盾が激化し、為政者へのテロリズムが横行する事態になると、潜んでいた「天皇親政」の願望が奔出するのである。尊攘派のテロリズムが横行した時代に、孝明天皇が「親政」を口走ったのは偶然とはいえない。

幕府権威の失墜と朝廷側の「国体」維持への焦慮は、その後ますます深まった。その結果、文久三（一八六三）年頃を境に、主導権は明確に朝廷の側に移動していった。この年三月、徳川家茂は、将軍としては二三〇年ぶりに上洛して孝明天皇に拝謁した。家茂が従来どおり大政を幕府に委任する確認を迫ったのに対して、天皇は「征夷大将軍之儀」はこれまで通り委任するが、「国事之儀ニ付テハ事柄ニ寄直《じき》ニ諸藩へ御沙汰被為《なされ》」と返答をしている（『孝明天皇紀』④四六五頁）。外交問題は幕府に委任するが、内政は問題によっては諸藩に直接委任する場合があるという趣旨であろう。朝廷が諸藩に、直接なにかを依頼することを想定していたのではないとしても、国政全般を幕府に委任するとした従来の大政委任論に対して、文言のうえで限定を加えたものである。尊王論の高まりと雄藩の政治的発言権の増大によって、幕府の政治的正統性に対する重大な危機が胚胎しつつあったことがわかる。だから八月一八日の公武合体派のクーデターによって攘夷派（反幕派）が京都から一掃されると、逆に幕府は天皇から横浜鎖港談判開始を催促され、鎖港談判を開始せざるをえないという窮地に追い込まれた。幕府／朝廷の天秤が朝廷の方に傾いてしまったために、幕府は意に反して、朝廷の意向に沿うジェスチャーを余儀なくされたのである。

こうした状況の変化は、「国体」をめぐる言論空間にも反映する。翌年正月、家茂は再度上洛して横浜鎖港を奏上した。家茂参内の際の宸翰《しんかん》のなかで、孝明天皇は内外の政治的危機を「汝ノ罪ニ非《あら》ズ、朕ガ不徳ノ致ス所」とし、「何ヲ以テ祖宗ニ地下ニ見《まみゆ》ルコトヲ得ンヤ」と歎いて見せている（『孝明天皇紀』⑤二〇頁）。そして「汝ハ朕ガ赤子、朕汝ヲ愛スルコト如子《このごとく》、汝朕ヲ親ムコト如父《ちちのごとく》セヨ」と述べる。朝廷と幕府の関係を父子に擬す比喩は、その後さらに明快な形を取るようになる。同月二七日の宸翰は、以下のように説いている。ペリー来航以来、「洋夷頻《しきり》ニ猖獗《しょうけつ》来港シ、国体ノ殆《あやう》キ云フベカラズ」という状態だが、妄りに膺懲《ようちょう》するのは不測の事態を生むだけなので、参勤交代などの制度を改革して武備を充実すべきである。「嗚呼《ああ》、汝将軍及ビ各国ノ大小名、皆朕ガ赤子也。今ノ天下ノ事、朕ト共ニ一新センコトヲ欲ス。民ノ財ヲ耗《ついや》スコト無ク、姑息ノ奢ヲ為スコト無ク、膺懲ノ備ヲ厳ニシ、祖先ノ家業ヲ尽セヨ」（同上二七頁）。

孝明天皇はここで「国体」の危機に触れながら、自らを民の父母に擬し、将軍と大小名は等しくかれの「赤子」だと述べている。天皇は「天地鬼神」や「皇神」に仕えるものとされ、将軍や大小名は天皇の「赤子」として「天下ノ事」のために尽力しなければならない。したがって国家的な危機を考慮せず、無謀な攘夷を主張する激派は、「朕ガ意ニ背クノミニ非ズ、皇神ノ霊ニ叛《そむ》ク也」と断罪される（同上）。天皇はここで国家意志を具現するものと想定され、将軍と大小名は無私の精神で「祖先ノ家業」に邁進することで天皇に仕えることが要請されている。

われわれはここに、明治初年に完全な姿で登場した「公平な第三者」として公共性を独占した近代天皇の姿を見てとることができる。わたしが想起するのは、明治元年三月一四日、天皇が公卿・諸侯以下百官を率いて天神地祇に誓うという形式でおこなわれた五箇条誓文の儀式である。この日、誓文奉読の後、三條實美をはじめとする七六七人の人々が一人ずつ中央の神位と右側の玉座にいる天皇に拝礼して誓約の署名をした。このときの宸翰は、武家政権によって疎外された天皇が「億兆の父母として絶《たえ》て赤子の情を知ること能ざる」状態に置かれてきたと、これまでの天皇の位置づけを否定的に表現した。そして維新によって王政復古がなされた以上、「天下億兆一人も其處を得ざる時は皆朕が罪なれば、今日の事朕自身骨を労し心志を苦め艱難の先に立（ち）、古列祖の尽させ給ひし蹤《あと》を履《ふ》み治績を勤めてこそ始て天職を報じて億兆の君たる所に背かざるべし」と宣言している（『明治天皇紀』①六五〇頁）。

この「億兆の父母」「億兆の君」として「赤子」に臨むという天皇の姿勢は、新政権に抵抗する奥羽列藩同盟に向けて出された告諭でも強調されることになった。五月の「諸賊親征の御内意」では「会津諸藩ノ者モ同ク朕ノ赤子タルコトナレバ一視同仁悉ク王化ニ服シ候様致度《いたしたく》（後略）」と書かれている（同上七二二頁）。そして八月の告諭では、「皇化ニ服セズ妄ニ陸梁《りくりょう》」する奥羽士民に対して以下のように説いている。「夫《それ》四海ノ内孰《いずれ》カ朕ノ赤子ニアラザル率土《そつど》ノ浜亦朕ノ一家ナリ。朕庶民ニ於テ何ゾ四隅ノ別ヲナシ敢テ外視スル事アランヤ」（同上七八六頁）。これらはすべて維新の国家体制が確立して以後、儀礼化によってステレオタイプとなっていく天皇像にほかならない。文久三年はこのような姿で国民の前に現れた近代天皇制の原型が出現した画期となる年だった。

孝明天皇は頑固な攘夷派であるが、同時に熱心な公武合体派でもあった。しかし天皇の意向とは逆に、文久三年の宸翰はもはや公武合体の論理のなかに収まりきれない。幕府と大小名が等しく天皇の「赤子」とされることによって、幕藩体制は朝廷権力のなかに包摂されてしまっている。第二次長州戦争の失敗などで幕府の権威が失墜し、倒幕の流れが作りだされたとき、孝明天皇は突然死去した。それとともに、先の宸翰に示された朝廷優位の論理は、王政復古の倒幕論として展開されることになる。大政奉還を意図した薩土盟約（慶応三年）は、以下のように述べる。

「方今皇国ノ務、国体制度ヲ糺正《きゅうせい》シ、万国ニ臨デ不恥《はじず》、是第一義トス。（中略）我皇家綿々一系、万古不易、然ニ古郡県ノ政変ジテ今封建ノ体ト成ル。大政遂ニ幕府ニ帰ス。上《かみ》皇帝在《ある》ヲ不知《しらず》。是ヲ地球上ニ考フルニ、其国体如茲者《このごときもの》アラン歟《や》。然則《しかればすなわち》制度一新、政権朝《ちょう》ニ帰シ、諸侯会議、人民共和、然後《しかるのち》庶幾《こいねがわくば》以テ万国ニ臨デ不恥《はじず》、是ヲ以テ初テ我皇国ノ国体特立スル者ト云ベシ」（大系(56)五〇五頁）。

ここに「国体」は王政復古による新体制を示唆する語として使われている。多義的な語彙だった「国体」が、今や天皇を中心とする国家体制という新たな意義を獲得しつつあるのが推測できるだろう。

5 政教一致体制と国体／政体二分論

これまで「国体」という語にかかわって、幕末における国体論の誕生を検討してきた。次にこの時期を代表する二人の開明的な思想家を取り上げ、かれらの言説が国体論形成にどのように関与したかを考察しよう。

横井小楠の政教論

水戸学の問題意識を儒学の側から引き継いだ人物として、横井小楠《しょうなん》（一八〇九～六九）を挙げることができる。小楠は天保一〇（一八三九）年から翌年にかけて江戸に遊学し、その間、藤田東湖《とうこ》（一八〇六～五五）と親しく交わった。たとえば嘉永三（一八五〇）年の書簡は、水戸学の影響を如実に残している。「我神州は百王一代三千年来天地之間に独立し世界万国に比類無之事《これなき》に候へば、譬《たとえ》人民は皆死果《しにはて》、土地は総て尽き果て候ても決して醜虜と和を致し候道理 無之候《これなくそうろう》」（『横井小楠関係史料』①一三五～一三六頁）。ペリー来航に際して徳川斉昭が幕政に参与することになり、小楠はかれに期待をかけたが、その後斉昭の姿勢に失望して、水戸学を批判するに至る。安政二（一八五五）年の書簡では、水戸学が「一偏」に陥り「天地之正理」を失っていると批判した（同上二二一頁）。

しかしこれは、小楠が水戸学の政教一致の国体という問題設定そのものを批判したものではない。安政三（一八五六）年の村田巳三郎宛書簡はこの点で興味深い（同上二四一頁以下）。ここで小楠は、日本で「三代之道」が多くの人の信頼を得ておらず、むしろ「一国三教」の状態であると嘆いている。儒教は「学者之 弄《もてあそ》びもの」、神道は「荒唐無経《マ マ》 些《いささか》之条理無之《これなく》」で、仏教は「愚夫愚婦を欺《あざむく》のみ」にすぎない。したがって「貴賤上下」を通じて信じられているものは何もなく、一国を挙げて「無宗旨之国体」だという。これに対して、西洋諸国で信仰されているキリスト教は「上《かみ》は国主より下《しも》庶人に至る迄真実に其戒律を持守いたし、政教一途に行 候《おこないそうろう》 教法」である（同上二四三頁）。

このように「大道之教」がなく、人心を統合して「治教」を施す術のない状態の日本に、キリスト教が浸透してきたらどういう事態になるだろうか。小楠は以下のように警告する。「聡明奇傑之人物」は、儒教のことを知らなければ、必ず無自覚のうちに「邪教」に陥ってしまうだろう。現に佐久間象山などは、邪教を唱道しているわけではないが、「政事戦法」など万事において「西洋之道」が優れていると主張して、邪教に陥ったと同然の状態である。象山の例でもわかるように、「三代之治道に熟せざる人は必ず西洋に流溺するは必然之勢」である（同上二四五頁）。

このように西欧列強の富強をキリスト教にもとづく政教体制にもとめる考えは、ひとり小楠だけに特有なものではない。宇和島藩主伊達《だて》宗城《むねなり》がキリスト教への警戒心を表白した書簡で、キリスト教の盛んな国はみな「富国強兵政教も行届《ゆきとどき》候」（『昨夢紀事』②五三頁）と述べていることでもわかるように、キリスト教に対する警戒心は幕末から明治初期の政治家・思想家に広く共有されていた。小楠の危機感は、キリスト教の根幹が政教一致であり、西欧諸国では政教一致体制が実現していると考えたことにもとづく。前述の村田巳三郎宛書簡で、小楠は以下のように指摘する。「彼等が道は一国無貴賤、一統其道を奉じ実地に被行、宗門を以て治道と成し、二に分れ不申（後略）」（『横井小楠関係史料』①二四五頁）。西欧とは逆に、日本では上下一致した信仰はなく「道なき国体」だと判断していたから、小楠の危機感は亢進せざるをえなかった。小楠の考えによれば、儒教の本来の理念もキリスト教と同じく「修己治人政教一致」だった。したがって問題は、日本のみならず中国などのアジア諸国において、この儒教の理念が実現していないことである。「沼山閑居雑詩」と題された一連の詩のなかには、以下のように論じたものがある。「西洋に正教有り。其教上帝を本とす。戒律以て人を導き、善を勧め悪戻を懲らす。上下これを信奉す。教に因って法制を立て、治教相離れず、是以て人奮励す。我に三教有れども、人心繋ぐ所無し。（神）仏まことに荒唐、儒また文芸に落つ。政道と教法ともに聵聵《かいかい》としてその弊を見る。洋夷交《こも》ごも港に進めば、必ず貨利を以て曳《ひ》かん。人心の異教に溺れ、禁ずること難きは其勢なり。嗟乎《ああ》唐虞《とうぐ》の道、明白なること朝霽《ちょうせい》の如し。これを捨てて用いるを知らず、甘んじて西洋の隷と為る。世豈に魯連無からん。去って東海を踏みて斃《たお》れん」（『横井小楠関係史料』②八八一頁）。山崎正董によれば、最後の部分は勇気と節操の人として知られた斉人の魯仲連に言及したものだという（『横井小楠伝』（上）二七一頁）。

かれが理想とした儒教にもとづく政教一致体制が実現しそうにないことに対して、絶望に近い感情を吐露したものである。

儒教的政教一致体制

政教一致の体制が小楠の理想である。儒者としては当然のことであろう。政教一致の中身は異なるが、その理想は水戸学と通じる面がある。当然、小楠の学問的・政治的営為は、儒教の政教一致体制を構築することに向けられた。その具体化が文武一途・学政一致の原理にもとづく学校の設立である。福井藩の学校設立のために書かれた「学校問答書」では、「章句文字」を学ぶだけの学校を廃し、「修己」と「治人」が合致すべきことを力説している。この主張だけをみれば、かれの主張は単なる朱子学の理念への復帰にすぎないように見えるかもしれない。しかしこのような主張を通じて小楠が意図していたのは、現実社会に対して、儒教が本来持っていたはずの思想としてのアクチュアリティを回復することだった。

具体的には、それは小楠の思想において、「修身」（＝内面化）と「治国」（＝制度化）のあいだの独特な緊張関係として表現されている。後に絶交することになった親友の長岡監物宛の書簡（嘉永二年）で、小楠は以下のように語っている（『横井小楠関係史料』①一二一頁以下）。「学問は修身之事業」であり、いわば士大夫としてのエートスの練成が根本である。しかしそれは単なる自己の修練には終わらない。「内にあるものは必ず外にあらわれ」るからである。だが自己の修練は他人のために役立とうと志すことではない。以前は、小楠自身も学問が自分だけでなく「世にも人にも」役立つように心がけた。しかし今は「何か己を成就せんと思ふ意思」になり、さほど「世にも人にも」とは考えなくなったという。

ここで小楠は「己を成就せん」とする志を第一義とし、「世のため人のため」は付随的な結果にすぎないと主張している。しかしそれは「治国平天下」はどうでもよいというのではない。「世のため人のため」という志による「修身」は、「真実底心に思ひ入れ候者」とはいいがたいと考えたのである。真に「己を成就せん」と念願すれば、外的世界はどうでもいいということになるが、この自己本位の修練は必ず「外にあらわれ」ずにはいない。政治的主体の練成が理想的な政治の前提であり、徹底した〈内面化〉は〈制度化〉と必然的に結合すると考えられた。したがって小楠の「修身」第一主義は「治国平天下」軽視ではなく、逆に「修身」と「治国平天下」の緊密な一体性の主張となる。小楠の構想は、「文武一致政教不岐の趣意」（小楠の薫陶を受けた福井藩士の村田氏寿が「氏寿履歴書」で使っている語）による学校を設立して、士大夫たるものすべてに「己を成就せん」とする厳しい自己陶冶を要求する（山崎正董『横井小楠伝』（上）二七七頁参照）。しかし現実には、この要求は誰にでも期待できるものではないので、結局、このような志向は必然的に英雄的人物がその模範を顕示するという所に帰着せざるをえない。小楠が「学校問答書」の末尾で、自己の理想とする学校の実現には「君上の一心」が絶対的な前提であると強調したのは当然の帰結だった。

小楠は一般にその開明性が高く評価されている思想家である。しかし小楠の理念には、明治天皇を理想の君主として教育し、そのモデルにもとづいて国民教化を目指す志向がすでに潜在している。いうまでもなく、それは教育勅語を予期させる論理である。肝要な点は、小楠の思想が開明的であったがゆえに、後の教育勅語への志向を潜在させていたことである。小楠が語った言葉として以下の有名な文章が残されている。「道は天地の道なり、我国の外国のと云事《いうこと》はない。道の有所《あるところ》は外夷といへ共《ども》中国なり。無道に成《なる》ならば、我国・支那と云へ共即ち夷なり。初より中国と云《いい》、夷と云事ではない。国学者流の見識は大にくるいたり。終に支那と我国とは愚な国に成たり。西洋に大に劣れり」（山崎正董『横井小楠伝』（上）二九〇頁）。

ここでは「道」＝理が個別的な国家から自立し、普遍化されている。前述のように、小楠は儒教の理想である政教一致の体制が西欧において実現していると考えていた。つまり自己の理想を西欧の政治体制のなかに読み込んだのである。西欧の政教一致体制が「三代の治」の実現だと思い込んだ結果、「中華」は地理的特殊性を超越し、西欧という異質なものにも適用されることで普遍化した。しかし後に西欧への知識が深まると、小楠は認識を改め、「西洋列国利の一途に馳《は》せ一切義理無之《これなく》」と論断するに至る（慶応三年六月の書簡、『横井小楠関係史料』②五〇八頁）。かつて絶賛されたロシアのピョートル大帝はもはや単なる「英雄豪傑」にすぎず、ただワシントンだけが例外的な「徳義ある人物」とされている。これとは逆比例して上昇するのが明治天皇の評価である。一年余り後の書簡では、維新の変革は「中々不思議之世界に変化」と高い評価がなされ、明治天皇についても「皇国之仕合《しあわせ》は主上（御十七歳）非常之御天授」と留保なしの絶賛状態だった（明治元年九月、同上五五七頁）。理想の学校のためには「君上の一心」が肝心とした前述の考えを考慮すれば、この認識がいかなる結果を導くかは明らかだろう。儒教の理念を政教一致と捉え、「修身」と「治国」（すなわち〈内面化〉と〈制度化〉）の強固な一体性を前提に、個人の道徳的陶冶による国民国家を目指したとき、どのような理念が出現するかは容易に想像できる。小楠は教育勅語ときわめて近い所に立っていた。小楠門下の元田永孚や、小楠から影響を受けた井上毅が教育勅語策定の中心になったのは、必ずしも偶然ではない（ただし小楠の理念は、重要な一点において教育勅語とは異なる。「修身」を基本と考えた小楠は、「君上」の価値が血統の一系性によって創出されるとは考えないだろう）。

佐久間象山と国体／政体二分論

ところで小楠が招聘された福井藩では、その赴任に先立って、「学校問答書」の政教一致・文武不岐の理念にもとづく明道館が設立された。明道館の学監となった橋本左内《さない》（一八三四〜五九）は、人材養成の方法について論じた文章「学制に関する意見箚子《さっし》」で、中国では文官優位だが、日本は「御政体も武断を被尚候《とうとばれそうろう》御風儀」だと指摘する（橋本（上）二六一頁以下）。そして日本が宇内に卓越する理由は「敬神尚武の風」にあるとして、「上古より近世まで武を以て天下を被定候御国体にて、怯懦を悪み、不義を恥ぢ、君を敬ひ、祖を重んじ候習《ならい》」であると論じる。ここで注目されるのは、左内が「政体」と「国体」という語句を使っていることである。二つの語句の使い分けは必ずしも明快ではないが、「国体」が日本の伝統的な気風を指すのに対して、「政体」は徳川幕府の特徴を指摘していると読める。

実は「国体」「政体」という二つの語句の使い分けは、この時代に普及し始めている。その一端を窺うために、横井小楠とともに幕末を代表するもう一人の開明的儒者・佐久間象山《ぞうざん》（一八一一～六四）について一瞥しておきたい。象山は、かれ自身の自己規定では、終生、熱心な朱子学徒だった。しかし横井小楠とはまったく逆に、象山の朱子学では〈内面化〉の契機と〈制度化〉の契機の関係が弛緩してしまっている。その結果、朱子学の「格物窮理」は「修身」から解放され、独自の論理に従って西欧の学術と結合することができた。有名な「東洋道徳西洋芸術」という語は、「修身」に二義的な重要性しか与えず、「格物窮理」の論理だけに専心できた象山の精神のあり方を明示している。象山にとっても、「修身」=道徳はどうでもよいものだったのではない。しかし道徳は「格物窮理」とは分離されており、両者は別の論理に依拠していた。だから「格物窮理」は「道徳」に拘束されることなく、「西洋」を受容できたのである。

村田巳三郎宛書簡で、横井小楠が象山を「邪教」に陥ったと非難したことは前述した。いうまでもなく、この非難は〈内面化〉を基底にした小楠の思考から生じた誤解である。象山が西洋の学術を賞賛したからといって、儒教道徳への信念を失ったわけではない。しかし小楠の立場では、外面から内面が推し測られるから、西洋を賞賛する象山は内面も「邪教」に「流溺」してしまったことになるのである。

両者の精神態度の鮮やかな対比がよくわかるだろう。

文久二(一八六二)年、幕府が武備の充実のために参勤交代などの制度の簡素化を決定したとき、象山は格式重視の観点からこのような改革に反対した。その反対理由は以下のように説明されている。「皇国と外蕃とは御国体本より同じからず、夫故に又御政体も異ならざる事を得ざる義と奉存候」(大系㊺三〇七頁)。西欧では、庶民でも才能のある者は登用されて大臣や大統領になり、その職務が終われば再び庶民の身分に戻る。だから格式は簡素で、外出時もわずかな従者を連れるだけだが、これは「其国体政体の然らしむる所」である。現在の日本の「国体」は中国の「三代封建の制」にもとづいており、「政体」もそれにふさわしいものでなければならない。つまり諸侯はその職責に応じた権威が必要で、過度の簡素化はその「国体」に反するというのである。

先に第1節の「近代国体論の概念枠組」の項で述べたように、近代の国体論では、国体/政体二分論が当然の前提とされていた。万世一系の皇統を機軸とする国体の不変性という仮構が成立するには、政体は必要に応じて変化しうると説く必要がある。「国体」と「政体」の定義は論者によって異なるが、国体/政体二分論は国体の一貫性を説く近代国体論の不可欠な前提なのである。佐久間象山の議論が注目されるのは、かれがこの二分論の原型を提出しているからである。〈内面化〉と〈制度化〉を一体と捉える横井小楠からはこうした二分論が出てこず、両者を分離する傾向が強い象山が二分論を説いているのは、偶然ではあるまい。象山の「国体」では天皇の存在は意識されていないが、国家の基本原理とその具体的表現としての「政体」を区別することで、体制の価値観からその制度化を分離し、政治的思考におけるプラグマティズムの余地を広げたのである。

国体/政体二分論は橋本左内や佐久間象山にのみ固有なものではない。象山ほど明確に両概念の対照を意識していたとはいいがたいが、幕末の政治文書には国体/政体の区別が厳然と存在していた。例を挙げてみよう。たとえば前述した水戸浪士の「斬奸趣意書」によれば、通商条約は「神州古来之武威を穢し国体を辱しめ（後略）」るものであり、井伊大老の国賊的行為は「公辺之御政体を乱り夷狄之大害を成（後略）」すものだった（『水戸藩史料』上編坤、八一六〜八一七頁）。この例から見てとれるように、「国体」は天朝の存在、「政体」は幕府の存在と結びつけて理解されている。別の例として、安政二年六月の徳川斉昭の意見書を引証してみよう（『水戸藩史料』上編乾、六四四頁以下）。この文書で斉昭は軍艦調達が思うに任せぬ事情を吐露して「於御国体如何敷」と述べ、他方で諸大名の議論は「小田原評定《ひょうじょう》」で、幕府に批判的な議論を展開するものは、自分の意見が取り上げられないので、ますます「御政体御噂申上」げる状態だと批判している。斉昭が言おうとしているのは、軍備増強が「国体」にかかわるのに対して、幕府の外交政策への批評は「政体」の問題ということだろう。この例でもわかるように、幕末の政治文書で「政体」という語が使われるとき、多くは幕府の政治のあり方と関連している。つまり国体／政体二分論は、暗黙のうちに幕府と天皇の二元的な権力／権威体制を前提にしていたのである。

では天皇の権威が上昇し、最終的に幕府が倒壊したとき、この思考の枠組はどのように変化するだろうか。それを示す格好の文献が、明治三年八月執筆とされる岩倉具視「国体昭明政体確立意見書」である（『岩倉具視関係文書』①三三八頁以下）。この文書で、岩倉はまず「億兆万民」に「安康」を得させるための「大政之基本」を明示する必要を説き、次に「建国之体裁」を明らかにするべきだと主張する。「建国之体裁」とは、イザナギ・イザナミによる建国神話のことで、それによって「皇統一系ノ国体」が立ち、「大政ノ基根」を確立できるという。万世一系の皇統による「国体」は、原理として闡明《せんめい》されるだけでは十分ではない。それを確立するには、「耶蘇ノ徒ノ類」に惑わされないように、「宣教」によって「国体」の原理を「兆民」に教え込む必要がある。こうした措置の後に、初めて「経綸之基本」が問題となる。ここで岩倉は「政体」を、国家の経綸を担当する政府やその体面という趣旨で使っている。

いうまでもなく、この時期に明治新政府は大教宣布の詔により祭政一致の国家体制建設を企図していた。その方針を前提に、岩倉は記紀の建国神話による皇統支配の正統性（国体）と、それにもとづく「経綸之基本」（政体）との概念上の区別をしたのである。周知のように、この時に意図されていた祭政一致の国家体制は当然ながら挫折し、その後、教導職制を経て「日本型政教分離」と評される国家神道体制に移行していった（安丸良夫『神々の明治維新』二〇九頁）。明治以後の国体論は、政教体制の複雑な変化を経験しながら、国体／政体二分論の概念枠組を継承し精緻化して、すべての政治的言説を枠づける構造を造りだしたのである。

6　国家神道へ

以上によって、われわれは近代の国体論の概念枠組が誕生する現場に立ち会った。それは以下のように要約できる。

「国体」は、まず近世儒学や国学が対外関係において「天朝」の存在を意識したときに使った語であり、ペリー来航によって急速に一般化した。その決定的契機となったのは、対外的危機を意識して書かれた会沢正志斎『新論』で、会沢はキリスト教の政教一致体制に対抗する日本独特の祭政教一致体制を「国体」と呼んだ。しかし幕末の政治文書で広く使われた「国体」にはそのような一義性は存在せず、むしろ国家の体面、国家の独立、日本の独自性、万世一系の皇統の存在など、多様な語義が込められていた。その融通無碍の概念の抱擁性が、強制された開国という屈辱を、日本の独自性の意識によって補償しようとするナショナリズム意識を表現するのに好都合だったのである。

「国体」という語が成立する背景には、幕府と朝廷という二重の権力／権威体制が存在した。この二重体制は、いくつかの段階を経て、朝廷のほうに重心が傾いていった。まずペリー来航である。既述のように、これを契機に朝廷の文書に「国体」という語が出現する。それまで武家・公家の叙位や神社の社格授与、歌会や新嘗祭などの儀式の挙行、寺社への病気平癒祈願などが天皇のルーティンだったが、これ以後、国家独立が「叡慮」を煩わす問題として浮上した。「国体安穏」を七社七寺に祈願する天皇の姿は、国家と国民の動向に関心を寄せる新たな天皇像の出現を予告するものだった。

第二段階は安政五（一八五八）年である。老中堀田正睦が上洛して通商条約の勅許を得ようとしたが、孝明天皇は頑なに拒否した。言葉を尽くした説得が失敗した幕府は条約調印を強行し、天皇のほうは譲位をちらつかせながら抵抗した。そして「戊午の密勅」によって、天皇は公武合体という本来の意に反して尊皇攘夷派を激成させ、結果として「国体」という言葉を尊王攘夷的ナショナリズムのキーワードにしてしまうのである。

第三段階は文久三（一八六三）年から翌年にかけてである。将軍・家茂は二三〇年ぶりに上洛したが、天皇は幕府への大政委任を部分的に否定するかのような言辞を用いた。そして翌年には、将軍と大小名はともに天皇の「赤子」であるとする宸翰が発せられた。文久四年の宸翰は、孝明天皇自身の意図を超えて、論理的に倒幕を含意せざるをえなかった。そして現実の政治過程は、その論理通りに王政復古へと突き進み、「祭政一致の御制度に御回復」との宣言が出された。もしこの理念がそのまま実現していたら、天皇が政治と宗教の両権力を体現する政教一致体制となるはずだったが、それは実現するはずもなく、妥協策として、憲法による信教の自由と教育勅語にもとづく擬似的な政教一致体制が発足した。いわゆる国家神道である。「国体」はこの擬似的な政教一致体制を象徴する語となった。しかし本章が論じたように、この語には近世以来の歴史が込められていたので、国家的な危機が亢進したとき、真正の政教一致（すなわち天皇親政）への情熱が、この語を合言葉にして奔出してくることになる。その様相には、まるで極度の緊張で精神がパニック状態になったときに、身体の不随意運動が起こる病理を連想させるところがある。

第2章　神々の欲望と秩序——幕末国学の国体論

序章で説明したように、国体論が日本社会の底辺まで浸透したのは、おそらく日露戦争後のことである。そこには、一見すると矛盾するかにみえる二つの側面があった。一つは「主体なき権力」として、あたかも社会の隅々まで網の目が張りめぐらされているかのように、あらゆる言動の方向性に影響を与える磁場としての側面である。しかし他方で、この磁場は人々の言動の外面を拘束するだけで、服従心や言動への動機づけという面では積極的な意味を持ちえず、「疑惑」や反問によって正統性の根拠が脅かされる状態だった。つまり国体論は社会の表面で高唱されるほどには人々の秩序観に確信を与えることができず、威圧や制裁によって補完することでかろうじて秩序維持を達成できたのである。服従調達のために編み出された理論が力に訴えざるをえなかったところに、国体論というイデオロギーの根本的な弱点がある。本章は、国体論の形成に主要な役割を果たした幕末国学の思想的営為の現場に立ち戻って、この二重性がなぜ生じたかを考察する。(1)

1　本居宣長が残したもの

すべては「神の御所為」

政治思想としての国学を考えるとき、その骨格は賀茂真淵《かものまぶち》（一六九七～一七六九）と本居宣長《もとおりのりなが》（一七三〇〇〜一八〇一）によって形成されたといってよいだろう。その特徴を単純化していえば、激しい儒仏（とくに儒教）批判と「神の御所為《みしわざ》」に対する徹底した受動性である。たとえば、賀茂真淵『国意考』は、すべて人間たるものが「いつくしみ」「いかり」「理《ことわ》り」「さとり」などの感覚を持っていると主張し、それをことさら「仁義礼智」などと名づけるのは愚かなことだと説く。儒教は理屈で説明するので初心者には理解しやすいが、実際には人間の真実を表現したものではない。さかしらな議論などせず「天地の心のまゝ」であることが尊いと、真淵は説く（「国意考」、大系㊴三八四頁）。いうまでもなく、こうした主張の背景には、日本は「人の直《なお》き国」だが、中国は「心わろき国」だから「理りめきたる」教えが必要になったという認識がある（大系㊴三八三頁）。儒教のように「理」によって説くより、日本の古典のような「おのづからの事」のほうが優れていると考えるのである。

こうした考え方は宣長においてさらに徹底された。宣長は、森羅万象すべては「神の御所為」で「奇《くす》しく妙《たえ》なるもの」だから、人知によって測り知ることができないと考える。「漢人」は人間が窺い知ることができない現象を「かしこげ」に説明するが、それは「今の現《うつつ》に見聞（く）ことの、尋常《よのつね》の理《ことわり》になづみて、古今天地の間の事、此理の外はなしと、かたおちに思ひ」込んでいるにすぎないという（「天祖都城弁弁」、本居⑧五頁）。儒教は他国を奪うか、奪われまいとするかを意図しているにすぎないなどと、宣長はしばしば底意地の悪い批判を展開しているが、それはかれの目指す「学問」が儒教とは対極にあることを強く意識していたからである。宣長は『玉かつま』の有名な一節で、「道」とは「生れながらの真心」であると揚言している（大系㊵二五頁）。そこには「万の事の善悪是非」を弁別し、「物の理」を究めようとする「漢心《からごころ》」を克服しなければ、本当の「道」にたどりつくことはできないという強い意志があった。それは『古事記』をはじめとする古典の記述を字義通りに信じるべきだという信念である。

「神道に随《したが》ふとは、天下治め賜ふ御しわざは、たゞ神代より有りこしまにまに物し賜ひて、いさゝかもさかしらを加へ給ふことなきをいふ」（「直毘霊《なおびのみたま》」、本居⑨五〇頁）。このような考えかたは宣長の独特な神学にもとづいている。それは「神の御所為」の意図は測りがたいので、人間はただ黙って自分たちの運命に耐えるしかないという断念である。すべての現象には、それなりの「ことわり」がある。しかし人間にとって悪い出来事が神の良き意図にもとづくものかもしれず、逆に良い出来事も悪い意図の結果かもしれない。「ことごとく神の御心にしあれば、人のちひさきさとり心もては、まことのよしあしきは知がたきわざ」なのである（「臣道」、本居⑧五〇六頁）。結局、宣長のいう「生れながらの真心」とは、出来事の「ことわり」を推論したり究明したりせず、それを運命として受け入れて黙従し、そのような諦念にもとづいて素直に喜怒哀楽の感情を表現することに帰着する。

宣長における「政治」

物事をあるがままに受け入れよという主張は、人間を受動的な存在と規定することである。万事は「神の御所為」の結果であり、その「ことわり」は人間には不可知だから、既存の秩序に不都合があっても、人間の浅慮によって変えるべきではない。人間生活や社会のありさまは古代から不動のままだったわけではないが、その変化もまた「神の御心のまま」に起こったことである。したがって「時世のもやう」や「先規の有来りたるかた」を考慮し、既成の価値と秩序を遵守することが良き統治の秘訣ということになる（「秘本玉くしげ」、本居⑧三三二頁）。当然ながら、上下の階統秩序は厳守されねばならず、「身分相応」が格率となる（同上三四八頁）。質素倹約は「下々の武士」には必要だが、大名は相応の体面を保持しなければならない。身分不相応な奢侈が批判されるのは当然だが、「あまり降して軽くする」のもよくない。身分階統に従った職分的な道徳が要求されることになる。

ではこのような先例重視の伝統主義に従っても、社会に混乱が起こったらどうするのか。宣長は百姓一揆について、「下」の非ではなく「上」が悪いのだという。つまり被治者は支配の客体として徹底して受動的な位置に置かれ、「上」の「めぐみいたはる心」だけが問題とされる（同上三四〇頁）。被治者は支配者の意志に受動的に反応するにすぎない存在なので、その欲望や感情は考慮の外に置かれている。その結果、社会の治乱の原因は「下の上を敬ひ畏る丶と、然らざるとにある」ということになる（「玉くしげ」、本居⑧三一九頁）。「上」が「下」に恩恵を施すことによって「下」が「上」を畏敬する。つまり下位者が上位者に対して畏敬心をもって無条件に服従することが、統治の根本条件である。ここでは被治者は調教された家畜のように従順で、食料と安息を与えてくれる主人の顔色をひたすら窺い、ただ命令されることを待っている。支配の正統性をめぐる問題が政治的思考の核心だとすれば、宣長にはそれがほとんど欠如している。かれは被治者の服従をいかに調達するかという問題にまともに向きあっていない。

下位の者は「よくてもあしくても、その時々の上の掟のま丶に」（「うひ山ぶみ」、大系㊵五二〇頁）服従するべきだという宣長は、政治の契機を極小化した。しかしかれはそれを皆無にすることはできなかった。下位者の上位者に対する畏敬心が統治の主題だとすれば、いかにして畏敬心を持たせるかが問題にならざるをえない。当然ながら、それは「上」が権力を振り回すことではない。宣長の答は、「上たる人、其上を厚く敬ひ畏れ」る姿を見せることである（「玉くしげ」、本居⑧三一九頁）。それによって「下たる人」も「つぎつぎに其上たる人」を畏敬することになるという。こうして見事な畏敬の階統秩序が成立する。それは庶民→武士→大名→大将軍家→東照神御祖命（徳川家康）→朝廷→アマテラスというもので、朝廷の権威を上昇させた点を除けば、壮大かつ愚直な現状肯定の体系である。

宣長の政治思想のディレンマ

しかしこうした現状追認の畏敬の階統制だけで、問題が解決するわけではない。宣長が自己の学問の規範とした『源氏物語』や『古事記』などの古典は、小説や神話特有の放埓なエピソードに満ちている。「ツユバカリモ私ノ心ヲマジヘズ、古典ノマヽニ心得ル」（「衝口発論駁の覚書」、本居⑧二六四頁）というのが宣長の方法だった以上、古典に表現されたアナーキーな世界像がそのままかれの著述に反映してこざるをえない。儒者が禁忌視した好色で淫猥な物語を、「わが心ながらわが心にまかせぬ」心のありさまとして、宣長はありのままに受けとめるべきだと説いた（「紫文要領」、本居④五八頁）。なるほどいかにも用心深く「人情にしたがふとて、をのが思ふまゝにおこなふとにはあらず」と、かれは断っている（同上三八頁）。しかし社会的に許されない男女間の恋情を「人情」として肯定することは、既成の価値観や秩序への挑戦という側面を持たざるをえないはずである。丸山眞男がその古典的論文で、宣長が「一切の規範性を掃蕩した内面的心情をそのまま道として積極化した」と評したのは、このことを指している（「近世儒教の発展における徂徠学の特質並にその国学との関連」、丸山①二九四頁）。

宣長自身は「下たる者」の従順を予定した。しかしその意図とは逆に、かれは放逸と淫奔による秩序破壊を促したのではないだろうか。いうまでもなく、性を中心とした男女間の交渉は政治秩序のもっとも可視的な暗喩であるが、政治の契機を極小化した宣長の思考は、欲望の充溢が生みだすアナーキーを必ずしも意識化できていない。しかし従順な被治者という前提と古典解釈のあいだには、明らかに裂け目が生じた。その一つの例は、神武天皇の子である当芸志美美命《たぎしみみのみこと》の反逆に関する『古事記伝』の解釈に見ることができる。神武天皇の死後、神武の先妻の子・当芸志美美命は、神武の正妻で自分の義母にあたる伊須気余理比売《いすけよりひめ》に「娶」し、義理の三人の弟を殺そうとした。他の個所で一貫して「めす」と訓読している「娶」の字を、宣長はここで「男女の義」に反する交わりなので「たわく」と訓ずるべきだと主張し、「未だ交通《まぐわい》したまはざれども、強て犯し奉むと欲て、聘《よば》ひ」したのだと解説している（「古事記伝」、本居⑩四三七頁）。「男女の義」に訴えたのは、「人情」の現実から出発するという方法論の綻びを意味する。宣長のアクロバティックな解釈の底意は、天皇と皇后の神聖さを擁護することだっただろう。天皇の神聖性が傷つけられると、「下たる者」の畏敬心が薄れてしまう。「娶」という字には、かれが暗黙のうちに前提にしていた畏敬の秩序を、根本から崩壊させる危機がはらまれていた。

シニシズムの匂い

宣長の政治的思考にはもう一つの深淵が口を開けている。既述のように、宣長の学問は「漢意《からごころ》」を排して「古の大御手ぶり」を再現するところに成立した。儒仏とのいかなる妥協も否定し、学としての純粋性を保証することが、宣長の絶対の前提だったのである。その徹底ぶりは意外なところに宣長を導いた。『講後談』の一節で、かれは神仏を激しく排斥した徂徠学派・太宰春台の「弁道書」への共感を表明している（「講後談」、本居⑭一八〇頁）。儒仏を「調合」して作られた神道に対する自身の敵意から、儒者としての純粋性を強調した春台への共感が生じたのである。ここには自己の学問への誠実さに対する、学派を超えた連帯感がある。しかし他方で、宣長は次のようにも述べた。世の中の悪の存在は「悪神のしわざ」であり、「儒仏老などと申す道の出来たるも神のしわざ、天下の人心それにまよひ候も又神のしわざに候、然れば善悪邪正の異こそ候へ、儒も仏も老も、みなひろくいへば、其時々の神道也、（中略）儒を以て治めざれば治まりがたき事あらば、儒を以て治むべく、仏にあらではかなわぬ事あらば、仏を以て治むべし、是皆、其時の神道なれば也」（「答問録」、本居①五二七〜五二八頁）。たしかにすべてが「神のしわざ」と考える以上、儒仏の流行も神の営為の結果と考えるしかない。しかし統治に必要なら儒仏を利用するのも辞さないというのは、宣長が誇った学の純粋性に対する裏切りではないだろうか。儒仏もまた「神の御心」のあらわれと考えるなら、偏狭な批判などせず黙って甘受すればいいではないか。

役に立つものなら何でも使ってよいという主張に、人は宣長の政治的思考における徹底したプラグマティズムを読みとるかもしれない。たとえば安丸良夫は、マンハイムを援用しつつ宣長のこうした現実妥協的な側面を「生活保守主義＝自由主義」と性格づけている（『近代天皇制の形成』一〇六頁）。しかしこれは事柄の一面にすぎない。なぜなら原則のないプラグマティズムは、シニシズムに堕する可能性があるからである。必要なら悪魔とでも手を結べというのは、無原則なマキャベリズムと紙一重である。宣長の思考には政治の契機が著しく欠けており、そこに権力に対するシニシズムが胚胎する根拠があった。むろんわたしは可能性を指摘しているのであって、宣長がそうだったと言っているのではない。宣長の「物まなびのこころばへ」（『玉かつま』）の誠実さは疑う余地がない。宣長が底なしの価値相対主義の深淵に陥らなかったのは、かれの「物まなび」としての禁欲による。「うひ山ぶみ」の有名な一節で、宣長は次のように述べた。「学者はたゞ、道を尋ねて明らしめるをこそ、つとめとすべけれ、私に道を行ふものにはあらず（後略）」（大系㊵五二〇頁）。

こうして宣長は、自己の理想の実現を「五百年千年の後」に期すべきだと述べた。この自己抑制こそが国学というディシプリンを成立せしめたのである。宣長は記紀などに記述された神々の権力と性をめぐる放縦ともいえる行為をそのまま容認し、それを「神の御心」として神聖化すらした。もしこのような精神が現実の政治権力と結合したら、どのようなことが起こるかは自明である。正義と悪は恣意的に弁別され、権力者の行為は正しく、それに反するものは悪ということになるだろう。宣長の国学は政治思想に転轍されたとき、シニシズムに堕してしまう危険性を包蔵していた。宣長がそのような逸脱を犯さなかったのは、政治に対するかれの禁欲（あるいは無関心）によるだろう。

2　秩序への模索——富士谷御杖と平田篤胤

富士谷御杖の『古事記』解釈

性的放縦は無秩序《アナーキー》の隠喩である。「生れながらの真心」を「道」として規範化し、「物のあはれ」を称揚した宣長の思想は、欲望をそのまま肯定したという意味で、アナーキーと紙一重だった。事実、宣長は多くの国学者たちから国学の実質的な創始者として崇められながら、他方で「色情」を肯定し、倫理性を欠いた男女関係を許したと非難された。大国隆正《おおくにたかまさ》（一七九二～一八七一）が『玉のをぐし』に、「もの、あはれといふことをいひて、色情をゆるし、異母兄弟とつぎしも、いにしへのみちにて、あしからぬさまにいはれしたぐひ、わるかりけり」と批判したのは、その好例である（「学統辨論」、体系⑳四八二頁）。これを言いがかりとはいえないだろう。

宣長の『古事記』解釈がはらむ問題性を意識し、それを独特な方法で克服しようとした国学者として、まず富士谷御杖《みつえ》（一七六八～一八二三）を想起したい[(2)]。御杖は『古事記』解釈で、まったく独創的な「象徴主義」と評される方法をあみだした（土田杏村「御杖の言霊論」、同『国文学の哲学的研究』八八頁参照）。宣長は「凡て神代の伝説は、みな実事」（「古事記伝」、本居⑨二三八）と述べているように、古典の記述をそのまま信じるところから出発する。これに対して御杖は、『古事記』上巻（神代）を「実録」ではなく、寓意を込めた象徴的表現と捉えた（「古事記燈大旨」、富士谷①三七頁以下参照）。御杖によれば、神代の記述は事実をありのままに表現し人々を教示した「直言」ではなく、日本語に特有な「言霊の道」にもとづいたものである。この解釈の背景には、日本語表現に対する御杖の独特な見方があった。御杖が挙げる例によれば、力が強い人がそれを示そうとするとき、「自分は力が強い」とは直言せず、もっと別の方法でそれを暗示しようとする。「力が強い」という事実を言葉によって直截に表現してしまうと、真意が相手に伝わらず、表現に込めた意味が失われてしまうので、メタファーを駆使して示唆するという方法をとるというのである。御杖はそれを「倒語」と呼んだ。それは「いふといはざるとの間のもの」で「わが所思の反《うら》を言とする」ことだという（同上、富士谷①五三頁、①六二頁）。つまり感じ考えたことをありのまま言語表現するのではなく、暗示、比喩、反語など、種々なレトリックを使うのが日本語表現の真骨頂だと、御杖は考えた。

　こうした方法論に立った御杖が、宣長の『古事記』解釈に異論を唱えたのは当然だろう。御杖によれば、宣長は言霊を理解せず、「みやび」のみを日本語の本質と捉え、「あやしき事」に対しては不可知論に立って、理解できないことを理解するのは「から心」だと批判した。宣長の方法に対するアンティ・テーゼの核心は、『古事記』神代の記述にみられる「奇怪」なことや近親相姦などの「あやしむべき事」をどのように理解するかにある。古典には様々な悪についての記述があるが、宣長のような「すなお人」は「白きをしりて黒きをしらず」だと、御杖はいう（同上、富士谷①四〇頁）。では神典における「黒き」事実の記述をどのように解釈して、矛盾を解決すればよいのか。

　御杖はここで驚くべき解釈の転換を実行する。神代を天皇家の歴史の前史とはみず、一種のフィクションと読むのである。つまり御杖の解釈では、現実の歴史は神武天皇から始まる。神代の記述は、国家統一を成し遂げた神武天皇が後世に残したレトリックに満ちた「教」だという。では神代に登場する神々は何を表現したものなのか。御杖によれば、『古事記』上巻の天神は「神武帝の大御身のうちなる御神気」であり、地祇は「天下衆人の神気」である（同上、富士谷①四五頁）。つまり神代の記述は、神武天皇が国家統一の事業において遭遇した様々な経験を、寓意に満ちた「倒語」という方法で表現したものということになる。

いうまでもなく、このような解釈が成立するには、様々な語句の意味転換がなされなければならない。まず第一に、宣長が「尋常ならずすぐれたる徳のありて、可畏《かしこ》き物」（「古事記伝」、本居⑨一二五頁）と定義した「神」を、御杖は「人の身内にやどりたるもの」（同上、富士谷①六七頁）、あるいは「幽中にありて動かさんむとすれどもうごかぬもの」（「古事記燈巻一」、富士谷①九五頁）と定義する。つまり「人」の内部に存在しながら、「人」の意志のとおりにならないものが「神」だということになる。「古事記燈大旨」は、このことを以下のように説明している。「人身中の神なに物ぞといふに、人かならず理欲の二つありて、その欲をつかさどるをば神といひ、理をつかさどるをば、人といふ。（中略）此理欲、天地にあやかりて、理はおのづから尊く、欲はおのづからいやしきが故に、人としては理をとふとび、欲をいやしむべきことなり、されば人みな、いかにもして諸欲を制し、理を全うせむことをのみ急とす」（富士谷①六七〜六八頁）。つまり「神」とは人間の精神あるいは心理のなかに存する欲望の表現であり、それを「理」によって抑制しようとするのが「人」である。当然ながら、「私思欲情」を「理」によって完全に抑制するのは困難だから、人はそれを内面に隠して外面を糊塗しようとする。これが「人道」である。しかし抑えようとすればするほど「私思欲情」は強くなる。このように「おもふ所のやむことをえざる道」が「神道」だという（「古事記燈大旨」、富士谷①六八頁）。

一見すると、ここでは「神」や「神道」という語の意味が完全に転倒しているように思える。「神」は欲望を肯定し、理念を否定するための理論的仕掛けなのだろうか。そうではない。たとえば『古事記』冒頭の造化三神が「身を隠したまいき」（「隠身」）という叙述について、「隠身」とは死んだという意味ではなく「人の耳目」の集まらないように身を持すことだと、御杖は解説する（「古事記」、富士谷①一五三頁以下）。つまり自己の意志を表に出さず、他者の意志を代弁するような言行が「隠身」で、造化三神はそのような振る舞いによって模範を示したという。したがって「隠身」は儒教のいう仁義孝悌忠信などをすべて内包した理想的な態度である。儒教は内面の私情を認めながら外面を「礼」によって繕うのに対して、「隠身の道は内にもなづまず、外にもかゝはら」ない方法で、いわば自他を相互の譲り合いのなかで理解し両者を生かす身の処し方だと考えたのである（「古事記燈大旨」、富士谷①一七七頁）。

こうした例でもわかるように御杖は、制御しえない欲望の表現を「神」と捉え、他者の排除や他者との闘争によっては、欲望は実現できないと考えた。つまり他者の欲望の実現が自己充足になるような道徳観が、『古事記』神代の叙述において教示されていると捉え、「理欲相たゝかふ」のではなく、「理を衣とし欲を主とする」ような生き方を理想と考えた（「神典言霊」、富士谷①三七六頁）。それは御杖の表現によれば「乞ふとなく乞はせ、ゆるすとなくゆるさむ」（同上、富士谷①四〇七頁）ような相互性の世界であり、神典にはそのような生き方が説かれていると、かれは解釈したのである。

別の例を挙げてみよう。『古事記』冒頭の「天地初発の時」という語句について、御杖は以下のような説明をしている。ここに「天」とは「君父夫兄師長」など上位者を、「地」はこれに対応して「臣子婦弟門弟」を指している。したがって「天地初発」とは、天と地ができ始めたことを意味するのではなく、「国」に君臣などの上下の秩序が形成され始めたことを意味する。すなわち「初発といふ事は、上たるものは上たるをたのみて下に私する事なく、下たるもの上をかろしめ蔑《ないがしろ》にしてをかす事なき」状態が実現したことを意味するのだという（「古事記燈大旨」、富士谷①一五六頁）。儒教では人の守るべき倫理が「五倫」と呼ばれたが、わが国では儒教のように細かく分けずに「上下」という語で説明された。このように大雑把で細かいことに言及しないほうが「前後を考へて後事に処する」には適切なのだという（同上一五六頁）。

御杖の解釈はいかにもアクロバティックである。このような方法で『古事記』神代の全体が説明できるとは到底考えられないだろう。事実、御杖が残した『古事記燈』には何種類ものバージョンがあるが、いずれも『古事記』上巻のごく一部分を扱っているにすぎない。国学者が神典とした記紀の記述には、神々の欲望の発露はあるが、秩序や道徳の契機を体系的に見出すことは困難である。この問題は多くの国学者に重く圧しかかっていた。御杖の孤独で苦しい試行錯誤は、宣長『古事記伝』の問題性に果敢に取り組んだ結果である。

平田篤胤の挑戦

「生れながらの真心」という心情を重視する宣長に対して、その政治的含意を半ば意識しつつ、神学の側面から宣長の思想に改変を加えたのが平田篤胤《あつたね》（一七七六～一八四三）だった。篤胤は宣長の死後にその門下を自称して世に現れ、復古神道の運動を強力に推進することになった。篤胤は「師」としての宣長に強い敬意を払ったが、様々な点で「師」に対する異論を公言している。篤胤にとって、宣長が称揚した『源氏物語』や詩歌管弦の類は「淫乱」の象徴だったし、宣長が評価した題詠は「嘘言の云ひ競（べ）」にすぎなかった（『玉たすき』、平田⑥三三頁、四二頁）。篤胤が宣長の「風雅」に対置したのは「古道」である。たとえば「玉たすき」は、それを以下のように定義している。「我が古道の学問におきては。負気《おおけ》なくも。天上天下。顕世幽界の微旨を探りて。是を身に本づけ。修身斉家はさらなり。治国平天下の道。また此に出る事の本を明さむと欲る学びなる故に。記載のまなびは更にも云はず。神祇万霊の幽助なくては。道の精義を悟ること能はず」（『玉たすき』、平田⑥五三三頁）。この短い文章には、いくつかの点で篤胤の問題意識の特徴が表出している。第一は文献至上主義的な方法への不信であり、第二は「神祇万霊」の重要性である。さらに「修身斉家治国平天下」に象徴される儒教との対抗心のあり方にも注目しなければならない。

周知のように、宣長は「意《こころ》」と「事《こと》」と「言《ことば》」が一致するという理由で『古事記』を特権化し、三

○余年を費やして畢生の大著『古事記伝』を執筆した。『日本書紀』は漢文で表記されているために格調が高いが、古語を主とした『古事記』こそ「本文」とみるべきで、『日本書紀』は注釈にすぎない。文字が存在せず口承によって事実を伝えたのは『古事記』であり、『日本書紀』は「後の代の意をもて、上つ代の事を記し、漢国の言を以て、皇国の意を記された」ものだと、宣長は考えた（『古事記伝』、本居⑨六頁）。だから宣長は『古事記』のテクストの文献学的考証によって、古代日本人の経験、心情、倫理を再現しようと試みたのである。他方、篤胤は「一向に古事記をのみ善と思ふは非《ひがごと》」（『古史徴』、平田⑤六五頁）と述べて、宣長の古事記第一主義を否定し、記紀にはそれぞれ短所と長所があるという立場をとった。『日本書紀』には様々なヴァリエーションの「一書」の記述が含まれているので、記紀を同列に置けば、神話のストーリーは複雑なポリフォニーの形態になる。そこに明快な意味を読みとろうとすれば、テクストを取捨選択して一貫したストーリーを導き出したいという誘惑に抗しがたいだろう。恣意的捏造との批判を省みず、篤胤は記紀、祝詞、『風土記』、『古語拾遺』、『新撰姓氏録』などの記述を抜粋して、自己の構想による「古史」を創作した。

『古史成文』

『古史成文』という形で篤胤が創りあげた神代とその注釈である「古史伝」の世界が、宣長の「古事記伝」とどのように異なるかを説明するのは容易ではない。『古史成文』と「古史伝」による宇宙創造とイザナギ・イザナミの国生みの物語を整理してみよう。「大虚」のなかに「一物」が生まれ、浮雲のように漂っているとき「葦牙《あしかび》」のようなものが出てきた。この葦牙が「萌騰《もえあが》」って太陽になり、その痕は「女陰の状」で、そこに「天瓊矛《あまのぬほこ》」を差し入れ掻き回すと、その先端の滴が「淤能碁呂嶋《おのころじま》」になったという（「古史伝」、平田①一七〇）。これによって国生みの方法を学んだイザナギとイザナミは、「成合ざる処」と「成余れる処」を結合して国生みすることを知った。そこで両神は次々に国を生んだが、最後にイザナミが火産霊神《ほむすびのかみ》を生んで女陰に火傷をした。イザナミは、七夜七日のあいだ自分を見るなとイザナギに言って石屋に隠れたが、イザナギはその禁を破って、イザナミの見苦しい姿を見た。そこでイザナミはそれを恨んで、イザナギは「上津国」、自分は「下津国」を支配しようといって、「下津国」すなわち夜見国《よみのくに》に去った。イザナミを追って夜見国に行ったイザナギは、見るなという禁を再び犯して醜いイザナミの姿を見てしまい、「上津国」に逃げ帰ることになる。そのときイザナミは「汝《いまし》已に我が情を見つ。我また汝の情を見む」と語りかける。この部分の記述は『日本書紀』の「第十の一書」によっており、現代の注釈では「情」は「実情」の意味だとされているが、篤胤はこれを「まうら」と訓じて性器のことだと解釈し、うんざりするほど詳細な説明を展開している（『古史伝』、平田①九七頁以下）。要するに、イザナミはイザナギに自分の性器を見られたことを恥じ恨んで、イザナギを「上津国」との境界のよもつ平坂まで追いかけたということになる。

イザナギとイザナミの国生みに典型的にみられるように、万物の生成を生殖行為の比喩によって理解するのは、記紀の叙述そのものにもとづいている。しかし字義どおりに理解することを厳格に固守した宣長は、表象による意味の飛躍に禁欲的だったので、片言隻句を生殖に結びつけるようなテクスト解釈はしなかった。これに対して篤胤は、前記の「一物」や「情」の解釈でもわかるように、記紀の叙述のなかに好んで性的表象を読みこんでいる。読者を辟易させるような卑猥な表現を衒いもなく使うのは、国学者の著述に広くみられるが、そうした傾向は篤胤によって強まったのではないだろうか。たとえば生田萬《よろず》は、篤胤の叙述を受けて、「葦牙」のようなものの形状は「女陰の毛に似てやありけむ」と大まじめに書いている（「大学階梯外篇」、生田①四八五頁）。かれらの想像力の卑俗さに苦笑するしかない。ともあれ、このような古典解釈には明らかに篤胤の人間観と神観をみることができる。注目すべきは、篤胤が構想した神々はきわめて人間的で「恥べきことは恥給ひ、恨むべき事は恨み坐《まし》ける」存在と意識されていることである（『古史伝』、平田①二三八頁）。宣長の神は人間の側の解釈を峻拒するような不可思議な存在で、もっともらしい推論をすることは「漢ごころ」として排斥された。これに対して、篤胤は神々を人間と近接した存在と考えることによって、独特な神学的傾斜を強めたといえるだろう。

さらに篤胤によって描きだされた天《あめ》・地《つち》・泉《よみ》をめぐる世界像は、『古事記』のテクストに縛られた宣長よりもはるかに明快である。たとえば『古事記』では、「黄泉《よみ》の国」から帰還したイザナギが禊《みそぎ》をしたときに生れるのはアマテラス・ツクヨミ・スサノオの三神で、かれらはそれぞれ「高天原《たかまのはら》」「夜之食国《よるのおすくに》」「海原」を支配するように命じられた。これに対して、『古史成文』（第二十六段）ではスサノオはツクヨミの別名とされ、アマテラスは「高天原」、スサノオは「青海原」の支配を命じられる。篤胤は「青海原」が地球をさすと解釈し、天と地がこの二神によって分割統治されることになったと説明する。その後、スサノオはイザナギの命に反して、最終的に母の居場所である夜見国に落ちつき、イザナギは高天原の「日之若宮」に鎮座することになるので、高天原＝太陽はイザナギ（男）とアマテラス（女）、夜見国＝月はイザナミ（女）とスサノオ（男）が支配すると説明される。明らかにここには、イザナギ／イザナミ、アマテラス／スサノオという対が、男女の対と組み合わされている。つまり地球と対照される太陽と月という二つの世界が、男女の対をなす神々によって分治される斉一な秩序が描出される。

死後の魂の行方

篤胤が「顕明事《あらわにごと》」と「幽冥事《かくりごと》」という概念を使って、地球の支配を皇孫とオオクニヌシに委ねたことはよく知られている。顕明事とは「天下の人民を平治賜《むけおさめ》ふ、朝廷の萬《よろず》の御政事《みまつらいごと》」（『古史伝』、平田③一五九頁）のことで、オオクニヌシの「国譲り」によって代々の天皇が担当することになった。これに対して、オオクニヌシはタカミムスビの命によって顕明事を皇孫に譲り、自らは杵築宮《きづきのみや》＝出雲大社に永遠に鎮座して幽冥事を「治《しら》す」ことになる。幽冥界とは、現世からは見えないが、死者が赴く世界である。篤胤が頻繁に使う比喩によれば、明るい場所から暗所は見えないが、暗所からは明るい所が見通せるのと同様に、幽界からは現世が見通されている。篤胤によれば、人は死んだ後に「形体は土に帰り、其霊性《たましい》は滅《きゆ》ること無れば、幽冥に帰《おもむ》きて、大国主大神の御政《みおさめ》に従ひ、其御令《みおきて》を承給はりて、子孫は更なり、其縁ある人々をも天翔《かけ》り守る」ことになる（同上一七一頁）。

いうまでもなく、これは宣長の「古事記伝」が描いた世界とはまったく異なる。人間は貴賤貧富にかかわらず、死ねば肉体はこの世で朽ち果て、魂は汚れた黄泉の国にいくと、宣長は説いた。社会の事象をすべて神の所為と捉え、現実をありのままに受け入れるのが宣長の基本的姿勢であり、そこには人間の生に対する深い諦念がある。しかし死を悲しむ以外に術のない避けがたい運命と捉える宣長は、「魂の行方の安定」（『霊能真柱《たまのみはしら》』、大系㊿一三頁）のために死後について「言痛《こちた》き」ことを説いた篤胤に比べると、明らかにエピクロス的だった。野崎守英『道』が宣長は「その眼を人間の生の方に向けた」と指摘し、その精神の特質を「執拗なまでの向日性」と表現しているのも、宣長の精神のこうした側面を捉えたものである（二一六頁）。つまり死後について悲観的なこととしか考えず諦念をもって臨んだ宣長は、むしろ現世をありのまま享受しようとした。それに対して、死後の霊のあり方を気にかけた篤胤が、現世を倫理的に生きることを説くことになったのは当然だろう。顕明事と幽冥事の区別を説いた「古史伝」の叙述で、篤胤は以下のように書いている。「既にかく現世に生出ては、其現事顕事治看《しろしめ》す、皇美麻命《すめみまのみこと》の御治《みおさめ》を畏《かしこ》みて、己が身に好くも悪くも、其御制度《みのり》に従ひ、産霊《むすび》大神の分賦賜《くまりつけたま》へる、正しき善《うるわ》しき真性《まごころ》のまにまに、敬《つつし》みて、上たるに事《つか》へ、下たる者を愛《いつく》しみ、各々某々に、属《つき》たる職業《なりわい》を営み、神の御徳を探ねて、現事神事のわかち、世中《よのなか》の道理をも学び辨《わきま》ふる事は、人の常道なり」（「古史伝」、平田③一七一頁）。

ここに見られるように、篤胤において、人の本性は産霊《むすび》大神の霊性を分け与えられたもので善とされる。それでは人間世界に悪事や災害はなぜ起こるのか。篤胤は、悪の存在を、イザナギの禊《みそぎ》によって誕生した禍津《まがつ》日《ひ》神をはじめとする悪神のおこないによると説明する。しかし禍津日神は宣長が説いたような単純な悪神ではない。篤胤によれば、禍津日神と、それが引き起こす災禍を是正する直《なお》毘《び》神とは、ともにアマテラスとスサノオの荒魂《あらみたま》・和魂《にぎみたま》である。つまり単純な悪神と善神ではなく、宇宙の万象を分治しているともいえる二神が分け持つ二つの魂である。したがって禍津日神の本質は悪ではなく、「穢《きたなき》事を甚《いた》く悪み賜ひて、汚穢《けがれ》の有れば、荒び賜ふ」神と再定義される（『霊能真柱』、大系㊿五二頁）。つまり禍津日神が引き起こす禍は、悪事を矯正するという「大御心」の表現ということになり、災禍は人間の側に投げ返されて「自《みずから》造る悪」と理解される（「古史伝」、平田③一七二頁）。人間社会の災禍は、人間の邪悪な行為に怒った禍津日神が、人間を罰するために引き起こしたものなのである。

こうして人間の生はみごとに秩序づけられる。現世を支配するのは天皇である。人間はその支配に従い、善行をおこなわねばならない。もし悪行が明らかになれば「君上」から罰せられることになるが、「君上」は現世人なので表ざたになったことしか認識できず、まして人の心中まで知ることはできない。しかし幽冥事を支配するオオクニヌシはすべてを見通しているので、幽冥界に入ってきた死者の霊の善悪を判定し賞罰を与える。現世で善人が不幸な目にあい、悪人が栄えることもあるが、それはオオクニヌシが、自らがかつて受けたのと同様な試練を課しているにすぎない。結局、現世は「寓世《かりのよ》」（「古史伝」、平田③一七七頁）にすぎないので、そこでの貧富や禍福は幽世での「真の福」とは無関係であり、幽世でのオオクニヌシの審判こそ絶対である。したがって人は他人による毀誉褒貶など気にかけず、つねに自省して、神々の「照覧し給ふ所をのみ愧畏《はじかしこ》みて、其徳行を磨く」ことを心がけねばならない（同上一七六頁）。

前述のように、人の霊魂は、死後、黄泉の国に行くというのが宣長の教説だった。篤胤はこれを明確に否定する。篤胤の考えでは、幽世は現世にいる人間からは見えないが、現世と同じ次元に実在する。死後の魂は、社や祠などに祭られている場合はその建築物のなかに、そうでない場合は墓の辺に、神々と同様に消滅することなく永遠に鎮座するという。篤胤は死者の霊が生者の生活をつねに守護していると考えることによって、死者と生者との垣根を限りなく低くし、生者による死者の祭祀を義務づける。これが篤胤の神道の根本的動機をなすと考えてよい。

祖先神信仰と国体

『玉たすき』をみよう。この本は「毎朝神拝詞記」と名づけられた礼拝の方式を、門弟のために講釈するために執筆されたという。「毎朝神拝詞記」は二五の項目について、礼拝の形式と文言を書いたものである。礼拝は、まず禍を吹き払う風の神、次に高天原にいるアマテラスとイザナギ、その次は夜見国にいるイザナミと月夜見命（スサノオ）、さらに伊勢の皇祖神としてのアマテラスと豊受大神、鹿島神宮の武甕槌《たけみかづち》神、出雲のオオクニヌシという順で次々に八百万の神々に対しておこない、最後に「家」と「身」を守る祖先神を拝することになっている。アマテラスから祖先神まで、順に位階をたどることによって両者を結合したもので、それがいかなる意味を持つかは以下の説明に明らかである。「邇々藝《ににぎ》命を。葦原中国の君と定めて。天降し給へれば。君臣の名分こゝに定まりて。国内に孕《うま》るゝ者。尽く其臣ならずと云ふ事なし。然れば邇々藝命より。当今まで。天照大御神の即《つけ》賜ひし高御位《たかみくら》に御坐《おわしま》して。天璽《あまつしるし》の神寶《みたから》を受伝へ給ふは。幾万代を重ぬとも。大御神の御真子。たゞ御一代と仰ぎ奉る道なる故に。其長き間に。よし善悪盛衰交々《こもごも》有りて。君々たらぬ御事ありとも。臣々たらざる事能はざる御道なり」（『玉たすき」、平田⑥六五頁）。

天孫降臨によって、日本に居住するものはすべて天皇の臣下になったという。これはあまりにも見慣れた君臣関係論である。篤胤の神学では、この忠誠心を根底で支えていたのが産土《うぶすな》神や氏神への信仰だった。前述のように篤胤は、オオクニヌシが幽冥事を司ると考えたが、「末々の事」は、国には「国魂神」や「一宮の神」があり、地方ごとに産土神や氏神がいて、分担していると考えた（同上二九八頁）。個々人の日常を見守っているのは祖先神である。人は何よりも「随神《かんながら》なる道に志して。一向《ひとむき》に氏神。また産土神を信《たの》み奉」るべきだと、篤胤は述べている（同上三〇二頁）。信仰の基本は「今在る親を大切にするは固より。先祖の祭祀を懇にする」ことなのである（同上五七三頁）。祖先神や氏神への信仰が皇祖神の信仰につながり、「国内に孕る、者」の臣下としての忠誠心が日本の「御国体」と意識されることになる。こうして古学を学ぶものとは「御国体を知るは更なり。大御寶《おおみたから》の。大御寶たる所以の本を辨《わきま》へて。神に君に国に忠義なるべく。其本業を勤《いそし》みつゝ。天子公方の尊き辱《かたじけな》き御治めを蒙る。御恩頼の万分一をも。知なむ物と務むるにて。謂《いわ》ゆる善を撰びて固く是を執る者なり」ということになる（同上四四九頁）。

篤胤が説いた「随神なる道」への信仰は、つねに自己精査を要求する内省的なものだった。前述した「毎朝神拝詞記」は毎朝の礼拝の形式や文言を詳細に規定しているが、それが単に外面的・形式的なものに終わったと考えてはならない。「本教外編」の「神道の自省」と題された部分で、神が自己を生み、養い、教えてくれたことを朝ごとに感謝し、妄言・妄行せずに「成人の道を成さむ」ことを祈り、「刻々に」思い、語り、おこなったことが「神理」にかなっていたか否かを、夕ごとに自省すべきだと、篤胤は述べている（「本教外編」、平田⑦三一頁）。ヴェーバーが描いたプロテスタントを想起させるような内容である。このような倫理観が通俗化されれば、儒教の徳目に近接したものになるのは容易に想像がつくだろう。「本教外編」で説かれている「本教五訓志」と題された徳目は、以下のようなものである。「○仁恕《じょ》を専にして憎妬を平にすべき事。○敬謙を本として傲慢を伏すべき事。○義貞を正しくして貪淫を止むべき事。○智慮を明にして愚痴を除くべき事。○勇敢［勤］を務として懈怠を禁むべき事」（平田⑦四七頁、最後の項の「勇敢」は「勇勤」の誤りだと考えられる）。

ここには宣長とはまったく異なった個性が立っている。古典研究から始まった国学は、篤胤において「随神の道」の信仰への傾斜を強め、倫理的な生を営むことを人々に課すことになった。すでに西欧列強の接近を膚で感じ始めていた篤胤は、儒者や蘭学者たちの自己卑下に憤慨し、かれらが自国の「国体」に無知なために「オゾケ魂」を流布させていると批判した（「古道大意」、平田⑧六八頁）。そして『中庸』の「天命、これを性という、性に率う、これを道という」を引用し、人間には「天ツ神」から賦与された「仁義礼智ト云ヤウナ、真ノ情」が備わっているので、「大和心」とか「御国魂」と呼ばれる「武《たけ》ク正シク生レ」ついた精神を磨きあげねばならないと説いた（同上六九頁）。儒教の仁義五常などは「名目ヲ作ッテ教フルマデモナク、皇国ノ古人ハ皆常ニ行ッテ正シカッタ」とされる（「西籍概論」、平田⑩一二〇頁）。結局、儒教の「さかしら」を排斥していた国学は、篤胤において儒教徳目を自己の内に取り込むことになったのである。

3　幕末期の国学

オオクニヌシの不在

ここに幕末と呼ぶのは、文政（元年＝一八一八年）から明治までの五〇年ほどの期間を指している。外国船の渡来が相次ぎ、人々が西欧列強の存在を強く意識せざるをえなくなるのは文政に入る頃からである。文政七（一八二四）年には、英国の捕鯨船の乗員が薪水を求めて常陸大津浜に上陸し、水戸藩に大きな衝撃を与えた。翌年、会沢正志斎が『新論』を書きあげ、幕末期の政治思想に圧倒的な影響を及ぼしたことはよく知られている。この時期の国学が近代国体論の形成にいかなる刻印を残したかを考察しよう。

前述のように、国学は賀茂真淵と本居宣長によって樹立され、平田篤胤によって新たな展開を遂げた。幕末国学の政治思想には篤胤の影響が色濃いが、明らかに篤胤の主張とは異なった特徴がある。それは篤胤の神学で重要な役割を果たしたオオクニヌシの不在あるいは希薄化である。既述のように、篤胤は『霊能真柱《たまのみはしら》』で記紀神話の世界を、高天原（＝太陽）、青海原（＝地球）、夜見国（＝月）という三つからなると理解し、この三つの世界をそれぞれ、アマテラスとイザナギ、オオクニヌシと天皇、スサノオとイザナミが分治していると主張した。篤胤が創作した古史（『古史成文』）は、この構想にもとづいて神話を再構成したものである。篤胤の構想では、地球の支配は二つの側面を持っている。一つは大御国（＝日本）による「外つ国」の支配であり、もう一つは顕幽二元論にもとづくオオクニヌシと天皇による分治という思想である。日本の優越性という前者の側面は国学に通有なエスノセントリズムだが、オオクニヌシによる「幽冥事」の支配は篤胤の神学の根本をなしていた。ところが幕末の国学者の著作では、オオクニヌシへの言及はきわめて稀になる。たとえば橘守部「待問雑記」は「顕事」と「幽事」の区別を論じ、前者は「日神《ひのかみ》の光明」によって目に見え、「心力」や「身力」が及ぶが、後者は「眼力」「心力」「身力」が及ばないと説明する。そして悪人が栄えたり、善人が罹災したりするのは「幽事」に由来する禍で、人間にはどうすることもできないから、「常に皇神をいのり奉らでは、えあらぬわざ」だと主張している（大系51九四頁）。

ここではオオクニヌシにはまったく言及されず、「皇神」への礼拝が強調されている。オオクニヌシと、アマテラスの血統を継ぐ天皇とよって分治される世界は、前者の存在感が希薄になったことで変容してしまい、その結果、天皇の地位が上昇する。篤胤の思想では「他界」への関心は強かったが、実在の天皇はほとんど存在感がなく、「国体」という語を使っても、君主の血統が不変という以上の意味はなかった。ところがオオクニヌシの存在感が薄れた幕末国学では、現実世界を支配する天皇や君主への忠誠が強調されることになった。橘守部は別の箇所で、身分の上下にかかわらず、すべての人間は「君に仕る身」だと主張し、「物を書（く）」のも「疾《やまい》を治す」のも「田を佃《つく》る」のも「商《あきな》ひする」のも、すべて「天皇への事《つかえ》」だと説いている（「侍問雑記」、大系51五一頁）。各自が「職業を勤労」すれば、「天地の皇神」から守護され、自分の立身も可能となるというのである。

「草莽の国学」の特徴

以上の例でわかるように、オオクニヌシの不在によって特徴づけられる幕末国学では、現実社会での支配服従関係が強く意識される。その結果、幕末国学は儒教的な色彩が濃い通俗道徳の唱道と、具体的な社会構想や実践的な社会改革への旺盛な意欲とによって特徴づけられる[3]。たとえば佐藤信淵《のぶひろ》（一七六九〜一八五〇）は「天柱記」などで皇祖神の神話にもとづく日本民族優越論を説きながら、他方では「経済要略」「垂統秘録」「混同秘策」などで壮大な富国政策を構想した。さらに「農政本論」「坑場法律」などの雑多な著作では農業鉱業の振興策について論じており、驚くべき博学多才ぶりを発揮した。また館林藩の藩士だった生田萬《よろず》（一八〇一〜三七）は、「大学階梯外篇」などで平田篤胤の説を祖述した熱心な国学徒であるが、他方で「岩にむす苔」で武士土着論を骨子とする藩政改革を唱えて処罰され、天保の飢饉の際に大塩平八郎に呼応する小規模な蜂起をして自刃した。生田とは対照的に下総の農民の子として生まれ、独学で国学を学んだ鈴木雅之《まさゆき》（一八三七〜七一）は、「撞賢木《つきさかき》」で宣長の門下が「詞文風流」

に流れたことを批判している。そして君臣・親子・夫婦・兄弟・朋友の五倫の道や、飲食の欲望・男女の理を「天神」から賦与された「生成の道」と呼び、人間の生活は親・君・国・神に対する「四恩」のおかげであると説いた（『撞賢木』、『神道大系　論説篇二七　諸家神道（上）』四三六頁）。貧農の生活に密着していた鈴木は、「民政要論」や「治安策」で庶民の教育や学校制度の必要性を説き、現状改革のための具体策の提示に熱心に取り組んでいる（伊東多三郎『近世国体思想史論』、伊藤至郎『鈴木雅之研究』など参照）。

いうまでもなく、こうした傾向は「草莽の国学」（伊東多三郎）と評されるように、この時代の国学者の多くが庶民層を基盤としていたことによる。六人部是香《むとべよしか》（一七九八～一八六三）が「顕幽順考論」で説くところによると、国学が「卿大夫已下の者を主として建たる教へ」であることは、一般的に認められた考え方だったらしい（『神道叢書』③一八三頁以下）。六人部によれば、正不正にかかわらず「上一人」の意志に追従するのが「臣庶」の本義である。そして儒教とは異なって、国学は君上の所業について論じることを忌避し、臣庶に対して「古道の真義」を説諭するのが本領だと自認している。国学は単に「臣庶」だけを対象とするのではないとしながら、現実には庶民の教化が国学の役割であると説いているのである。

国学や神道が庶民の教化を主題とするかぎり、仏教と儒教をライバルとして意識したのは当然だろう。しかし幕末国学の儒仏批判は、宣長がしたような学問のあり方に対する全的な批判ではない。幕末国学は基本的に孟子に象徴される暴君放伐論を批判して、「君君たらずとも、臣臣たらざるべからず」の君臣の大義を強調した。したがって「天下は天下の天下」とし、「国をそしり、君王を軽しめ」る儒者の態度や、「仁義だに行へば卑しき夷も忽《たちまち》王に成（る）」ような中国の道徳を排斥して、「無上至尊の真君の大恩」や「位をもと、して姓氏正しき家の徳にて、つぎ給ふ」ことを原理とする「国体」が強調されたのである（鈴木雅之「撞賢木」〔『神道大系　論説篇二七　諸家神道（上）』四三六頁〕、伴林光平「於母比伝草」〔伴林七七頁〕）。長野義言「沢能根世利」（大系㉛四四四～四四五頁）を参照）。仏教批判も、本地垂迹説が日本の神々をないがしろにしていることが批判されて、「仏菩薩こそ神の分霊」として、神道優位による仏教受容が主流となる（大国隆正「斥儒仏」、大国④一六七頁）。「天神は厚く生成をおもはしめすこゝろ」だから、人間たるものは「生成」のために力を注ぐべきなのに、仏教が出家を説くのは「生成の天職を廃るもの」とする鈴木雅之「撞賢木」の仏教批判も、正面切った攻撃ではない（『神道大系　論説篇二七　諸家神道（上）』四三八頁）。むろん仏教の来世観と篤胤に始まる顕幽論には大きな差がある。しかし六人部是香の「産須那社古伝抄」のように、「不忠・不義・不慈・不孝」な人間が死後に送られる「凶徒界」の思想は、端的に仏教の地獄を連想させる（大系㉛二二六頁。なおここで六人部は珍しくオオクニヌシの役割に言及している）。

こうして儒教や仏教への激しい批判は姿を消し、むしろ国学のなかにそれを取り込み、「儒も仏も我が神道の一端」とする考えかたが支配的になる（鈴木重胤「世継草」、大系㉛二三三頁）。生田萬は「酋長の統の定まら」ないのが中国の「国俗」だとし、魯に仕えていた孔子が諸国を放浪したことを批判した。しかし他方で、かれは「孔丘が語どもは、吾大道の旨にも合へることも多く、凡て世人の法則ともすべく、心得おかではあるまじき教語」だと論じた（「大学階梯外篇」、生田①三九九頁）。この時期の国学と儒教道徳との親和性を例示したものといえる。和泉真国《いずみまくに》「明道書」は、宣長を批判した村田春海を反批判したもので、国学者同士の論争の書である。両者の一つの論点は、儒教のいう「道」は神道や仏教と一致するか否かで、村田は神儒仏の一致を説くのに対して、和泉はこうした見解を「其一をしりて、二をしらざる説」と批判した（大系㉛一八七頁）。しかしその和泉にしても、「から国の道てふ物と、老荘の本旨と、諸子の正意とを思ふに、其、いへることゞも、全く、吾皇国の大規格《みさだめ》の外にいでず」と主張する（大系㊿二一八頁）。要するに、儒教・老荘・諸子百家の説は、記紀などの古典で説かれた「天地の間に比類なく尊き神規《みち》」の「条目」にすぎないというのである。

他方、佐藤信淵「経済要略」は徳川家康が神儒仏を併用したと指摘して、自分も「三道校合ノ窮理学」を門下生に教えていると述べる（大系㊺五六〇頁）。ここで信淵は、儒者が「仁義五常ノ道」による庶民の教誨の役割を果たしていることを高く評価しつつ、それが「才発」に流れることを批判する。そして儒教において学ぶべきは「博覧強記」ではなく、「天（ノ）明威ヲ畏テ天命ニ率《したが》ヒ、善ヲ行テ天爵ヲ修ル」ことだと説いている（大系㊺五六一頁）。仏者についても、庶民を教化する点では評価するが「天地ノ恩ト国君ノ恩」が二の次になっていると指摘し、万民に「涕泣感服ノ念」を喚起して、「天恩」と「国恩」に報いるために「心力ヲ一致シテ」国事経営に尽力させねばならないと力説している（大系㊺五六二頁）。

幕末国学の道徳論

以上の一瞥によってわかるように、幕末の国学者の儒仏に対するスタンスは必ずしも一様ではない。しかしかれらはいずれも、国学（神道）の優越性を前提にして、儒仏の道徳規範を換骨奪胎して受容した。すでに前節で述べたように、儒教徳目の受容は平田篤胤に始まっていた。幕末国学は篤胤の「他界」への関心とオオクニヌシによる死後の審判の要素を削ぎ落とし、現世での服従を説くために儒教徳目を利用したのである。とくに儒教の五倫は、様々な説明によって種々のヴァリエーションを持った変容を受けながら、国学の道徳論の根幹をなすものとなった。たとえば六人部是香は「顕幽順考論」で以下のような議論を展開している。日本人は神が分与した性質が良善なので親孝行を自得しているが、中国では不孝の人が多いので孔子が孝道を教え、その結果、孝が重視されて忠が二義的になった。孝は「自我一家一身」にしかかわらないが、忠は「天下国家」にも渉るので、忠のほうが重い。総じて言えば、妻子は父母より親しいが父母のほうが尊いことでもわかるように、自分にとって疎遠なものが尊く、親しいものほど卑しい。だから「先祖ありて、其家あり、家ありて、代々の祖あり、代々の祖ありて、父母に到り、父母ありて、吾身あるなれば、其の家に執りては、祖先ばかり尊きは無し」ということになる（『神道叢書』③一九九頁）。こうして、結局、六人部の尊卑の基準に従えば、「忠の為には、父母にも先だち、家をも顧ず」というのが道徳の本旨とされるのである。

論証の理屈は様々だが、幕末国学の著作には、このように君臣・父子をはじめとする儒教道徳の骨子を説教したものが数多い。たとえば桂誉重《たかしげ》「済生要略」は、「人倫の大本」と題した章で以下のように説く（大系51二五六頁以下）。イザナギ・イザナミの二神から「男女夫婦の道」が伝えられた。それは「人心の中正、信実の真情」で、同じ感情が君父に仕える場合には忠孝となり、臣子になれば仁慈となる。この「神習ふ道の信実真情」を実行すれば、どんな世も「大同無為《かんながら》の世」にするのは困難ではないという。鈴木重胤「世継草」も、同様にイザナギ・イザナミから説き起こして、「夫婦の道」から親子・君臣の道徳を説明している。「男女夫婦は人情の基本にして、万業の最初なり。君の臣を御する事、応《まさ》に夫の婦に於るが如く、臣の君に奉ずる事、婦の夫を思ふが如く、相愛しみ相睦ぶ時は、明君なり、良相なり。父子の間に此情を移せば、慈父たり、孝子たり。兄弟朋友に於るも、此意を以て信有り、義有り」（大系51二三四頁）。

いずれの場合も夫婦の愛情を道徳の起点にし、その感情を君主に対する忠誠意識に結びつけているのは興味深い。儒教が忠誠観念を有徳な君主への奉公として説明したのに対して、ここでは君臣関係は「慈愛」に満ちたものとされる。生田萬「大学階梯外篇」が述べているように、国学者の儒教への違和感は、道徳の中身ではなく、感情より理屈に訴え、「理とふ物を立て無極大極など事事しく」論じたてる態度にあった（生田①二三二頁）。だから国学者は五倫五常などの徳目を記紀のエピソードによる独自な説明で正当化し、日本固有の道徳として庶民が「神習う」ように説いた。たとえば大国隆正の解釈によれば、日本には上古から忠孝貞の思想があったが、中国では孔子が説いたのは孝だけで、忠が説かれ始めたのは漢初以後だったという（「やまとごころ・異本」、大国③一〇〇頁以下）。したがって実は「忠孝は神道のものなり、儒家のものにあらず」とされ、宣長が忠孝などを「こちたき名」として排斥したのは「失言」だと批判される（「直毘霊補註」、大国②一四一頁）。こうして「儒道はあしき道にあらず」として、ただ和漢の「国体」の違いをわきまえさえすれば、孔子や朱子の教えを守る人は「よき人」ということになる（同上、大国②一七〇頁）。

幕末国学の国体論

こうして幕末の国学者は儒教道徳の骨子を受け入れたので、中国との差異を強調するために、殊のほか日本の「国体」や「国俗」の優越性に言及することになった。たとえば桂誉重は「済生要略」で、君臣道徳の基本は天壌無窮の神勅による皇統連綿にあるとし、「文辞のみ」の中国とは「天地懸隔の相違」だと説いて、「賢愚に拘らず」相続する日本と「変革簒奪の国風」の中国との違いを強調している（大系㊿二六〇頁以下）。伴林光平は歌道論「園能池水」で、歌は何のためかとの質問に「国体を知りて君上の為に忠情を尽し、先祖を知て己が家の職を勤む為也」と答える（大系㊿四七八頁）。ここで「国体」の内容はとくに説明されていないが、アマテラスからの皇統の連続性を念頭に置いていることは明らかである。皇統の連続性は自己の先祖への敬愛と結びつけられ、天皇への忠誠と先祖崇拝にもとづく家職への精勤が連続したものとして理解される。別の歌論「稲木抄」では、歌を詠む者は「皇国固有の真情を身に蓄へ、真情をもて歌の宗致」とすべきだと、伴林は説いている（伴林一〇九頁）。ここに「皇国固有の真情」とは、記紀や万葉に歌われた質朴さであり、山上憶良の「大和国は、言霊《ことだま》の幸《さきわ》ふ国、言霊の助くる国（後略）」の句が連想されていただろう。「園能池水」では、「古意」にかなう歌を詠めば、「おのづから言霊の助に遇ひて、家を興し身を立、名を後世に伝《つたえ》む事」になるという（大系51四八一頁）。

日本語という言語の霊性と、それを共有する日本人の優越性への揺るぎない信仰は、しばしば日本語へのエクセントリックな礼賛を生んだ[4]。伴林光平「歌道大意」は、日本の「水土」が中国より優れていると述べ、それはコメの良否や乳母の乳の良否に影響するばかりか、声や言語の良否を決定すると述べる。そして「蛙すら水土の善悪によりて声の善悪あり。人間の声日本と外国との善悪ある事知るべし」と豪語した（伴林一八九頁）。しかしこのような独りよがりは決して伴林だけのものではない。大国隆正も、言語は自然にできたものではなく「国土の疆界をわかつ天造のもの」と理解する（「やまとごころ・異本」、大国③一〇七頁）。そしてイザナギとイザナミの国造りで、イザナミが先に呼びかけたためにできた蛭子は「朝鮮以西唐土・天竺・西洋諸国」のもとになったという（「学運論」、大国④七六頁）。つまり外国は「女人先言」によってできた国なので、言語・倫理などの点で根本的な欠陥がある。言語の面でいえば、用言は「柔」で体言は「剛」だから、中国語で用言を先にいうのは「女人先言の理」に相応したものだという（「三五後案」、大国③二七九頁）。別の文脈では、体言は「動かずして君上の如く」、用言は「動きて下民の如き」だから、用言を先にいう中国は「民を先にする国」である（「やまとごころ・異本」、大国③一〇七〜一〇八頁）。こうして中国では君臣道徳が遵守されず、禅譲や臣による君の放伐がおこなわれ、インドでは父母の嘆きも顧みずに出家して孝道が失われ、西洋では女性の貞操が守られない。体言が先で用言を後にする日本語は「男子先言の理」にかなったもので、ここに「やまとごころ」の本質が表現されているという。

まことに奇想天外な屁理屈だが、大国にはすべての現象の生起は一定の「理」にもとづいているとの信念がある。不可思議にみえる現象も実は一定の「理」にもとづいていることを、儒者は「理外の理」と呼んだ。大国によれば、神代巻の記述はこの「理外の理」を独特な形で表現したもので、かれはそれを「神理」と呼ぶ。そしてこうした「神理」追究の努力を「蘭学習合の神道」（「神理一貫書」、大国⑤一二二頁）と批判する世人に対して、「神理をとけば蘭学とそしり、人道といへば漢心とおもふ。世の和学者こそつたなけれ」と反駁している（「文武虚実論」、大国①一四八頁）。ここでは内容には触れないが、大国は五十音図や祝詞の呪言を使って様々な現象の説明をしている（「矮屋一家言」、「本学挙要」など参照）。それは今日の読者には語呂合わせとしか思えないが、大国にとっては「神理」を解明するための不可欠な手続きだった。日本の古典に示された「神理」は諸国の学術に劣るものではないが、万全なものではないと考え、「わが神典を本文とし、梵・漢・蘭の古今の書を注釈末書」と考えて、取捨選択するのが大国の方法論だった（「学運論」、大国④三〇頁）。

大国隆正「九重輪」

以上のように、「神理」はすべての事物や現象の本源にある「天地本有の道」であり、それは日本の古典にすでに備わっており、世界中にあまねく流通している。釈迦や孔子は、「国体」や「時世」に則ってこの「神理」を表現したものにすぎないと、大国は主張した。このように自然や社会の現象の背後に「神理」を読みとる態度は、多くの国学者に共通している。宮内嘉長「遠山びこ」は、「実に奇《くす》しく妙《たえ》にして、詞を以て、云ひ尽す」ことができない現象を「神理」と呼んだ（大系51三一三頁）。また佐藤信淵も皇祖神や産霊神による天地創造を「天文・歴数ノ根基タルノ神理」とか「産霊の神意」と称した（「経済要略」、大系㊺五六三頁、「開国要論」、佐藤（上）九三九頁）。そして国君たるものは「天地ノ神理ヲ精究」して、物産の開発につとめ国家を豊かにしなければならないと説いた（「天柱記」、大系㊺三八一頁）。

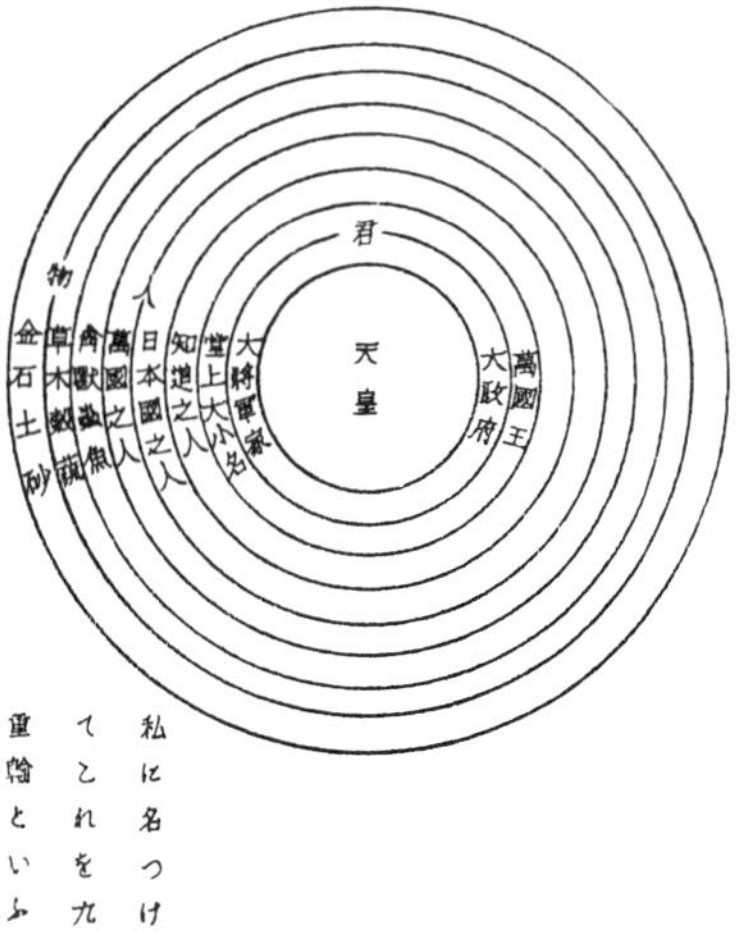

大国隆正「古伝通解」の「九重輪」の図
（『増補大国隆正全集』第8巻）

こうした傾向は、幕末国学が置かれた客観的環境にもとづいている。国学は洋学をはじめとする諸学の成果を自らのなかに包摂して、学としての普遍性を担保する必要があった。その結果、国学者たちは、すべての現象や事件を「神理」という言葉で合理化し、「国体」の優越性という意識に訴えて自尊心を保持しようとした。幕末の切迫した対外危機に直面したとき、多くの知識人は日本のアイデンティティを皇統の連続性にもとめ、日本は万国に優越していると強弁して、ペリー来航による失われた自尊心を取り戻そうとした。

大国の思想はその一つの極限形態と考えることができる。それは個々人が自己の身分職業にしたがって「家職産業」につとめ、身・家・国を保って「おのがこのむいやしからぬわざをしてたのしみくらす」ことを理想とした（「古伝通解」、大国⑥一六二頁）。大国が「わがくにの国体」と呼んだものは、天皇を中心にした九つの同心円で描かれる。日本は「大帝爵」の国で、国内政治は「大将軍家」が担当し、天皇は万国の王として諸国に君臨する。滑稽なことに、同心円の一番外側には鉱物・植物・禽獣虫魚が描かれ、天皇の支配が自然界にも及ぶことが示されている。世界を創造したのはイザナギ・イザナミをはじめとする神々であり、したがってすべての事象の背後に「神理」が内在する。それは具象的には天皇による万物の支配として表現されるのである。これが国学者たちの世界観である。

　このように大国は、蘭学が提供した太陽・地球・月などの位置関係を考慮に入れて記紀神話を解釈したが、それはあくまで万世一系の天皇を世界の中心に置くという意図によって貫かれた。その結果、「神道の真は、（中略）日・月・星・地を包《かね》、五大州を蔵《つつみ》てもらさぬものなれば、西洋・支那の窮理説もなにもかも、これよりいでたるものになん」とされ、外国の学術はいずれも日本起源だから、都合のいいものはすべて換骨奪胎して受け入れればよいということになる（「本学挙要」、大系㊿四一〇〜四一一頁）。[5]ペリー来航に際しての大国の主張も読者を噴飯させる。ペリーへの屈服は、一見すると幕府の失策のようにみえるが、実は深遠な「神議《はか》り」で、弱そうに見せておいて後で武勇を示すためだと論じるのである（「球上一覧」、大国⑧一四九頁）。西欧の万国公法は、日本を主とする「真公法」の「さきばしり」だという負け惜しみもこれと同類である（「新真公法論幷附録」、大系㊿四九八頁）。

佐藤信淵「坑場法律」

　そもそも幕末の国学が、一方では儒教を換骨奪胎してその徳目を我が物とし（しばしばそれが日本古来のものだと強弁するために労力を使いながら）、他方では万世一系の天皇の存在を突出させたのは、なぜだろうか。幕末の国学者たちは、対外的危機と国内における秩序の弛緩に直面し、日本の優越性と現秩序の正当化、さらには庶民の動員という課題に立ち向かわねばならなかった。しかし国学が典拠とした記紀神話は、けっして道徳や秩序を導きだすのに適した内容ではない。記紀が天皇の系譜と統治の正統性を弁証するために編まれたことは疑いないが、神話の神々は欲望に満ちており、初期の天皇をめぐる物語も道徳的とは言いがたい。神話にみられる欲望の横溢《おういつ》は、むしろ秩序感覚を掘り崩すものだったはずである。かれらが直面した問題の様相を示すために、ここで佐藤信淵が書き遺した「坑場法律」をやや詳細に検討したい。

「坑場法律」は金銀などの鉱山の運営方法を説明したものである。しかしこれは単なる産業振興策ではない。信淵が構想したのは、外からの権力の介入を排除した小独立国とでもいうべきもので、そこでは専制的な鉱山経営者（山主）が祭政一致体制のもとで、細心の配慮にもとづく統制経済と「特立の政事」（佐藤（上）五九七頁）を運営することになっている。信淵が構想した鉱山は一七の部署からなる。かれは「坑場法律」でそれを「十七憲法」と呼んで、順にその役割を説明している。主要部分を紹介しよう。

構想された鉱山は、特別な祭礼などの場合を除けば閉鎖された空間である。境界は囲いによって堅固に外界から隔てられ、門は複数あるが、通常は一つしか開いていない。貨幣の鋳造や罪人の処罰も独自の制度によるとし、山主の徹底した権威主義的統治が想定されている。鉱山は食物を生産しているわけではないので自給自足ではないが、必要品の購入は「料理所」などの担当部署が独占的におこない、居住者はその部署からしか物品を購入できない。このように食料品、酒、日用品、薬など、あらゆる物品は担当部署の専売になっており、山主が利潤を得る仕組になっている。働くために外の世界から入山する者に制限はないが、信淵がとくに想定しているのは犯罪人や「欠落者」と呼ばれるアウトローであり、かれらはいったんここに逃げ込めば、もはや外の権力から追及されることはない。つまりこの鉱山は「公政不入の地」であるが、外に出るには許可が必要とされる収容所のような場所である（同上五九七頁）。

信淵の構想のなかで注目されるのは、かれが欲望の発散と秩序の維持とに大きな関心を払っていることである。「料理所」は文字通り食事を提供する場所だが、揚屋を兼ねており、料理所の右隣は「日和会所」と呼ばれる賭場で、料理所の左隣は「常番所」をはさんで「歓楽所」がある。歓楽所はいうまでもなく売春宿で、信淵の表現によれば「客人を悩す事を修練」して揚屋に出張するか、歓楽所で客を取ることになる（同上六四一頁）。これらの施設の真ん中に置かれた常番所は、秩序の紊乱を防ぐための役

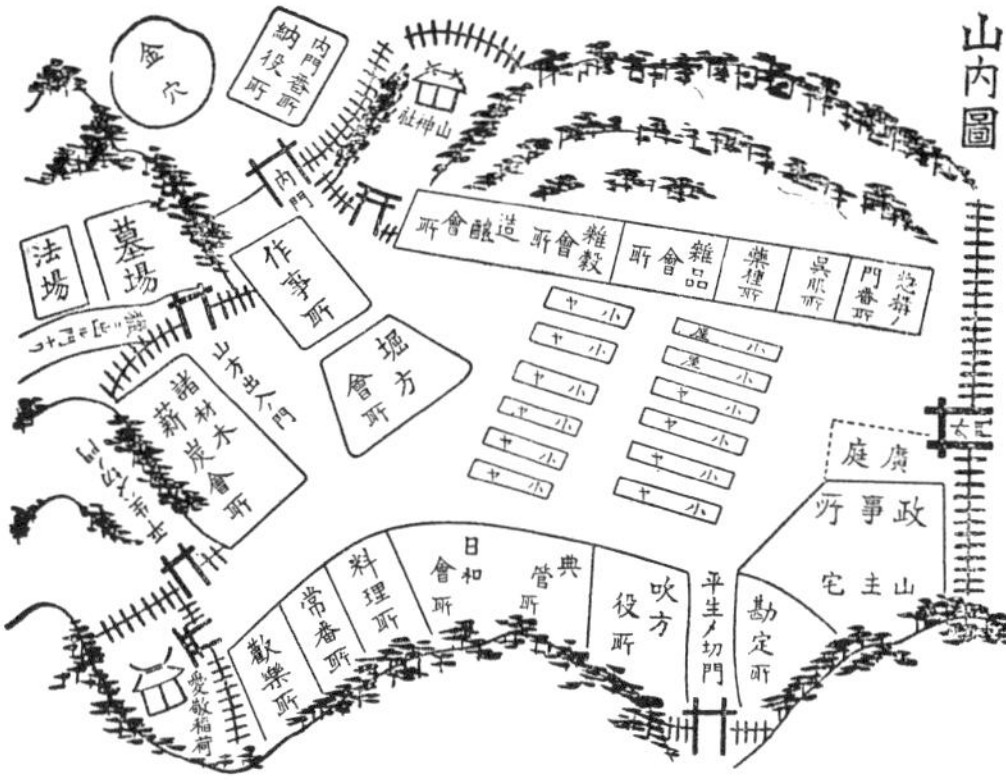

佐藤信淵「坑場法律」の「山内図」
（『佐藤信淵家学全集』上巻）

人が常駐する部署である。料理所の責任者は「悪娘《おいらん》の揚り」や山主の妾などで、下女は「利発にして極て柔和なる、酒に強く、即知の計ありて能く客を悩す事の出来る」二〇歳未満の女性でなければならない（同上六四〇頁）。なぜなら「如何なる堅き男にても年少き女子の物軟に愛敬深くやさしきには心を悩ざる事を得」ないからだという（同上六四一頁）。ばくちや売春の顧客は鉱山の居住者だけではない。とくに期待されているのは、特別な祭礼のときに訪れる外来の金持ち（信淵は「山の福神」と呼ぶ）である。つまり娯楽施設は、外来の客をもてなして利潤をあげることが目的になっている。

　しかし鉱山の中心をなすのは以上のような娯楽施設ではない。一七の部署の中心をなすのは「政事所」で、場所は入口の門のすぐ傍らの山主の居宅である。門から一歩入れば「内は山主の一国成敗」で、万事は「山主の心次第」とされる（同上六〇〇頁）。では山主はどんな人物だろうか。少し長いが、そのまま引用しよう。「山主たる者は智慮深く、外貌は甚だ愚に、行状は放蕩にして、内心は甚だ倹に厚く、施を好て勘定高く、勇豪にして甚だ涙軟く、衆の楽を楽み衆の憂を憂ひ、慈悲甚だ深くして罪ある者を赦すことを好、己は諸事の要ばかりを握て、人に骨を折せ、気に入りの人と云ふも無く、気に入らぬ人と云ふも無く、兎に角に人々悪事を行ふことの絶て出来ざる様を専ら務むべし」（同上六〇〇頁）。まことにマキャベリの君主にも匹敵する統治者像である。

山主の主たる仕事は祭祀の実施で、信淵は山主がおこなう年中行事を詳細に説明している。「政事所」の記述が全体の半分近くを占めることからもわかるように、信淵の秩序構想は以下のような祭政一致体制が根幹になっている。まず一月一日をはじめ、毎月一日と一五日は「山の神」の祭礼がある。山の神はこの鉱山の産土社にあたるもので、月二回の祭礼の前日二日は祭壇に供える猪などの狩猟に費やされる。「山神社」の入口に鳥居があることでもわかるように、山の神の祭祀のほか、冠婚葬祭の儀式はすべて神道でおこなわれる。山主はこれ以外にも多くの祭礼を主宰しなければならない。一月四日は大黒と恵比寿の祭礼があり、八日以後は部署ごとに鍛冶神、大山祇の神、金山彦神などの祭祀が次々におこなわれる。歓楽所の傍らには「愛敬稲荷」があり、二月の初午の日と八月の最後の午の日にここで稲荷祭がおこなわれる。三月一五日の山の神の神事は桜花祭と呼ばれ、坑場の外から多くの参詣客がある。前述した賭場や売春宿はこのときに繁盛するというわけだ。六月と七月の納涼の花火会、九月の紅葉会にも、坑場は同様な賑わいを見せることとなっている。八月一日の山の神の神事は「新嘗」なので、供物も多く格別な祭礼とされる。一〇月二〇日からは各部署で恵比寿講が催され、一一月には風箱《ふいご》祭で羽鞴《ふき》の神、一二月には炭竈《すみかせ》祭で火之焼彦神と埴安《はにやす》姫神への祭祀がおこなわれる。最後に一二月二九日、山の神祭祀の準備のために山主は例によって猪猟に出るが、その前に有罪者に対する処断がおこなわれ、猟に出る前の「血祭」として村内引き回しの後で斬首が実行される。

以上が異色の国学者が構想した逆ユートピアである。ここでは人々の欲望の発散と権力による制御が、包み隠すことのないリアルさで描きだされている。神々の祭祀が生活の重要な要素をなしているが、信淵には住民を祭祀に動員するという配慮はあまり見られない。むしろ人間を（とくに性的な）欲望の塊のような存在とみなし、それを遠慮のない露骨さで描きだすとともに、他方で祭祀の秩序正しい実践を社会の不可欠の要素としたところに、国学者に共通な精神構造をみることができる。

第1節で説明したように、儒教が説いた禁欲を批判する言辞は、すでに本居宣長にあった。平田篤胤は宣長の欲望や感情の自然性をそのまま肯定する傾向を制御し、オオクニヌシによる審判と儒教徳目の受容への突破口を作った。幕末の国学者はこれを受けて、忠孝や夫婦の愛情を中心に儒教道徳を通俗化して、庶民に規範意識を育成しようとした。しかし忠と孝、夫婦の愛情と男尊女卑、貞節と密通・再嫁など、欲望の肯定と禁欲とのあいだには必然的に矛盾や葛藤が生じる。幕末国学は記紀の様々なエピソードの恣意的な援用によってそれを切り抜けようとした。かれらがしばしば便宜的に欲望を肯定しつつ、他方で秩序への服従を説くのは、記紀神話の援用という方法と秩序意識の形成という目的の間に断絶面があるためである。かくて大国隆正は物事には正道・権道・邪道があると説き、女性にとって正道は「両夫にまみえず」だが、権道としての「再嫁」を良しとし、「密夫」は邪道だと排斥する。宮負定雄「国益本論」は、堕胎・仏教信心・神道の禁忌の無視を批判して、以下のように論じた。「男と生れて男根の備り在る上は、男女の情を通じ、子孫を生み継ぎ、世に人民を殖せとの、神の命令を奉りたる印にして、坊主になれとの事にはあらず」（大系㊿二九五頁）。ここでは「男女の情を通じ」ることが「神の命令」として弁証されている。幕末国学が欲望の解放と秩序意識の形成という綱渡りを演じたことが納得されるだろう。

4　欲望と秩序

幕末の国学は、篤胤の神学の根幹にあるオオクニヌシの役割を骨抜きにすることによって、それを世俗化させた。オオクニヌシの存在感が希薄になれば、万世一系の天皇が浮上する。本来、「顕明事」にしか関与できない天皇は、篤胤の神学ではきわめて限定的な存在にすぎない。篤胤の主たる関心は「幽冥事」にあったのに、幕末国学は関心を現世に移し、現世での禍や不幸は神への信心の不足とし、さらにそれを暗々裏に天皇への忠誠心と結合させた。換言すれば、そこでは自己の職業への研鑽や儒教的な徳目の実践を通じて、最終的にはアマテラスとその子孫である天皇への忠誠が説かれている。たとえば大国隆正の「死後安心論」は、死後の魂がオオクニヌシの審判を受けると説いたうえで、人々が心がけるべきことは「本をたつる」ことだと説いている。大国がいう「本」とは君・父・夫のことなので、結局それは「君によくつかえてわたくしなく、父母の心をやすめ、夫に貞節をつくし、教を守り、家の業をつくしはげむたぐいの心、つもりつもりて善神と生れ、つひには高天原にもいたるべし」ということになる（大国⑤三五八頁）。高天原に行くとは、死後にアマテラスの世界に合一して永遠の平安を得ることであり、結局、アマテラスの分霊を受けた天皇への忠誠を強調したものにほかならない。死後の審判に言及しても、最終的にはアマテラスと天皇が浮上する構造になっていたのである。大国が安政二（一八五五）年に書いた「馭戎問答」は「外国人応接」を主題にしたものだが、ここでかれは「わが日本国を守護し給ふ神を、皇天二祖といひて、天照大神・高木神を申す也」と書いている（大国①八七頁）。対外的危機に直面したときに、皇祖神の存在感は一気に膨らんだ。その結果、明治維新の直前には、いずれ「大攘夷」によって万国が日本に服属し、天皇が万国を統治する君主となると、大国は説くに至るのである（「新真公法論幷附録」、大系㊿五〇四頁以下）。

しかしこれは事柄の半面にすぎない。皇祖神と天皇だけでは、人々の秩序意識を内面から根拠づけることはできない。幕末国学は家職への精勤と儒教の徳目を援用することによって、祖先崇拝を皇祖神の祭祀に結びつけようとしたが、皇祖神をめぐる説話は、勤勉と禁欲の世俗道徳にはふさわしくないエピソードに満ちている。近親相姦は昔のこととして目をつぶるとしても、オオクニヌシの正妻のスセリヒメは貞淑な妻の鑑とされたが、それはオオクニヌシの無軌道な多情とセットだった。神代の最後に登場する海幸彦と山幸彦の有名な説話では、弟が兄を服属させることで話が終わる。これでは実力と幸運に恵まれたら、何をしてもいいということになるだろう。

　横溢する欲望の発散はつねに秩序への挑戦を潜在させているので、何らかの方法で制御しなければならない。旧日本軍などが設置した「慰安所」はそのグロテスクな表現である。佐藤信淵が構想した逆ユートピアでは、一方では祭祀によって、他方では「歓楽所」などを提供することによって、欲望を秩序の内部に制御することが想定されていた。そこには人間に対するリアルな認識と、それと背中合わせのシニシズムとでも評すべき政治観が表明されている。平田派の尊攘派国学者によって書かれたとされる「英将秘訣」もそうした例の一つで、偽悪ぶっているのではないかと思えるような反道徳的なことが平然と綴られている。この文書はテロリズムや下剋上が常態化した乱世での処世の秘訣を述べたものだが、冒頭に近い部分で「予が身寿命を天地と共にし、歓楽を極め、人の死生を擅《ほしいまま》にし、世を自由自在に扱ふこそ産れ甲斐は有りけれ。何ぞ人の下座に居られんや」と説き、社会的な上下関係を否定して「天皇を志すべし」と主張している（「英将秘訣」、『幕末思想集』三〇四〜三〇九頁）。この文書の著者にとって、「天下万民を救ふといふ名あれば、恥る所なし」という行動原理は、自己の意志と欲望の絶対化につながり、「殺生、偸盗、邪淫、妄語、飲酒」は政治闘争の勝利のために駆使すべき手段とされた[6]。

　ここには、一方では天皇を絶対化して「錦の御旗」を掲げ、他方ではそれを権力争奪の手段視するリアルな政治観がある。しかしそれは、「玉」としての天皇を握った側が正統性を独占し、反抗者を「賊」として糾弾する権力関係を創りだした。王政復古の大号令が出される直前の小御所会議で、徳川慶喜を支持する側が倒幕派を「幼冲ノ天子ヲ擁シテ権柄ヲ竊取《せっしゅ》」していると批判したとき、岩倉具視がかれらを一喝して、「不世出ノ英材」である明治天皇の「宸断」をないがしろにするものだと言いはなったことはよく知られている（『岩倉公実記』（中）一五九頁）。このエピソードは後年の創作であるとの説もある（高橋秀直『幕末維新の政治と天皇』四四一頁以下参照）。しかし事の真否は別にして、国体をめぐる国学者の言説がいかなる事態を生みだすかを象徴したものといえるだろう。「錦の御旗」や天皇の権威が、実はそれを笠に着ているものの恣意にすぎないことは誰もが知っているが、それにもかかわらずその権威に抗弁することは許されない。これが近代国体論をめぐる基本的な構図だったのである。

第3章 「地球上絶無稀有ノ国体」を護持するために——岩倉具視の構想

1 なぜ岩倉具視なのか

岩倉具視は幕末に登場した公家政治家のなかで、三條實美《さねとみ》（一八三七～九一）とともに維新後も政権の中枢で活動し続けた稀代のリーダーである。しかも三條がしばしば決断力に欠け、明快な体制構想も持たなかったのに比し、岩倉は一貫した政治目標を持ち、それを粘り強く追求する構想力と実行力を兼ね備えていた。岩倉の政治目標とは、維新以前は天皇が政治権力に接近し、最終的にはそれを掌握することであり、王政復古によってそれが一応実現した後は、近代化＝西欧化の波に抗して、「地球上絶無稀有」と信じた「国体」の原理を護りぬくことだった（実記（下）九八二頁）[1]。かれは維新のリーダーのなかで誰よりも明確に「国体」の観念を持し、しかも驚くべき一貫性をもってそれを実現しようとした。

明治維新の主導的勢力は有力藩の藩主・藩士と公家政治家だったが、廃藩置県を機に藩主・公家は政権中枢からほとんど姿を消した。また残った有力リーダーも、征韓論政変と士族反乱で淘汰され、木戸孝允《たかよし》は病死、大久保利通は暗殺されたので、一八八三（明治一六）年まで生き残った岩倉は憲法制定に大きな影響を与えた。その意味で、岩倉は明治憲法の立憲主義に対して、国体論の側から根本的な制約をかけることに政治生命を賭けた政治家だったといえる。本章はこのような認識に立ち、岩倉の国家構想の分析を通じて、明治初期の国体論の形成過程を追跡する。

本論に入る前に、岩倉の生涯について簡単に要約しておきたい（徳富蘇峰編述『岩倉具視公』、大久保利謙『岩倉具視』、佐々木克『岩倉具視』など参照）。岩倉は文政八（一八二五）年に下級公家・堀河康親の第二子として生まれ、天保九（一八三八）年に岩倉具慶《ともやす》の養子となった。嘉永六（一八五三）年、岩倉は関白・鷹司《たかつかさ》政通の歌道の門人となり、公家政治家として活動するきっかけを得た。安政五（一八五八）年日米通商条約調印が問題となったとき、鷹司の後任の関白となった九条尚忠が孝明天皇の意志に反して調印許容の態度をとったので、これに抗議して岩倉ら中下級公家八八人が列参という行動に出た。この事件は天皇と公家たちの条約反対の意志を明示することによって、幕朝関係を揺るがす契機となった。

万延元（一八六〇）年、和宮降嫁問題が浮上したとき、岩倉はこれを幕府に対する天皇の影響力拡大のチャンスとみて降嫁を推進する立場をとり、随員として江戸に下った。しかし尊王攘夷運動が高揚した文久二（一八六二）年、岩倉はその行為を批判されて辞官落飾を請い、岩倉村に蟄居を余儀なくされる。岩倉が政治活動を再開できたのは慶応元（一八六五）年に入ってからで、尊攘派の志士が岩倉のもとに往来するようになり、「叢裡鳴虫」を執筆した。岩倉が洛中帰住を許されたのは王政復古宣言の一カ月ほど前のことで、有名な小御所会議では徳川慶喜《よしのぶ》を擁護する山内容堂や松平慶永と渡り合ったとされる。

新政府成立後は公家政治家の代表として活動し、明治三（一八七〇）年に「国体昭明政体確立意見書」と「建国策」を書いて新体制の原則を明示した。一八七一年、米欧回覧の特命全権大使として二年近くをかけて諸国を訪問し、帰国後、征韓論をめぐる政争で大久保利通と協力して危機を乗り切った。一八七五年、大久保が木戸孝允・板垣退助らと妥協して漸次立憲政体樹立の詔勅を出したとき、これを激しく批判して辞任を表明したが、五カ月後、江華島事件の発生を機に政府に復帰した。西南戦争・木戸の病死・大久保暗殺の後は、伊藤博文とともに立憲体制と「国体」との調和のために腐心したが、憲法草案作成には、直接、関与しないまま一八八三年七月に病死した。

2　王政復古への道

明治新政権の基礎がようやく固まりつつあった明治三（一八七〇）年八月、岩倉は「建国策」と題する意見書を提出した。翌年に断行されることになる廃藩置県にむけて、天皇を頂点とする新しい統一国家の構想を述べたものである。その冒頭は「建国ノ体ヲ明カニス可キ事」と題され、イザナギ・イザナミによる国土創造と天孫降臨について述べて、「万世一系ノ天子統治スルノ国体」が「施政ノ基礎」たるべき「建国ノ体」であると説明している（実記（中）八二六頁）。これは安政五（一八五八）年頃から本格的に始まった岩倉の王政復古運動の根底にあった意図を明示し、その後の新体制構築の原則を提示したものである。ここに至るまでの十年余りの政治活動のなかで、時宜に応じて明らかにされた岩倉の国家構想の展開を追っていこう。

朝権回復のために公武合体を画策

岩倉が公家政治家として登場したのは安政五（一八五八）年三月のいわゆる列参運動である。この年一月に老中・堀田正睦《まさよし》が日米修好通商条約の調印の勅許をもとめて上洛したとき、否認の意向だった孝明天皇に反して、関白・九条尚忠が条約締結を幕府に委任する旨の勅書案文を朝議にかけた。このため八八人の公家が反対運動を起こしたもので、岩倉はこの運動の中心人物だったという（大久保利謙『岩倉具視』四二頁、佐々木克『岩倉具視』一九頁参照）。岩倉はこの運動に込めた意図を「神州万歳堅策」という文書にまとめている。内容は条約拒絶、徳川の支配体制の維持、国内一致による抗戦体制、江戸・京都・大坂の防衛体制、そのための資金調達の五つの部分からなるが、もっとも目立つ特徴は「墨夷《ぼくい》」に対する強い敵意である。条約締結を許せば「天孫神聖清浄ノ神州醜虜犬羊糞土ノ域ト接シ血ヲ飲ミ毛ヲ茹フノ輩ニ伍ヲナシ候事」（関係文書①一二〇頁）になると、岩倉は警告している。

この表現にみられる西欧人に対するほとんど生理的な嫌悪感や、皇統神話による「万国ミナ此国ノ祖神ノ恩沢ヲ蒙ラザルナシ」（関係文書①一一九～一二〇頁）というエスノセントリズムは、孝明天皇や公家政治家をはじめ、多くの武家にも共有されていたものだろう。大久保利謙は「神州万歳堅策」の攘夷論は「単純な当代の攘夷論」ではなく、むしろ「かなり柔軟な現実主義」だと述べている（『岩倉具視』四八頁以下）。彼我の実力を考慮しない「無謀な攘夷」には反対という意味では、たしかに「現実主義」だが、攘夷の主張は単なる方便だったわけではない。この文書には戦争になった場合の日本側の戦略を論じた部分がある。内容はいかにも幼稚だが、逆にそこに攘夷への真剣さが読みとれる。しかしこの攘夷論を国際情勢に対するかれらの無知に帰するのは必ずしも適切ではない。天皇や公家政治家もそれぞれの姻戚関係などを通じてそれなりの情報を得ていた。むしろかれらの偏狭な敵愾心は、ペリー来航以後の外交における屈辱に対する心理的補償としての側面が強い。だからこそ「夷狄」観が払拭された後も、日本の国家的独自性の意識はかれらを心理的に拘束し、国体論というイデオロギーを作りだしていくのである。

ところで岩倉が条約調印でもっとも許しがたいと考えたのは、開港・十里内の外国人遊行・踏み絵の禁止である。困窮した国民が「夷人」の「姦謀」によって恩や利を付与され、キリスト教に誘惑されてしまうと、防御方法がないと恐れたのである。ただし岩倉は、和親条約以前の鎖国状態（すなわち外国人の渡来と日本人の海外渡航の禁止）に復帰しようと考えていたのではない。むしろ下田条約の継続を前提に、三～五年をめどにした防御態勢の構築を想定し、朝廷・幕府・国主大名・大小名の各二名からなる使節団の派遣、内陸の藩の三都防衛への動員など、朝廷と幕府の主導権による支配体制の引き締めが主眼だった。当然ながら、この時点での岩倉は外様藩の国政介入には否定的で、あくまで「公武合体」による朝廷権威の復権を目指していた。しかしそれは調印反対が公武合体の手段（口実）だったことを意味するのではない。攘夷実行のために朝廷権威の復権による国内体制の再構築が必要だと判断されたのであり、攘夷と朝権回復は一体だった(2)。

列参運動から二年後、岩倉は和宮降嫁問題で決定的な役割を演じることになった。幕府の要望に応じて和宮の降嫁を推進し、公武合体を推進することによって、幕府に対する朝廷の優位を確立しようと策したのである。その方策を論じた「和宮御降嫁ニ関スル上申書」で岩倉は、覇権を失墜させた幕府に対して、朝廷が「特別出格之御保護」を付与することでその権威を顕示し、幕府に委任した「政柄」を隠然たる形で回復するべきだと論じた。岩倉が危惧したのは、幕府にかわって覇権を握ろうとするものが出現したり、尊攘激派が外国商館などに対する挑発行動をとることだった。国内の混乱は「五蛮之術中」に陥ることを意味する（関係文書①一四四頁）。むしろ危機に瀕した幕府権力を支えることによって、外交面で朝廷が主導権を握り、強力な国家体制を再構築しようとしたのだった。

通商条約調印について自身の意向を無視し「届棄同様」の態度をとった幕府に対して、孝明天皇は不満を募らせ、二度にわたって譲位の意向をちらつかせたが、他方で幕府支持の意志も揺らぐことはなかった（この点については第1章を参照）。天皇からの諮問に答えた「和宮御降嫁ニ関スル上申書」は、こうした天皇の態度をふまえたものだっただろう。岩倉の論策はたしかに現実主義的だが、公武合体と破約攘夷が対立関係にあるという矛盾もかかえていた。幕府との協調策では、攘夷を実行できないにもかかわらず、岩倉は徳川支配体制の枠内での朝権回復を目指したのである。その後の歴史が明らかにしたように、王政復古への道はむしろ孝明天皇や岩倉が警戒した雄藩や「無謀ノ征夷」派（元治元年正月の宸翰、

『孝明天皇紀』⑤二〇頁）によって切り拓かれた。だから政治家として頭角を現し始めたばかりの岩倉は、攘夷の要求の高まりのなかでいったん失脚する。

王政復古を目指して

岩倉は文久二（一八六二）年八月に蟄居を命じられ、洛北岩倉村に隠棲を余儀なくされた。その逼塞した状態から、かれが再び鬱勃《うつぼつ》と動き始めるのは慶応元（一八六五）年に入ってからである。薩摩藩士の小松帯刀と大久保利通に見せるために書かれたという「叢裡鳴虫」がその最初で、かつてかれ自身が執筆した「三事策」の解説という形をとっている。「三事策」は、文久二年五月に、島津久光の建議にもとづいて、大原重徳《しげとみ》が勅使として江戸に派遣されたときに執筆されたもので、将軍の上洛による国是決定、島津・毛利・山内・伊達・前田の五大名の幕政参与、徳川慶喜と松平慶永の将軍後見人・大老への登用を説いたものである。「叢裡鳴虫」はこの三策の基本線上にあるが、過去三年のあいだに幕府と朝廷の関係は大きく変化していた。たとえば第一策では、将軍は和宮とともに二条城に居住させて、朝廷と幕府が「施政ノ大綱ヲ起案」した後に、京都に招集した諸藩主に議論させて方針を決定する。こうして「朝幕岐セズ政令一ニ出デテ他ヨリ豪モ異論ヲ容ルベキノ隙ナシ」という（関係文書①一五九頁）。いうまでもなく、三年前とは異なって、これは完全に朝廷優位による「公武一和」である。

この時期から岩倉の論策は外交よりも国家構造の変革に力点を置くようになる。そしてかつては嫌忌した草莽の志士も「市井無頼ノ浮浪ニ非ズ」と弁護され、かれらは「皇国固有之元気即チ大和魂ノ凝結スル者」と絶賛されるに至る（「全国合同策」、関係文書①一九〇頁）。おそらく宮廷政治から切断された雌伏の三年のあいだに、状況を冷静にみる姿勢が養われたのだろうが、その根底には「幕政此儘而三年も相立候はば応仁之古を見る可く哉」という徳川政権に対する突き放した見方があった（藤井良節・井上石見宛書簡案、慶応元年九月頃、関係文書③八五頁。なお関係文書②二五四頁にほぼ同文）。こうしてもはや鎖港か開港かは第一義ではなく、「庶政一新」による「国内糾合」が主題となっていく（「全国合同策」、関係文書①一九七頁）。その結果、朝廷と幕府に少数の有力大名を加えただけの旧来の構想にかわって、「復古一新政令」によって天皇を頂点にし、権力基盤を国民大に拡大した国家構想が徐々に浮かびあがってくるのである。

ところで公武合体派だった岩倉がこのように倒幕派に変身したことについて、竹越與三郎はその名著『新日本史』で以下のように述べている。「岩倉具視は実に調和党の首領にして、百方幕府と相通じて革命党の計画を妨げ」たが、文久三年八月一八日の公武合体派のクーデタや翌年の禁門の変によって、尊攘派の長州藩や長州支持派の三條實美らが京都から追われて権力の空白ができたこと、さらに「大勢一転、幕府の権漸く衰へて、また恐るべきものなきを見るや、彼れ薩長に結びて、翻然として革命党となり、之がために許されて宮廷に帰れり」（文学全集(77)二六頁）。竹越は岩倉の便乗主義的な側面をやや意地悪い筆致で描いている。たしかにそれも岩倉の一面だったが、かれの言動の根底にあったのは、幕朝関係において朝廷の権威を高めることだった。その一貫した方針にもとづいて、かつては公武合体路線をとり、この時期には倒幕論を取ることになったのである。

岩倉がこのような方向に向かって活動を始めてまもない慶応元年一〇月、懸案だった条約勅許が朝議によって決定した。兵庫沖に停泊する四国軍艦の脅しと禁裏御守衛総督・徳川慶喜の朝議引き回しに屈したものだった。岩倉はその衝撃を「仰天驚動」と形容し、「神州三千年来卓然　皇基モ爰《ここ》ニ至テ一夕ニ廃棄」と慨嘆した（六条有容・久世通凞宛書簡、慶応元年一〇月、関係文書②三九〇～三九一頁、関係文書①二〇八～二〇九頁にも同趣旨）。おそらく岩倉はこの段階になってもまだ条約拒否は可能と考えていたのだろう。これは岩倉だけではなく、その周囲の公家たちの共通の認識だった。この時期の岩倉の盟友ともいえる正親町三条実愛《おうぎまちさんじょうさねなる》も日記で、朝議の様子を叙述した後、「戊午年以来、叡旨攘鎖之議を主張の處、今日に到って此の如し、今においては無力ただ悲泣切歯胸痛を発す」と慨嘆している（『嵯峨実愛日記』①三一八頁）。

条約拒否の意志を明示することによって、天皇は尊王攘夷のナショナリズムを糾合する象徴となることができ、幕府に対して権威を上昇させることができる。尊攘派の期待を裏切ると、幕府に対する優位が揺らぎ、最悪の場合、幕府と共倒れになりかねない。だから岩倉がここで問題にしたのは、条約調印そのものよりも、従来の方針を無原則に変更したことだった。凡人でも一度請願したことを変更するときは「願ホドキ」をする。朝廷は従来の原則を転換したことに対して納得できる説明をするべきで、そのために一刻も早く「朝議」を立てて「幕府列藩草莽ヲ指揮」しなければならないという（関係文書②三九八頁、関係文書①二一六頁）。朝廷がリーダーシップを取って、国家構造を再編成しなければならないことを強調したのである。

その具体策は、翌慶応二年五月に書かれたと推測されている「全国合同策密奏書」に示されている。この文書で岩倉は、自分の念願はひとえに「国体」維持と「皇権」の伸長であると述べた後、「国内和同攘夷一定」のために、まず天皇自身が国政の全責任を負うという誓いの宣言をするべきだという。具体的には「今也醜虜猖獗《しょうけつ》国威縮屈、内難交《こもごも》起リ生霊困苦ニ至リ候ハ実ニ朕ノ不徳（後略）」と、従来の失政の責任を自ら引き受け、「自今一新更張、海内臣庶ト戮力同心誓テ醜虜ヲ圧伏シ皇威ヲ八紘ニ輝シ蒼生ヲ安撫シ（後略）」と、天皇自らのリーダーシップによる将来の挽回を誓う（「全国合同策密奏書」、関係文書①二三五～二三六頁）。そして「征夷之職」を廃止して、天皇による「万機親裁」体制に転換する。つまり徳川家から将軍職を奪って、徳川宗家を「列侯之上班」とし、徳川三家は一〇万～二〇万石の大名に格下げする。

以上の構想は、徳川幕府の体制では攘夷を実行できないだけではなく、国内分裂を引き起こすとの判断にもとづく。外交面での失地回復のためには、まず天皇による万機親裁体制によって強固な統一政権を築く必要があると、岩倉は判断したのである。ここでは徳川家はもはや天皇を補佐する列侯中のひとりにすぎない。岩倉はついに「朝権回復」の域を出て、王政復古の実現に向けて大きな一歩を踏み出した。

孝明天皇の死去

これを機に岩倉は次々に論策を書いて「万機一新」を訴える。まずこの年六月、第二次長州戦争の開始に対して「済時策密奏書」を書いて、征長を幕府の「私闘」にすぎないと、その非を孝明天皇に訴えた。岩倉が一貫して力説したのは、従来の国家体制における「政令分岐」の欠陥の根本的是正で、その解決策が前述の天皇による万機親裁体制である。

七月に入ると、広島・岡山・徳島の三藩主が解兵を主張する建言書を朝廷と幕府に提出するなど、征長戦争の失敗はもはや明らかだった。薩摩藩主父子も今や「皇国危急存亡」の時だと説いて征長戦争を批判し、「政体変革」を断行して「中興ノ功業」をおこなわねばならないと建言した（「島津茂久・久光上書」、大系(56)四八六〜四八八頁）。岩倉はこうした事態を受けて「天下一新策密奏書」を書き、とくに朝廷内で親幕府の立場をとる尹宮《いんのみや》（久邇宮《くにのみや》朝彦）を「飛蛾ノ燈火ヲ恋フ如キ者」と激しく攻撃する（関係文書①二五二頁）。そして同志の中御門経之・大原重徳を説いて、八月に尹宮排除などを要求する列参をおこなわせたが、これは空振りに終わった。同じ時期に薩摩藩に伝達されたと想定される「極秘語」では、流動化した状況で朝廷が主導権を握るために、まず天皇による「自罪」の詔勅が必要であるとの主張が再び強調され、将軍職を廃止して「頼朝以前ニ復古」する構想が表明されている（関係文書①二六六頁）。

この文書の末尾には「神祇官大《ママ》政官抔ノ論」という語があるので、すでに王政復古後の新体制について、具体的な検討が開始されていたのだろう（関係文書①二七三頁）。また海軍創設の必要性についても言及があり、幕臣の勝海舟の登用が念頭にあったことがわかる。

　海軍創設については、翌一一月執筆の「航海策」で具体的に言及される。「今ヤ国是ヲ一新シテ皇威ヲ恢復シ国体ヲ保全セント欲セバ亦宇内ノ形勢ヲ知ラザル可カラズ」（関係文書①二八五頁）。世界の大勢を知るには、朝廷直属の海軍を創設し「航海ノ道」を開かねばならないというわけである。岩倉はここで明確に開国論に舵を切った。既述のように、安政五年の通商条約調印が争点になっていた時期には、排外主義の姿勢が顕著だった。しかし蟄居後、隠棲しながら隠然たる影響力を持ち始めた慶応元年以降、岩倉は外交よりも国内統一を最重要課題と捉え、「鎖攘和親」の問題は「衆議ヲ取リ天下億兆ノ趨向《すうこう》スル所」に従って決定するべきだと述べていた（「全国合同策」、関係文書①二〇一頁）。和親条約の段階に引き戻すことは不可能との判断は、すでにこの段階からあっただろうが、「航海策」において初めて開国の方針が明示された。その背景には、王政復古は「必然ノ理」との確信があっただろう。

　しかし岩倉はここで再び挫折を味わう。岩倉の意図に反して、孝明天皇は一二月五日に徳川慶喜を征夷大将軍・内大臣に任じ、しかも二五日に急死してしまった。孝明天皇の死去は、「吾事終れり」と述懐するほど大きな衝撃を岩倉に与えた（坂木静衛宛書簡、関係文書③二五九頁）。「胸算を立追々投身尽力と存候處悉皆画餅」（同上）となったと語るように、岩倉の王政復古構想は、安政五年の列参以後、幕府との折衝で破格な形でかれを重用した孝明天皇を念頭に置いたものだった。国政関与に関する、孝明天皇の頑固と言ってもよいような不動の姿勢が「万機親裁」のイメージであり、だからこそ岩倉は、国是の再構築や「自罪」の詔勅の必要性を天皇に何度も訴えたのである。践祚した明治天皇はまだ一五歳で、摂政を必要とした。王政復古を目前にして、天皇の存在感が薄れるとともに、新しく構想された国家にふさわしい天皇像の創出が維新後の重要課題となっていくのである。

慶応三年になって政局は新たな展開を始めた。文久二年以後の政変や列参で処罰されていた公家政治家が赦免され、岩倉も入洛ついで洛中帰住が許された。孝明天皇死去による天皇の存在感の後退によって、朝議を左右する公家政治家の比重が増大した。当面の課題は兵庫開港問題だったが、岩倉は開港不可避を見通して三月に「済時策」を執筆している。この文書の主眼は、開港談判をめぐる外交の主導権を朝廷が握り、率先して開港・通商することで「富国強兵」を実現することだった。開港はすでに「航海策」でも述べていたが、それは主として軍事力養成の観点から立論されていた（関係文書①二九七頁）。「済時策」では、むしろ「富国ノ道」を実現して「至貴ノ国体宇内ニ冠絶」することが強調されている。

「済時策」執筆の意図について、岩倉が中山忠能・大原重徳などに宛てた書簡がある（原口清『王政復古への道』一六五頁以下、『明治天皇紀』①四八七〜四八八頁を参照）。この書簡の説明によると、実現のための「良策」があるなら倒幕が最善だが、「軽挙暴動」では実現できないと指摘し、「済時策」は幕府に見られても嫌疑が生じないように書いたものだと断わっている。岩倉によれば、当今の政略には上・中・下の三策がある。上策は孝明天皇の遺志に沿って、利害得失を無視して攘夷を実行すること。中策は幕府から将軍職を奪い、有志と列藩の協力で朝廷主導の制度に変革すること。下策が「済時策」である。

この説明で、上策と中策は相手を説得するための方便にすぎない。上策は論外だし、中策は倒幕につながるから冒頭で否定されている。岩倉の説明によれば、下策には三つの「秘策」が込められていた。まず第一は王政復古で、「外夷ニ当ル」ことを口実に幕府から政権を奪う方略である。第二に、朝廷が率先して「航海ノ道」を開くというのは口実で、実は公卿の各国巡行によって各国の国体を調査し、国内一致のうえで対等な外交関係を結ぶ意図だという。第三に、薩土の両藩主と有力藩士があらかじめ談合したうえで、列藩上京による衆議で朝権の回復・幕府権力の削減・長州処分などの懸案を処理するという。結局、「済時策」は倒幕を視野に置きながら、それを表面に出さず、朝廷が外交の主導権を握ることによって、幕府を追いつめることを目指したものだった。

岩倉が明確に倒幕論に舵を切ったのは、朝議で兵庫開港が決定した五月二四日直後だったのだろう。この朝議での徳川慶喜の強引な会議引き回しは強い反感を買った（佐々木克『岩倉具視』一〇四頁以下参照）。政策決定の主導権を譲ろうとしない慶喜の態度で、それに参入しようとする土佐藩・薩摩藩なども幕府抜きの新政権以外に方法はないとの判断に傾いた。翌日の岩倉宛の中御門《なかみかど》経之《つねゆき》書簡は、「柔術之道は相絶候儀、急度《きっと》討幕之策と存候」と述べている（関係文書③三五七頁）。慶喜抜きの新政権樹立までなお紆余曲折があるが、一二月九日についに王政復古が宣言され、翌年正月の鳥羽伏見の戦いを経て、七日に慶喜征討令が発せられた。

「皇国固有之御国体」と万国公法

維新政権成立後、岩倉がもっとも関心を寄せたのは外交問題だった。条約勅許問題を盾に幕府を窮地に陥れて政権を奪った倒幕派も、政権獲得後は一転して条約順守の立場に立った。「朝廷ノ攘夷ヲ主張セシハ、畢竟《ひっきょう》其心夷ヲ攘フニ不在《あらず》シテ唯幕府ヲ斃《たお》スニアリ」（「会計外交等ノ条々意見」、関係文書①三二二～三二三頁）との批判的世論を説得しなければならなかったのである。岩倉はこの点について、いったん政府が締約した条約は、基本的に変更しないのが「万国普通之公法」であり、変更すれば「信義ヲ海外各国ニ失」うことになると説明する（「岩公草案　外国応接」、関係文書②一二八頁）。

興味深いのは、「凡ソ天地間ニ生ジ候横目竪鼻ノ者」は等しく人間だから、「支那朝鮮」に対するのと同様に「兄弟朋友ノ礼」をもって応対するべきだと論じながら、他方で西欧人は「固ヨリ虎狼ナリ」と警戒心を喚起していることである（「会計外交等ノ条々意見」、関係文書①三二三頁）。つまり一応は「礼」

をもって応接するが、他方では「敵ヲ以テスル所無クンバアルベカラズ」（同上）という。岩倉がとくに敵意を露わにしているのはキリスト教である。「耶蘇教ノ如キ尤断然死ヲ以テ拒《ふせ》ガズンバアルベカラズ。彼一タビ　皇国ニ伝染セバ国挙テ遂ニ彼ノ奴隷トナルベシ」（同上、関係文書①三二五頁）。華夷思想を否定し、西欧中心の万国公法体制に参入する必要性を、一応、岩倉は認めた。しかし「皇国固有之御国体」と万国公法とを「御斟酌御採用」したのは、いわばやむをえない結果だった（「岩公草案　外国応接」、関係文書②一一八頁）。日本が「富強ヲ謀ル」（「会計外交等ノ条々意見」、関係文書①三二四頁）には西欧中心の世界秩序に積極的に参入するしかないと認識していたが、かれは「万国公法」の世界秩序にけっして心を許していなかった。「万国公法」は各国が「合議」したものでも、「万国共ニ守ル」ものでもなく、ただ単にこれまでの先例を「記セシ書籍」にすぎないから、「守ルニモ足ラザル」ものなのである（同上、関係文書①三二五～三二六頁）。

　西欧諸国を警戒すべき「敵」と捉えていた以上、洋行や通商を誰にでも認めるというわけにはいかない。「洋行」を許可するのは「皇学漢学等ニ通ゼシ者」に限定される（同上、関係文書①三二六頁）。「無智無識ノ小人」に洋行を許せば、必ず「邪教ニ誑誘」されるからである（同上）。貿易についても「勝手交易」は禁止され、「通商司」による管理貿易が想定されている。かつて「神州万歳堅策」（一八五八年）で激しい攘夷論を展開した岩倉は、日本をめぐる国際情勢への認識が深まるとともに、ずるずると開国論に転向した。しかしそれはけっして万国公法の世界秩序を信頼したものではなく、「剛武」と「貪利」の「数百外夷ノ大国」と対峙して「富強ノ道」を切り拓くには、それ以外の方法はないと認識したうえのことだった（「岩公上書草稿」、関係文書②一一九～一二〇頁）。

祭政一致の構想

「王政復古」は、幕府から政策決定の実権を奪うためのスローガンだった。当然、この語に込められた意味は、立場によって異なっていただろう。この点について、いわゆる「王政復古の大号令」では、「摂関幕府等」を廃絶し「仮リニ総裁議定参与之三職」を置いて「万機」を執行し、「神武創業ノ始ニ原ヅキ搢紳武弁堂上地下《じげ》ノ別ナク至当ノ公議ヲ尽シ（後略）」と記されている（『明治天皇紀』①五五八頁）。この「大号令」を決定した会議の詳細は不明だが、幕府とともに「摂関」制度も廃止し、「堂上地下ノ別ナク」として、旧来の公家政治との決別を宣言した。幕府との協調の上に立っていた公家政治家を排斥する意図を込めたものだろう。新たに採用された「三職」の制度も「仮リ」であると断わっており、「王政復古」の細部は未定だったことを示している。

では岩倉は「王政復古」にいかなる内容を込めようとしたのだろうか。この時期に岩倉のブレーンとして活動した人物として、玉松操（一八一〇～七二）がよく知られている。玉松は公家の末裔で僧侶の経験もある国学者だった（伊藤武雄『復古の硯師　玉松操』参照）。『岩倉公実記』によれば、蟄居中の岩倉の求めに応じて、玉松が岩倉村にやって来たのは慶応三（一八六七）年二月だったとされ、王政復古のモデルとしての「神武創業」や「新政府ノ官職制度」は玉松の助言に従ったものだという[3]（実記（中）六〇頁）。岩倉が「王政復古議」を密奏したのは「大号令」の二カ月ほど前で、「大政ヲ朝廷ニ収復」して「政体制度ヲ御革新」するよう提言したものである（関係文書①三〇二頁）。

王政復古を「政体制度」の革新と捉えたのは、おそらく国体と政体の区別を意識したものだろう。岩倉はこれまでも様々な文書で「国体」という言葉を使ってきたが、明治二年に入ると、その内容が明らかになってくる。『岩倉公実記』によると、岩倉は正月二五日に「政体建定」「君徳培養」などについての論策（以下、「政体論」と呼ぶ）を三條實美に提出して、朝議に付すことを要請した。まず「政体」に関する項で岩倉は以下のように述べる。「万世一系ノ天子上ニ在テ皇別神別蕃別ノ諸臣下ニ在リ。君臣ノ道上下ノ分既ニ定テ万古不易ナルハ我ガ建国ノ体ナリ。政体モ亦宜ク此国体ニ基ヅキ之ヲ建テザル可カラズ」（実記（中）六八五頁）。ここでは「政体」と「国体」が明確に区別され、皇統神話による「万古不易」の国体にもとづいて政体を確定しなければならないとされている。また「君徳培養」については、君主が「明徳ヲ備ヘ大綱ヲ総攬」できるように和漢洋の学識があるものを侍読に指名するよう提言している（同上六八七頁）。従来の岩倉にはなかった発想で、明らかに玉松の影響だろう。

この年の六月には祭政一致の一環として「国是一定奉告祭」が執りおこなわれた（実記（中）七五五頁以下）。天神地祇と神武から孝明までの歴代皇霊とを祀り、「百官群臣」が礼拝したものである。三月に神祇官設置と祭政一致の制度への復帰が宣言され、紫宸殿で五箇条の誓文の儀式が天神地祇に誓うという形式でおこなわれたのに準じたものだろう。岩倉の周辺では、慶応年間から、王政復古の一環として神祇官復活・祭政一致などが構想されていた。前述の「極秘語」（慶応二年）で「神祇官大《ママ》政官抔ノ論必慎ンデ御処置ノ事」（関係文書①二七三頁）と記されているのもその現われである。慶応三年三月の書簡では、岩倉は以下のように述べている。「神道復活之義御取懸リ之旨至大之好事、殊ニ方今ノ急務実ニ感佩仕　候《つかまつりそうろう》。竊《ひそか》ニ苦慮候ハ祭政一致抔今ノ　朝議如何有ン。十分御尽力成功祈念仕候事ニ候」（藤井良節・井上石見宛、関係文書②三二六頁。なお千種有文宛書簡にも同趣旨、関係文書③三〇六頁）。これは鹿児島藩での神仏分離の動きを歓迎したものである。薩摩藩では水戸藩に倣って慶応元年頃から神仏分離への動きがあり、明治政府に先がけて神葬祭もおこなわれていた（『鹿児島縣史』第三巻第六章、井上智勝「明治維新と神祇官の「再興」」など参照）。岩倉はそれを新政府のモデルと考えたのだろう。井上石見はこれに応えて、「祭政一致」にならなければ駄目だとし、「神祇官を被置諸官上《しょかんのうえにおかれる》之儀に候得ば、此事よりして　朝政之御改革も可被為在」と述べている（関係文書③三〇八頁）。明治二年の版籍奉還後の官制改革で、神祇官と太政官を諸官の上に置いて、こうした考えが実現した。このときの神祇官の職務は「祭典を相《み》、諸稜を知り、宣教を監し、祝部《はふりべ》・神戸《かんべ》を督し、官の事を総判することを掌る」とされている（文化庁文化部宗務課編『明治以降宗教制度百年史』一二三頁）。

遷都・大学校設置・宣教使

神祇官の自立が決定されたのと同じ時期に、重畳するように少なくとも三つの問題が一応の方向性を見ることになる。[4] 遷都問題、大学校の設置、宣教使の設置である。まず遷都問題については、戊辰戦争直後の明治元年正月二三日に、すでに大久保利通が「大坂遷都の建白書」を提出しており、京都の伝統的な地政学から天皇を引き離す必要は早くから意識されていた（『大久保利通文書』②一九一頁以下）。岩倉も同年六月に、天皇が江戸に行幸して江戸城を東京城と改称し、関東での天皇の存在感を示す必要があると提言した。このとき岩倉はすでに遷都を意識していたのだろう（佐々木克『江戸が東京になった日』参照）。七月、江戸は東京と改称され、九月に天皇は東京行幸に出発した。天皇が東京に滞在していた一一月二二日付の三條實美宛書簡および同日付の意見書で、岩倉は天皇の京都還幸と翌年の東京再幸を提言し、その際に太政官も東京に移転し皇后も同行するべきだと述べている。これは明らかに遷都を意図したものだろう。しかし岩倉は前述の「政体論」（明治二年正月）で、これとはまったく逆に、明治天皇の再幸を受けて巷間で遷都の噂があることを指摘しつつ、かれ自身は遷都には「徹頭徹尾不承知」だと明言している（実記（中）六八九頁）。この文章の背景には、岩倉の身近にいた玉松操や矢野玄道などの国学者の意見が強く反映していたと想像される。かれらには「皇都」は「神代ヨリ有契」があって定まったものという観念があり、遷都に強く反対していたのである（矢野玄道「献芹詹語」、大系51五六八頁）。

おそらく岩倉の本心は別のところにあった。この文書で遷都は「徹頭徹尾不承知」だと述べた後、かれは「今上ノ叡慮ヨリ出デテ遷鼎ノ御沙汰アラバ是非ナキ次第」とわざわざ断わっている（実記（中）六八九頁）。そして再度の東京行幸がおこなわれた四月の日付の二つの文書「門下諸士ニ示ス書」「門下ニ示スノ書」では、遷都反対の前言に反して、「予レ断然志ヲ定メ、死ヲ決シテ東下セントス」と宣言し、門下の国学者たちを説得している（関係文書①三三一頁）。「天下ノ事成バ則生キ、不成《ならざら》バ死センノミ」（同上）という悲壮な表現は、かれの周りにいた国学者たちの反対がいかに強かったかを示唆している。王政復古運動の緊密な同志だった中御門経之や大原重徳も遷都に強く反対し、中御門は「王政も此限り」と悲嘆しているし、大原は再度の東幸の直前に「東狩ヲ止メ、耶蘇阿諛ノ醜党ヲ退ケ、蛮服胡態ヲ制止、紙札ノ通用ヲ停止」するように訴えていた（「中御門経之書簡」、関係文書④三三〇頁、「大原重徳意見書」、関係文書⑧二二五頁）。岩倉の周りにいた王政復古の公家グループがどのような政治思想の持ち主だったかを推測するに十分であろう。遷都問題について、岩倉はかれらを意識して二枚舌といわれても仕方がないような態度をとったが、それはかれが王政復古の同志たちと徐々に距離を置くようになっていったことの一つの表現だったと考えられる[5]。

遷都問題と密接に関連したのが大学校設置問題である。学校の設置や庶民の教化は国学者たちが最重視していた問題の一つである。たとえば岩倉に提出され、王政復古の政治綱領とも評される矢野玄道「献《けん》芹詹語《きんせんご》」は、祭祀・仁政・武威などを「皇祖天神ノ本教」だと指摘し、仁政の一環として庶民教化の必要性を説いている（大系51五四八頁）。「カノ皇祖天神ノ大宮及学館ノ中ニテ、人材ヲ相育候テ、皇道ヲ庶民ニ不洩《もらさず》教授セシメ、異物ヲ見テ遷ラヌ様ニ仕候義、第一ノ事ト奉存候」（同上五八三頁）。また玉松操もその意見書で「学ハ総テ彝倫《いりん》ノ学ナリ」とし、「所謂大学校ハ此ノ彝倫ヲ講明スルノ館」と述べている（「玉松操意見書」、関係文書⑧一九二～一九三頁）。

大学校設置問題について、『近代日本総合年表』（岩波書店）によってまず基本的事実を摘記しておこう（大学校設置問題については大久保利謙『明治維新と教育』（大久保④）の各論文、徳重浅吉『維新精神史研究』第一四章、阪本是丸『明治維新と国学者』第六章～第七章を参照）。明治元年二月、京都に「学校掛」が置かれ、玉松操・平田鉄胤・矢野玄道らが任命されて、「学舎制」案を提出した。同年三月、公家の教育機関としての歴史をもつ学習院が京都に復興した。学習院はまもなく「大学寮代」と改称されたが、大学寮は古代から実在した教育機関の名称なので国学派が反発した（「玉松操建言書」、明治元年七月、関係文書④六六）。その結果、大学寮は漢学所と呼ばれることになる。他方、国学派の「学舎制」は皇学所となった。翌二年七月、政府は東京に大学校を設置することを決定し、京都の漢学所と皇学所はこれに吸収されて、最終的に廃止された。

皇学所が大学校に吸収されることになった頃、国学派は「大学校御規則書」という文書を作成している（伊藤武雄『玉松操』五六頁以下に収録）。それによれば、漢学と洋学は「皇学ノ支流」だが「輔翼ノ為」に設置するとし、「万天下ニ一人モ漏ルル者無ク天地神明ノ霊徳ヲ相悟候事」が「第一義」だという。そして洋学については「皇国ノ古伝ニ基キ天文地理医術器械等」を講究するが「教法ノ学」は厳禁される。また漢学・洋学の教員はともに「国体ヲ弁《わきま》へ」ている者を厳選しなければならないと強調している。現実に設置された大学校は、その趣旨を「神典国典ニ依テ国体ヲ弁ヘ兼而テ漢籍ヲ講明シ実学実用ヲ成ヲ以テ要トス」と説明しており、国学第一主義をとっている点から両者の関連は明らかである（大久保④二〇四頁参照）。

以上のような構想に対して、岩倉が「多大の影響を与えたことは否定しがたい」と大久保利謙は指摘している（同上一八〇頁）。岩倉はかれなりに国学者たちの理念を実現しようとしたといえるが、玉松操や矢野玄道ら国学者と距離を置いていたことは否定できない（坂本是丸『明治維新と国学者』、矢野太郎『矢野玄道』一七一頁以下参照）。玉松や矢野の失望は大きかった。明治三～四年頃、ふたりは大学校の役職から離れた。『岩倉公実記』は、玉松が欧米列強との条約締結に失望し、「奸雄ノ為ニ售《う》ラレタリ」と岩倉を非難したと伝えている（実記（中）六一頁）。エスノセントリズムは岩倉の言動の根を形作る心情だったが、「皇国固有之御国体と万国之公法とを御斟酌御採用」（『明治天皇紀』①六二八頁）との理屈で、岩倉は既定の条約を容認した。このリアリズムは玉松らには許しがたく、両者の離反は不可避だったと想像される。しかし離反の主因は条約問題ではなく、やはり東京での大学校設置が、京都に設置という理念に執着していた玉松たちとかけ離れていたことだろう（伊藤武雄『玉松操』五八頁以下、矢野太郎『矢野玄道』一八六頁など参照）。東京での大学設置が決定した翌月（明治二年八月）の日付で提出された「皇学所御用掛意見書」と題される文書は、京都の皇学所・漢学所への予算が削減されたことに抗議して、「天下ノ有志輩ノ失望」は大きいと訴えている（関係文書⑧二八六頁）。岩倉や明治政府と国学者たちとの対立を浮き彫りにしたものである。

第三は宣教使問題で、明治三年一月に大教宣布の詔が出されたことに関連している。宣教使は祭政一致の理念による国民教化を企図したものだが、こうした動きはすでに明治初年から存在した。京都府が明治元年に作成し、翌年、冊子として全国に配布された「告諭大意」はその代表例で、「我国ハ神州ト号テ、世界ノ中アラユル国々我国ニ勝レタル風儀ナシ」と述べ、その「御国恩」のありがたさを知って「神州ノ民タルニ乖《そむ》カザルベシ」と説いている（「京都府下人民告諭大意」、近代思想大系②二五頁以下）。

こうした動きを背景にして、岩倉は明治二年六月の文書の一節で「皇道ヲ明ラカニシ正学ヲ興サンコトヲ欲ス」と説いて、全国に「大小学校」を設置して「彝倫ノ道ヲ講明」すべしと主張した（実記（中）七六一頁）。実はこの文書の内容は、玉松操が「彝倫ヲ講明スルノ館」として大学校の設立を説いた「意見書」（関係文書⑧一九〇頁以下）をほとんどそのまま採用したものである。玉松はこの意見書で「正学」こそ「政教ノ大基本」であるとし、「人心」を「悦服」させ「生気」が充実すれば「外邪乗ズル能ハズ、外夷如何ナル奇巧ノ術、精錬ノ兵アリト雖モ施ストコロナカラン」と力説している（関係文書⑧一九三頁）。すでに会沢正志斎『新論』が明示しているように、国体の意識はキリスト教への敵意を動機にしていた。岩倉もキリスト教に対して強い警戒心を持っていたことはすでに何度も強調したところである。大原重徳は、キリスト教徒と通じているとの噂があった横井小楠を暗殺した犯人の刑の執行差し止めを、執拗に訴えている（大原重徳の岩倉具視宛書簡、明治二年一〇月朔日、関係文書④三二八頁以下。「大原重徳意見書」、関係文書⑧九四頁以下など参照）。もし噂が事実なら、犯人は「無罪」だというのである。また犯人として逮捕された福岡藩士を寛典に処すことを請願したり、特赦を嘆願するものも少なくなかった（『明治天皇紀』②八頁）。岩倉自身は、犯人を寛刑に処することに反対していたが、かれの周囲にいた人々の意識のありかが想像されるだろう。

明治三年八月、前述のように岩倉は「建国策」と称される文書を提出している。日本の国体は「宇宙間決シテ其等倫ノ国」（実記（中）八二六頁）のない卓越したものであると論ずるとともに、郡県制の採用や財政の安定など一五項目にわたって今後の方針を述べたものである。この「建国策」の草稿が「国体昭明政体確立意見書」で、国体論や「宣教ノ大意」について、「建国策」にはない詳しい叙述がなされている。「大ニ宣教ノ大意ヲ明ニシ兆民ヲシテ普ク惑イナカラシムベキ事」という部分だけを一覧しておこう。ここで岩倉は、いかにも平田派国学を想わせる言葉遣いで以下のように述べる。「神明之善不善ヲ見ル、能ク秋毫ヲ折ッテ一ツモ違フ所ロナク、人間遂ニ神明ヲ欺ク不能」（関係文書①三四一頁）。第2章で論じたように、平田篤胤はオオクニヌシに死後の審判という特別な役割を与え、現世のすべての出来事を見通していると論じた。岩倉のいう「神明」はまさにそうした神観念を想起させる。「人民ノ神明ニ於ル敬ヲ致シ誠ヲ格シ自ラ欺クベカラズ。是以テ幽顕　神人之理豪モ不相離」（同上）。すべてを見通している「神明」を人は欺くことはできず、ただ誠実に生きることを心がけるだけである。ここでは現世と来世は同じ原理で貫かれ、人は神を敬い現世の道徳に忠実であろうとする。

むろん政治はこのような「神明」の意味を諭すことによって、現世の生活を安定させ、庶民を善良で道徳的生活に導くことにほかならない。「至尊ノ政ヲナシ玉フモ　神明ノ幽冥ニ照シ玉フモ、其帰一スル所億兆蒼生ヲ済拯《さいじょう》シ至善之域ニ至ラシムルノ事ノミ矣」（同上）。つまり天皇が現世において政治をおこなうのは、神が来世において死後の審判をするのと同じで、人民を「至善之域」に導くことである。だから神を敬い祀ることが政治の中心ということになる。祭政一致とはこのことである。これが「幽道ヲ論ジテ顕事ヲ軽ジ妄リニ福音ニ馳セテ以テ政体ヲ蔑如ス」るキリスト教徒とは、根本的に異なるところである（関係文書①三四二頁）。

岩倉が幕末から構想していた「王政復古」は、平田派の復古神道と深い所で結びついていたことを、この「幽冥」観は示している。岩倉は政治家として行動するとき、そのような地肌をそのままさらけだすことは少なかったが、かれの心裏には平田派国学者に共感するような素地があった。提出された「建国策」とその草稿「国体昭明政体確立意見書」との落差は、そうした事情を示唆している。

3　立憲制にむかって

王政復古による新しい政治体制の宣言である五箇条の誓文は、議会制を意図したものとは言いがたいが、結果的に大日本帝国憲法発布と帝国議会開設への出発点になった。明治前期の二〇年ほどの政治過程は様々なアクターの錯雑した活動の結果であり、大久保利通・木戸孝允・伊藤博文などの傑出したリーダーですら、排他的に政策決定に関与した局面はあまりなかった。まして調整型のリーダーだった岩倉は、明治六年と明治一四年の政変のように見解が激しく対立した場合を除けば、政策決定に目立った影響力を行使する機会は少なかった。しかしこれは、立憲制への歩みの過程で、岩倉の存在感が希薄だったことを意味するわけではない。岩倉は早くから立憲制の導入が不可避であることを認識していたが、他方で万世一系の天皇を政治体制の中軸に据えるという構想においては、いかなる妥協も拒否した。その断固たる意志は、大久保・伊藤などの政体構想を隠然たる形で規定し続けたといってよい。大久保利謙は外遊後の岩倉が急速に保守化すると指摘し、それは「たんなる右旋回ではなく、あくまで自論の貫徹を守るための積極的な主張」であり、「明治日本独自の天皇政治のイデオローグ」となったと結論している（『岩倉具視』二一六頁）。同様な理解に立ったうえで、わたしはここで岩倉が果たした政治的な役割や影響をいちおう括弧にいれ、かれの言動の思想史的な意味を中心に考察する。

「政体論」の改革構想

維新後の岩倉の国家構想をみるために、われわれは前節で言及した「政体論」（明治二年一月）と「建国策」（明治三年八月）に、もう一度、立ち戻らなければならない。岩倉はまず「政体論」で、政体・君徳培養・議事院・遷都問題の四つの問題を提起した。この提言は岩倉が単独で構想したのではなく、大久保利通との緊密な連携によって提出されたものである。大久保は前年一二月二五日付の岩倉宛書簡の冒頭で、政府の最高位にあたる議定に旧藩主の自薦他薦があることを「際限も無之」と糾弾し、公卿や諸侯のなかに政府の重職に耐える者はいないと切って捨てている（『大久保利通文書』②四九二頁以下）。そして公卿の若手や諸藩から有能な人物を精選して英国に留学させ、「和漢西洋之学術折衷」する人材を育成しなければならないと提言する。さらに同日付の別啓書簡では、東幸してきた天皇に供奉した経験から、天皇の近習に適切な人物がいないと指摘している。

翌年正月、大久保はさらに岩倉宛に「政府の体裁に関する建言書」を提出した。岩倉からの諮問に応えたもので、おそらく先の書簡に関連して岩倉からさっそく反応があった結果だろう。この文書で大久保は、政府の原則があいまいで「体用転倒」の状態であること、人材登用ができていないこと、政府の方針が不統一であることの三つの「大害」を挙げ、強い危機感を表明している。そこで大久保が具体的に提案したのは、留学による人材養成、天皇の補導の任にあたる人物の選出、官吏の黜《ちゅっ》陟《ちょく》による政府刷新、設置されただけで実働していない待詔局・弾正官の実効化である。

岩倉は以上のような提言にもとづいて「政体論」を提出した。第一の「政体ノ事」は、門地を無視した人材登用の必要を説いたもので、おそらく前年閏四月に出された「政体書」が親王・公卿・諸侯を優遇していたのを批判したものであろう。いうまでもなく、これは大久保の提言を取り上げたものだが、岩倉は時宜に応じた制度の変更を認めるとともに、それが「万古不易」の国体に基づかねばならないと冒頭で釘をさしている。第二の「君徳培養ノ事」は「和漢洋」の知識があるものを侍読として採用すべしと説いたもので、この項も大久保の提言にもとづく。

第三の「議事院ノ事」では、議事院設置の必要を以下のように説明している。「議事院ヲ設置シ、施政ノ法度ハ衆議ニ附シタル上廟議一決シ宸裁ヲ経テ施行セバ、仮令《たとえ》異論百出スルモ容易ニ之ヲ変更スルコトヲ得ズ」（実記（中）六八八頁）。大久保が指摘した政府方針の不統一や朝令暮改という批判を克服するため、岩倉は大久保が言及していない議事院の設置にまで踏み込んだのである。岩倉は前年一〇月二一日に一八項目にわたる意見書を朝議に付しており、そこですでに「議事院取調之事」を挙げていた。五箇条の誓文第一条が「列侯会議を興し」から「広く会議を興し」に変更されて、有力藩主や上層公家の主導権が阻止されたことは周知のとおりである。岩倉はその延長上で、五箇条誓文の「御趣意ヲ拡充」して政権基盤を拡大するとともに、天皇の親裁によって政権の統一性を確保しようとした。むろん岩倉のいう議事院は近代的な議会制度に直接つながるものではない。岩倉の提言の後、三月に公議所が開院し、さらに七月に職員令が制定されて公議所は集議院と改称された。岩倉の意見を取り入れたものと考えられるが、それらは立法機関ではなく「建議をする機関」あるいは「建白受理の機関」だった（稲田正次『明治憲法成立史』（上）五〇頁、八四頁参照）。

「政体論」の第四が遷都論を取り上げて「徹頭徹尾不承知」と述べたことはすでに前述した。大久保の意見書と比較したとき、岩倉の提言の特色は明瞭である。それは、万世一系の天皇にもとづく「君臣の道」「上下の分」こそ「万世不易」の国体であると強調し、天皇親裁によって政権の統一性を確保しようとした。大久保が「政府在官ノ人自任シテ其才力ヲ伸シ私ヲ去リ公ニ就キ実行顕然タルニ至テ政府ノ根軸其一端ヲ開クト云ベシ」と、政治家の自覚とリーダーシップに「三大弊」の克服の活路を求めたのとは大きな違いがある。遷都の必要性を認めながら、岩倉があえて反対論を唱えたのも、国体論との論理的・心理的な一貫性を重視した結果かもしれない。

ところで岩倉が「政体論」を提出した明治二年正月、北海道で榎本武揚が抵抗を続けていたが、新政府は奥羽を完全に制圧して、軍事的には基礎を固めていた。しかし政府の組織形態は未確定で、政治的な統合が最大の課題だった。新政府は二月に勅使を鹿児島と山口に派遣して、島津久光と毛利敬親の中央への引き出しを図った。大久保利通は勅使に随従して鹿児島に帰藩した後、四月に東京にもどっているが、この頃に岩倉・大久保・木戸孝允のあいだで交わされた文書や書簡は、しばしば「危急存亡」という語でその危機感を表現している（明治二年四月六日付の木戸宛の岩倉書簡、関係文書④二四三頁。四月七日付の大久保宛の岩倉書簡、関係文書④二四五頁。四月二六日付の岩倉宛の大久保書簡、『大久保利通文書』③一六一頁などを参照）。五月、前年の政体書で定められた議政官を廃止し、行政官に輔相・議定・参与・弁事を置くなどの官制改革がおこなわれたが、これは失敗に終わり、七月にいわゆる二官六省の制度が新設された。大久保はこのとき三條實美と岩倉宛に意見書を提出して、「定大目的」・「政出一本」・「機事要密」の必要性を説いた。政治目標の確定、政府の統一性の確保、機密保持である。旧藩制の持続で、政府には統一性が欠け、事あるごとに内部対立が表面化する状態だった。大久保が提案した三か条のほかに、三職（大臣・納言・参議）の緊密な連携を含めた全四か条を、三條・岩倉・徳大寺實則・大久保・廣澤眞臣・副島種臣が八月に盟約書として署名した。盟約書で引き締めを図らねばならないほど、政府の成員間に不信感があったのだろう。

実際、明治二年から三年にかけて政府は大きな危機に直面することになる。有力藩（とくに薩長）の不和・島津久光の政府への非協力による鹿児島藩の混乱・脱隊騒動や前原一誠の政府離脱による山口藩の混乱・凶作と紙幣乱発によるインフレと農民一揆の頻発・未遂を含む政府首脳へのテロ・民蔵（民部省と大蔵省）分離問題をめぐる政府部内の対立などである。こうした問題が生じた背景には、藩体制の割拠状態を克服できていないという事情が大きな影を落としていた。政府首脳部はかねてからそれを強く意識しており、明治二年末には、木戸を山口に、大久保を鹿児島に派遣して、毛利敬親・島津久光・西郷隆盛の上京を要請している。帰藩したときに大久保は「妄議」と題する檄文を執筆し、島津久光が藩兵を率いて入京した文久二年以後の「皇室恢復ノ志」を想起して、「今日ノ急務ハ薩長合一シテ力ヲ朝廷ニ尽ス」ことだと訴えている（『大久保利通関係文書』③三五七頁）。このとき大久保が藩士たちに説いたのは、「漢土異姓殊立ノ風土ニ於テハ不知、我皇国皇統一姓君臣不易ノ義ヲ重ンズル淳美ノ国体ニ於テハ、重君軽身唯命是従ヒ斃《たおれ》テ止《やむ》ノ外アルベカラズ」という使命感だった（同上三五一頁）。窮地に置かれた維新のリーダーたちが、割拠傾向を持った旧支配層を繋ぎとめるための究極の根拠は、国体論と天皇への忠誠心だったのである。だからこそかれらは、君徳培養などによって明治天皇を教育して君主としての威厳を扶植し、朝議への天皇臨御によって政府の統一性とリーダーシップ確立に腐心した。

「建国策」の国体論

明治三年八月に提出されたという「建国策」については、六月頃に岩倉が江藤新平に作成を依頼したことに始まるとの指摘がある（松尾正人『廃藩置県の研究』一六〇頁以下参照）。しかしそれに対する江藤の答申（佐賀県立図書館蔵の「国の基本法について岩倉侯の下問に対する答申書」）は、国体についてきわめて形式的な説明しかしていない。それによれば、国体は「君主為政国体」と「共和政」に二分され、前者には「君主独裁」と「君民共権」があるが、日本の場合は「君主独裁」の国体だという。これだけでは、岩倉にとって何らの示唆にもならなかっただろう。

「建国策」の国体論は、こうした形式的な説明とはまったく異なる。「上古天神ハ諾冊二尊ニ勅シテ国土ヲ経営シ億兆ヲ生々ス。既ニ億兆ヲ生々ス、亦之ヲ統治スルノ道ナカル可カラズ。天神乃チ天孫ヲ降臨セシメ神胤ヲシテ国土ノ主タラシム。是ニ於テ乎万世一系ノ天子統治スルノ国体建ツ」（実記（中）八二六頁）。こうして「諾冊二尊」（イザナギとイザナミ）による国造りと、アマテラスの神勅に起源を持つ万世一系の天皇の統治が日本の国体であることが冒頭で闡明され、天子は「億兆ヲシテ各業ヲ安ンジ、各其所ヲ得セシムル」ことで「天神ニ事《つか》フル」ことになり、「億兆」は「各其業ヲ励ミ各其生ヲ保ツ」ことによって「天子ニ事フル」義務を果たすことになる。これが「上下ノ通義」で、制度や法令はこのような「建国ノ体」に従わねばならないとされる（実記（中）八二六〜八二七頁）。水戸学や国学に由来する国体論が、維新後の国家体制の基礎として位置づけられているのがわかるだろう。

国体論に続いて扱われているテーマ（全一四項）を順に挙げると、以下のようになる。財政問題（三項）、郡県制の確立（二項）、華士族の家禄制度の廃止（二項）、藩知事世襲の廃止と州郡の設置（二項）、戸籍その他を民部省の管轄とする（一項）、租税徴収を一元化して大蔵省の管轄とする（一項）、兵制を兵部省の管轄とする（一項）、刑罰・訴訟を刑部省の管轄とする（一項）、中小学校の設立（一項）。一見してわかるように、ここには新政府の懸案となっていた課題の解決法が提示されている。第一に旧藩制の残存による割拠を克服して本格的な中央集権体制を構築すること、第二はそのための財政基盤を固めることである。第三にこの年の前半期に政府の内部抗争を引き起こした民蔵分離問題の決着である。民蔵分離問題とは、二官六省制の発足直後の前年八月に大隈重信や伊藤博文などが民部省と大蔵省の要職を兼任し、事実上合併された両省が急進的な改革政策を推進したのに対して、それに介入できない大久保ら大臣・参議が反発し、改革に対する地方からの抵抗もあって、結局、七月に両省の分離が実現したものである。「建国策」が両省の権限を明確に定めているのは、分離の結果を受けたものである。

「建国策」とその草稿「国体昭明政体確立意見書」を比較すると、国体論については同趣旨だが、「建国策」のほうが文章が洗練されているのがわかる。また「国体昭明政体確立意見書」から五項目が削除されているのも目を引く。平田派神学の影響が色濃く出ている項目「大ニ宣教ノ大意ヲ明ニシ兆民ヲシテ普ク惑イナカラシムベキ事」が、削除されている点については前節で述べた。両文書の末尾は学校の設立に関するもので、草稿で「大ニ学校ヲ興シ兆民ヲシテ学芸ヲ習熟セシムベキ事」とされていたものが、「建国策」では「天下ニ中小学校ヲ設立シテ大学ニ従属セシム可キ事」となり、内容も改変されている。「建国策」では学制の頒布と学校の設立が述べられているだけであるが、草稿は教育を「宣教」との関係で位置づけている。さらに草稿は、儒学の伝統的教育を「道徳ヲ論ジ性理ヲ談ズレドモ智能ヲ磨シ芸術ヲ講ズルノ何物タルヲ不弁《わきまえず》」と激しく批判し、他方で幼児や婦女子の教育機関の必要性と、商法・天文・地理・器械などの実用的な学問の導入を力説している（関係文書①三六一～三六二頁）。前節で述べたように、これらの文書が書かれる前年（明治二年）には、大学校の設立をめぐって玉松操らが漢学派と激しく争っていた。おそらく「国体昭明政体確立意見書」はその対立を反映し、国学主導で洋学を導入する構想を披歴したものであろう。成案の「建国策」はこうした対立をすべて黙殺し、東京に設立された大学（「大学校」は明治二年末に「大学」と改称）が、近代的な初等教育機関を監督する構想を明確にしたのである。

島津久光と岩倉

周知のように、明治四（一八七一）年一〇月、岩倉を特命全権大使とする大型使節団が米欧に派遣された。二年近い諸国歴訪の経験が岩倉たちの国家構想に与えた影響は絶大だったと想像されるが、岩倉は米欧滞在時の事蹟についてまとまった記録をほとんど残していない。岩倉が直接残した資料としては「万里凮信」（関係文書②所収）、「全権大使欧米回覧関係史料」（関係文書⑦所収）などの断片的資料と若干の書簡があるだけである。副使の大久保利通や木戸孝允の日記も、岩倉の西欧認識に示唆を与える点は少ない。大久保の日記には米欧滞在中の記述だけがほぼ完全に欠けており、木戸の日記にも岩倉の言動を伝える具体的な記述はほとんどないので、岩倉が米欧歴訪から何を学んだかについての考察は断念するしかない。帰国後半年余りのあいだ、岩倉たちは続発する内政外交問題で忙殺されることになった。征韓論をめぐる政府部内の対立（明治六年の政変）、翌年二月の佐賀の乱の勃発と台湾出兵の決定、さらに台湾出兵に反対する木戸孝允の辞任などである。

混迷した状況のなかで一八七四（明治七）年五月二三日付で、岩倉は理解に苦しむ内容の意見書を執筆している（この文書が岩倉の手になるものかどうかは疑問の余地があるが、今は不問にしておく）。全部で二一項目からなるが、内容は雑多で十分に練られたものとはいいがたい。この意見書の特徴を示唆するために、最初の三項の表題を挙げてみよう。「凡《およそ》法度ヲ改革スル者先王ノ意ニ本クベキ事」、「神道ヲ明ニシ朝儀ヲ正スベキ事」、「暦書ヲ復シ時月ヲ明ニスル事」である（関係文書②一六七頁以下）。第一項は制度改革を必要最小限にとどめるべきだと述べたもの、第二項は万民教化のために神道の重要性を説いたもの、そして第三項は太陰暦の復活を主張したものである。岩倉使節団の面々は留守政府がおこなった制度改革に概して批判的だったが、岩倉のこの提言はそのなかでも際立って保守的、あるいはむしろ反動的である。最初の二項は抽象的で具体的な提案をしたものではないとしても、旧暦の復活を説いた第三項などはどこまで本気だったのかさえ疑問がある。

留守政府が太陽暦採用を決定したとき、使節団の側は不意打ちを食らった状態で、この直後の大原重實や岩倉の書簡にはことさら神武紀元を併記した例が見られる（関係文書、⑤二二一頁、⑤二六一頁など）。留守政府は太陽暦採用とほぼ同時に神武紀元を定めたので、それに従ったものだろうが、こうした併記は長続きしなかった。岩倉具忠『岩倉具視』のように、回覧中の手紙やメモ帳が年号改正以前から陽暦を用いていたことを根拠に、岩倉が改正に「明らかに肯定的」だったと主張する人もいる。しかし米欧滞在中に両方を併記したのは便宜上のことだろう。米国滞在の途中まで日本風の髷に固執した事実から推して、岩倉が太陽暦に積極的だったとは思えない。

この時期に政府を混乱させる台風の目になったのが島津久光である。島津は佐賀の乱で鹿児島に動揺が広がるのを防ぐために帰郷していたが、四月に再び上京し、まもなく左大臣に任ぜられた。三條や大久保が右大臣の岩倉を左大臣に昇格させ、島津を右大臣にすべきだと主張したが、岩倉がそれを固辞したために三條（太政大臣）に次ぐ地位に就任したものである。島津は五月二三日に三條と岩倉宛に八項目の意見書を提出し、大久保がこれに異議をいうなら免職すること、またこの意見が採用されなければ辞職すると述べた。「礼服復旧、租税復旧、雑税新規の分免ず、違式詿違《いしきかいい》の中《うち》過酷なるは除、兵士復旧、陸軍を減じ海軍を盛大にす、不急の土木を止む、皇居は此際造営あるべし尤《もっとも》西京の体による」という内容である（関係文書⑥一〇八～一〇九頁）。

これに対して、岩倉はすぐに島津に会見を求めたらしい。岩倉宛の島津書簡は、同日午後二時に会う用意があると岩倉に返信している（関係文書⑥一一一頁）。前述の岩倉の二一項目の意見書末尾には「明治七年甲戌夏五月二十三日於東京草之」と明記されており、島津の意見書提出と同日に執筆されたことがわかる。岩倉は島津の意見書をこの日の早い時刻に入手したらしいので、かなり長文の岩倉の意見書は、島津を意識して執筆されたと推測するべきだろう。

岩倉の先の意見書のうち「華奢ヲ去リ節倹ヲ勤ム」「諸税ヲ省減」などの項目が島津の意見書の内容と一致する程度で、両者が即座に照応するとは言いがたい。しかし岩倉が外遊中の前年六月に、島津は三條に対して二〇項目の質問状を出して政府の近代化策を批判していた。その質問状の第二項は太陽暦の採用を批判したものである。以上の事情を勘案すると、岩倉の意見書は島津を慰留する意図で書かれた可能性が高い。しかし岩倉の意見書は他見された形跡がなく、現実には岩倉たちは島津の意見書を「容易ニ御着手ハ決テ不可然《しかるべからず》」として拒否した（実記（下）一六二頁）。またこの問題に対する最終的な回答として三條と岩倉の連名で書かれた文書では、太陽暦が太陰暦より正確であることを根拠に改暦を正当化している（実記（下）一二五六頁）。結局、岩倉の意見書の真意は不明というしかないが、おそらく心情と政治的リアリズムのあいだで揺れていたのではないだろうか。

台湾出兵問題

一八七四（明治七）年のもう一つの焦点は台湾出兵問題である。西郷従道が司令官となった台湾遠征軍が長崎を出港しようとしていたとき、パークス英国公使・ビンガム米国公使など欧米各国の外交官が局外中立を宣言して、日本の遠征を暗に牽制する動きに出た。この事態に慌てた政府は、大久保を長崎に送って遠征軍の出発を制止しようとしたが、西郷はそれを振り切って出発してしまった。この頃、高知の立志社の動きなどを伝えるために岩倉と頻繁に情報交換していた佐々木高行は、四月二八日付の岩倉宛書簡で、「虚説」だろうと断わりつつ、「不平徒」が以下のような噂をしていると述べている（関係文書⑥七〇頁）。英国公使が日本牽制の動きに出たのは、英国滞在中に岩倉が「外国人雑居も宗旨も御解禁の令を出すべし」と述べたのに、帰国後はそうした措置を取らないことに業を煮やしたためで、もし日本が台湾出兵を強行するなら各国が日本を討伐する、と。

キリスト教解禁や内地雑居は条約改正と連動しているので、米欧滞在中の岩倉使節団のメンバーのあいだで激論が交わされた問題だった。たとえば豪雪のためにソルトレークシティに足止めされていたとき、伊藤博文・山口尚芳の二人がキリスト教解禁論を説いて佐々木高行と激論した（『保古飛呂比』⑤二六四頁以下）。翌日、佐々木は岩倉の見解を質して「外国ニテ解禁ノ談判出来ヌ」との回答を得て胸をなでおろしている。実は使節団出発の前にも、右院でキリスト教解禁について激論が交わされ、岩倉が「確乎トシテ禁制、従前ノ通」としたので決着がついたという（同上一七三頁）。ワシントンに着いたとき、佐々木の日記は再び信仰の自由の問題に言及し、伊藤などを「飛切論」と批判する。そして「岩公ハ自重家ニテ頼母敷《たのもしく》思ヒタリシニ、存外ノ事ナリ、又大久保モ、平素ヨリハ何分飛切ノ風ニ化セラレタル光景」と慨嘆している（同上二九一頁）。

「日軍営址記念碑」

征台の役の日本軍が上陸した地点（屏東郡車城郷射寮港）には，1916（大正５）年に「明治七年討蕃軍本営地」の石碑が建てられた。現在は海洋生物博物館の脇の空き地に立っているが，もとは背後に見える山（亀山）にあった。なお石碑の文字は削り取られている。

ここで岩倉が「存外ノ事」と批判されているのは、米国到着後も「日本流」を通してきた岩倉が、シカゴ到着の頃から断髪洋装になったことも念頭に置いたものだろう。「国ノ重職ハ、チト頑固ニ見エル程鄭重」であるべきだと、佐々木は考えたのである（同上二八九頁）。岩倉が英国滞在中にキリスト教解禁を約束したというのは「虚説」に違いないが、政府を代表する立場にあった岩倉は、島津久光や佐々木などの保守派からは信念のない妥協派と警戒されたのではないだろうか。

しかし佐々木のような保守派ですら、キリスト教禁制は維持できず、遅かれ早かれ解禁は避けがたいと考えていた。大原重實も米欧滞在中の岩倉に対して、キリスト教が「蔓延候は必然」と何度も危機感を表明している（関係文書⑤一三七頁）。「皇国の教法旧教にて維持之事は難き様」なので、「欧州御経歴中定て御自得之儀も可被為《あらせらるべく》有御帰朝之上格別之御英断有之度《これありたく》」と、大原は岩倉に書き送った（関係文書⑤二〇七頁）。キリスト教解禁を念頭に置いて、それを封じるための国体の確立が火急の課題として意識されていたことがわかるだろう。

ところで台湾出兵問題が一段落した一八七四年末から翌年春にかけて、岩倉は天皇に宛てた四つの上書を執筆している。「国勢ニ関シテ上ル勅答書」（関係文書①三六九頁以下）とその再論（実記（下）二二二頁以下）、「聖徳ニ関スル上書」（関係文書①三七六頁以下）および「外交ニ関スル上書」（関係文書①三八八頁以下、実記（下）二三二頁以下に同趣旨の異文）である。前の二つは幕末から当時までの内政外交を回顧して問題点を指摘したもので、後二者は聖徳および外交問題について天皇に進講したものである。これらの上書を通じて岩倉が意図したのは、天皇が「民ノ父母」としての徳と威厳を備え、内外の情勢に的確な判断ができる君主として「万機ノ政」を統轄できるようになることだっただろう。折から明治天皇は一八七二年以後、精力的に全国巡行を始めていた。岩倉が青年期に達した明治天皇を軸とする親裁体制に強い期待をかけていたのがわかる。

これらの上書の情勢分析には二つの注目すべき点がある。一つは世界の状況は「一大碁局」のようなもので、不平等条約を克服して「対等ノ権」を獲得するには非常な努力が必要だという自覚である（関係文書①三八九〜三九〇頁）。そのための要点は「軽躁妄進ヲ戒慎シ、開明ノ虚飾ニ趨《はし》ラズ、富強ノ実力ヲ培養シ、徐々トシテ大成ヲ期スルコト」だと、岩倉は考えていた（実記（下）二二四頁）。第二に、岩倉が台湾出兵を「得ル所失フ所ヲ償フニ足ラズ」（関係文書①三七四頁）と総括し、その失敗に対して自責の念を表明していることも注目すべきである。台湾出兵は大久保が北京に出張して、難航の末、償金五〇万両を獲得した。交渉妥結の報を受けて、岩倉は「祖宗之御冥護、今上《きんじょう》之御稜威《みいつ》に依る」としつつ、「前古無比之大功」と大久保を称えた（関係文書⑥二四四頁）。

しかし実のところ、獲得した償金は戦費に比してきわめて少額で[6]、戦争にならずにすんだことで岩倉は安堵したのである。岩倉がとくに警戒しているのはロシアの動向で、そのために清国とは友好関係を結び、貿易を振興すべきだと述べている（関係文書①三九二頁、実記（下）二二四頁）。清国との衝突の可能性があった冒険的行為を反省したのである。「征蕃ノ挙、臣ノ主唱ニ関ル」（関係文書①三四七頁）と述べているように、台湾出兵の決定には岩倉自身が積極的に関与していたので、かれの自己反省の弁は単なる辞令ではない。

大阪会議と漸次立憲政体樹立の詔勅

しかし台湾出兵問題で自己の責任を強調する裏には、おそらく別の意図も込められていた。上記の上書を書いたころ、大久保を中心に「大阪会議」と呼ばれる木戸孝允と板垣退助の政府復帰工作が進行していた。岩倉の「座右日歴覚書」によってそれを再現してみよう。「明治八年一月木戸大久保伊藤外ニ旧参議私事ニ託シテ大坂ニ集会ス。二月下旬ニ各帰京ス。大久保ニ面会集会密談之事件ヲ聞ク。其ケ条中甚ダ余ノ不落意之廉有之《いにおちざるのかどこれあり》、大久保ニ詰問ス。同氏曰ク此度ノ行也自分ノ意見ハ一ツモ述ベズ、都テ木戸ノ驥尾《きび》ニ附唯々《いい》トシテ従フノミ。故ニ事ノ可否得失ヲ閣下ニ対シ答フル能ハズ。余遺憾ニ堪ヘズト雖ドモ事既往ニ属ス、只黙スルノ外《ほか》無也」（関係文書①八五頁）。

木戸の日記の一八七五（明治八年）二月九日の記述によれば、いわゆる大阪会議でかれが主張したのは「民会等を起し徐々国会の基を開かんとする意見」だった（『木戸孝允日記』③一五一頁）。木戸は欧米からの帰国直後からこうした意見を主張し、「憲法制定の建言書」として政府に提出していた。それは「政府の有司万機を論議し、天皇陛下夙《つと》に独裁」という体制を漸次転換し、「君民同治の憲法」を制定するという構想だった（『木戸孝允文書』⑧一一八頁以下）。岩倉がこの木戸の主張を知らなかったはずはない。「同治憲法」は岩倉が断じて認めえない主張だから、大久保がそれを受け入れたことに激怒したのである。岩倉が大久保に詰問したのはおそらく二月二二日だっただろう。その日の大久保日記は「（前略）二字内務省え出席三字岩公御入来云々御示談有之《これあり》（後略）」とあるだけである。この素っ気ない記述は、上記の岩倉の覚書にみられる大久保の逃げ口上と相応している。天皇による親裁体制は岩倉の宿願だったが、プラグマティストの大久保はむしろ政策決定の正統性を確保することに関心があった。明治六年の政変直後に、大久保の意向にそって作成された「立憲政体に関する意見書」では、民主制・君主制・君民共治の三つの政体を区別して君民共治に親近感を見せているが、他方では「百端ノ国政ヲ採決施行スル」点では同じだと述べ、国体にふさわしい政体を検討する必要を説いている（『大久保利通文書』⑤一八二頁以下）。大久保は木戸の「君民同治」に抵抗感はなかったのである。

四月一四日、元老院・大審院・地方官会議を設置し漸次立憲政体を樹立するとの詔勅が出された。岩倉の覚書は以下のように語る。「此事タルヤ国体一変ノ基タルヲ以テ終始不可ヲ主張ス。太政大臣三條實美・参議木戸孝允主唱シテ上奏アリ、遂ニ此ニ及ブ。此際余病ニ以テ廟議ニ預カラズ」（関係文書①八六頁）。抵抗空しく木戸たちの構想が軌道に乗ったので、岩倉は同月二一日に台湾出兵失敗を理由に辞表を提出した。いうまでもなく真の理由は一四日の詔勅への不満である。岩倉が台湾出兵の不手際に責任を感じていたのは事実だが、前述の上書で何度もそれに言及したのは、明らかに立憲構想をめぐる大久保批判の底意があった。岩倉の辞任は当然ながら認められなかったが、かれは参内を拒否して抗議の意思を明示した。しかし江華島事件が起きると、一〇月から政府に復帰し朝鮮への使節派遣に同調している。岩倉宛の三條の書簡（関係文書⑥四三九頁、四五七頁など）が明示しているように、朝鮮への使節派遣は開戦のリスクを予見したもので、それは当然清国との衝突をも覚悟したものだったはずである。台湾出兵問題の反省の弁で清国との友好云々を述べたのは、一時の感情にすぎなかったことが露呈している。

元老院設置の構想に関連して、佐々木高行は「仏国転覆は人民自主自由論より来して遂に共和政治之大暴政を発し殷鑑可恐《いんかんおそるべし》と奉存《ぞんじたてまつり》候」（三月二一日付）と岩倉に書き送っていた（関係文書⑥二八二頁）。さらに晩年の「府県会中止意見書」では、漸次立憲政体樹立の詔勅が「大権下移ノ路」を開き「大祖以降二千五百三十余年確然不易ノ国体ヲシテ一変」させる恐れがあったと、岩倉は指摘している（実記（下）九四六頁）。このように事あるごとにこの詔勅を批判したことでも、「国体」擁護に対する岩倉の思い入れの深さが知れるだろう。

維新リーダーの世代交代と岩倉

明治一四年の政変が明治前期政治史の大きな転換点であることは改めていうまでもない。この政変は西南戦争以後の急速な反政府的運動の高揚がついに最高潮に達して、耐えきれなくなった政府が反撃に転じたものである。したがって政治思想の観点からみれば、政変の意味は遅くとも一八七八（明治一一）

年四月の愛国社再興趣意書の発表あたりまで遡って考察する必要がある。愛国社は土佐の立志社が中心になって一八七五年に結成されたまま休眠状態だった。愛国社の再興は、西南戦争を最後とする散発的な士族反乱の敗北を受けて、反政府運動の全国的な組織化を目指したもので、七八年九月に再興第一回大会が大阪で開催された（『自由党史』（上）二二一頁以下）。これを契機に全国各地に自由民権を主張する政治結社が結成され、一八八〇年三月に開催された愛国社第四回大会で、名前を国会期成同盟と改称して、翌月、片岡健吉らが二府二二県八万七千名が署名した国会開設の請願書を提出するに至るのである。

このような大衆的な運動の盛り上がりで、政府はこれまでとは異質な国内的危機に直面した。従来の危機は幕府打倒に功労があった維新のリーダーたちが、出身藩の武力を背景に政府のリーダーシップを争ったものである。しかしこうした事態は一八七六～七七年の一連の士族反乱を鎮圧したことによって終息し、大久保・岩倉ら政府首脳の頭痛の種だった島津久光も影響力を失った。新たに登場したのは、自由民権を呼号する在野の反政府運動である。主体は維新後の待遇に不満を持つ士族だったが、地租軽減を要求する地主がそれに合流して急速に勢力を拡大した。

政府のリーダーシップも世代交代の時期に入った。木戸孝允は西南戦争中に病没し、大久保は七八年に暗殺されたので、大隈重信・伊藤博文などが新たなリーダーとして台頭していた。この二人は、民部省と大蔵省が事実上合同していた一八六九年から翌年にかけて、大隈が大輔、伊藤が少輔として両省の実権を握り急進的な内政改革をリードした仲である。かれらが政治資源としたのは、旧藩の武力ではなく、行政官としての知識と能力だった。伊藤は幕末に短期間だが英国に留学した経験があり、岩倉使節団では西洋通として森有礼弁理公使とともに米国での条約改正交渉を主唱して、同調した使節団首脳部に後で苦い思いをさせた（たとえば『木戸孝允日記』②一四九頁を参照）。伊藤は後に一四年政変を主導し、明治憲法体制の立役者になるが、政変以前のかれはむしろ進歩主義者とみなされる面が強かったのである。

岩倉はこうした変化のなかで国体論を軸にした立憲体制構築に努力を傾けていく。具体的には「儀制調査局開設建議」（一八七八年三月）がその最初の動きである。この文書は、先の漸次立憲政体の詔勅を受けて民間で民選議院設立を要求する「躁進」の動きがあることを警戒し、まず比類ない国体の基礎を固めるために「帝室の制規天職」を定める必要があると説いたもので、「憲法」「規則」「儀式」「雑件」に分類した多岐にわたる検討項目を列挙している（関係文書①三九五頁以下）。立憲制に見合う新たな皇室制度の創設を意図したのである。

天皇親裁の構想

この年（一八七八年）の八月末から一一月初旬まで、天皇は二カ月余りにわたって北陸東海地方を巡行し、岩倉はこれに供奉《ぐぶ》した。五月に大久保が暗殺され、八月には近衛兵の反乱（竹橋騒動）が起こったので、岩倉らは巡行延期を強く主張したが、最終的に予定どおり実施された（『保古飛呂比』⑧一七〇頁以下）。一緒に供奉した佐々木高行は、岩倉と以下のような会話を交わしたことを記録している。「人民ノ聖上ヲ奉仰事《ほうげいすること》、所謂《いわゆる》神ノ如シ、如此《かくのごとき》人民ヲ治メ兼ネタル抔《など》ハ、政府上ノ頗《すこぶ》ル失策ト存候《ぞんじそうろう》。（中略）岩公曰ク、成程然リ、人心ノ動揺モ畢竟《ひっきょう》政府上ノ人々ノ心ニ成ル事ニテ、決テ人民ノ罪ニ非ズ、今日ヨリ屹度《きっと》注意大切也ト」（同上一八八頁）。帰京した翌月、天皇は岩倉に対して、「勤倹」を「興国」の基礎とすること、教育における「本邦固有の道義を振興」する必要があることを内喩した。そこで翌一八七九年三月、この内喩の趣旨を徹底させるため大臣・参議などを集め、「勤倹ヲ本トシ冗費ヲ省」き、土木事業を控えて「民力ヲ愛養」することなどの三項目の勅諭を、天皇自身が下賜した（『明治天皇紀』④六一八頁以下）。天皇がまだ巡行していなかった山形地方には、本隊と離れて佐々木が巡視をおこなっており、その結果、県令の三島通庸《みちつね》が土木事業のために「悪評甚ダシキ」状態であることを天皇に伝えていた（『保古飛呂比』⑧二一二頁）。また岩倉も巡行出発前の七月に「華士族授産之儀ニ付《つき》建議」を書いて、「中等社会」の安定が国家の治安の要諦であり、士族は「邦国ノ盛衰」にかかわると強調していた（関係文書①四〇九頁以下）。こうした事情がこの勅諭となったのであろう。地方の動揺に対するかれらの危機感がよく現われている。

「国本培養ニ関スル上書」はこの勅諭に奉答したものである。岩倉はここで「勤倹」によって強国となった例としてプロイセンを挙げ、その先王フリードリヒ・ウィルヘルム一世がその基礎を築いたと述べている。岩倉らの米欧回覧で、使節一同にもっとも強い印象を残したのは急速に勃興してきたプロイセンだった。木戸孝允は井上馨宛書簡でプロイセンの印象を「驕奢なるものは之を懲《こら》し、軽浮挙動に迷ふものは強て之を沈深着実に帰せしめ、終に今日の招文明致富強《ぶんめいをまねきふきょうをいたす》」と述べていた（『木戸孝允文書』④四〇一～四〇二頁）。また大久保も「当国ハ他之欧洲各国トハ大ニ相異ナリ淳朴之風有之《これあり》」と称賛している（西郷隆盛・吉井友實宛書簡、『大久保利通文書』④四九二頁）。おそらく岩倉もかれらと同じくプロイセンを日本の模範と捉えており、そのために天皇のリーダーシップを期待した。これが「天皇親裁」の理念である。

『明治天皇紀』によれば、岩倉はその理念を実現するために、三條太政大臣と連署して三項目の要件を閣議に付した。その内容は「第一　勤倹ノ聖旨ヲ奉体スル事、第二　親裁ノ体制ヲ定メラルル事、第三　明治八年四月一四日ノ聖詔ヲ遵奉シ立憲ノ国是ヲ守リ漸次ノ方法ニ従フ事」というものである（『明治天皇紀』④六二三～六二四頁）。天皇親裁とは、具体的には、重要な政治課題について天皇臨席で大臣参議が議論し、「文案ニ御璽《ぎょじ》」を得る形で決済することを指している。こうした形をとることで「朝野ヲシテ皇化ノ出ル所ヲ知リ聖徳ヲ仰望セシム」ことが意図されたのである（同上六二五頁）。三カ月後の六月、岩倉は三條と連名で六項目の封事を奏上した（井上毅執筆、『井上毅伝 史料篇』⑥八〇頁参照）。この封事によれば、明治天皇は践祚《せんそ》時に幼かったので岩倉たちが「大政摂行ノ任」にあたってきたが、もはややかれらは「輔翼ノ責」に専念し、天皇自身が「百官ヲ統馭」すべきときがきたという（実記（下）六〇七～六〇八頁）。

以上のような天皇親裁への動きの背景には、佐々木高行・元田永孚など侍補グループの運動があったことが知られている（沼田哲『元田永孚と明治国家』第二部第一章・第二章、渡辺昭夫「侍補制度と「天皇親政」運動」、同「天皇制国家形成途上における「天皇親政」の思想と運動」、笠原英彦『天皇親政』など参照）。大久保が暗殺された一八七八年五月頃、元田たちは大臣たちの会議に天皇が臨席し侍補も同席することを要求して拒否されていた（『保古飛呂比』⑧七七頁以下）。また大久保の死後の人事で、井上馨が工部卿に就任し、北陸巡行の供奉を命じられたことについても、井上排斥の運動をした（同上一四一頁以下）。かれらは天皇が「濁流ニ御浸潤無之」ようにしなければならないという強い使命感を持ち、「政府正ナレバ共ニ協力シ、政府邪ナレバ之ヲ匡正シ（後略）」と、天皇が政府を強い監督指導下に置くことを理想としていた（元田永孚書簡、同上一五六頁）。かれらの構想を「天皇親政」と呼ぶとすれば、岩倉は侍補たちのこうした構想や運動に同調したわけではない。かれらが大臣参議の「輔導ノ不行届」を批判したとき、岩倉は「頗ル不平ノ気色」だったという（同上八一頁）。しかし侍補が天皇を介して国政に口をはさむことには反対だったが、最後の決定権を天皇が行使するという意味での「親裁」は、岩倉の構想でもあった。前述した封事の第二項で「諸官分任ノ責」を強調し、「聖慮」に沿わないことがあれば必ず「主任ノ長官ヲ召シテ親ク訓喩」すべきだと説いて、「侍従ノ臣」の介入を厳に戒めているのはそうした趣旨である（実記（下）六〇八頁）。

前述の帰京直後の岩倉への内喩を知らされた元田は、佐々木とともに岩倉を訪れ、勤倹に関する詔勅の下賜を促した。それが前述の三月の勅諭として実現したという（『元田永孚文書』①一七六頁）。岩倉は侍補たちが政治決定に介入することを警戒していたので、詔勅実現までに時間を要したのだろう。個別の政策に天皇が介入することは注意深く避けながら、詔勅という形で道徳的・政治的権威を発揮し、政府内で意見が対立したときには、天皇が最終的な裁断を下す。これが岩倉が構想した天皇親裁の理念であり、その精神は明治憲法制定過程でも統治エリートの意識の底で生き続け、一九四五年八月を迎えることになるのである。

この時期に元田は立憲制への移行が天皇親政（親裁）の理念と矛盾しないようにするため、国体と政体の二分論を唱えている。「祖宗ノ国体ハ永遠ニ確守セザル可カラザル也。歴朝ノ政体ハ時ニ随テ変改セザル可カラザル也」（『明治天皇紀』④六九一頁）。要するに、イザナギによる国土開闢以来の皇統一系の国体は、立憲制の導入によっても不変だという。日本の立憲制は「君主親裁立憲政体」であり、漸次立憲政体の詔によって英国流の君民共治の体制に移行するわけではないと、元田は強調した。

そもそも国体／政体二分論は国体論の不可欠の概念装置で、両概念の区別はすでに幕末にも例がある（第1章を参照）。岩倉も「国体昭明政体確立意見書」（一八七〇年）でこの区別をしていたが、これほど明快に二分論を説いたのは元田が最初であろう。立憲制導入が政治日程にあがったことによって、逆説的に国体論が浮上してきたのである。岩倉の提議によって、一八八〇年から八一年にかけて各参議が立憲制に対する意見書を提出したが、そのなかで大木喬任《たかとう》の建議（一八八一年五月提出）がやはり国体／政体二分論にもとづいて立論され、「皇邦固有の国体」を定めることが急務であると説いている。古代以来、日本には固有の国体が存続してきたとし、憲法制定に先立ってその固有性の内容を明確に定式化する必要性が強く意識されたのである。「国体」の意識は、元来、キリスト教の脅威に対抗する意図から誕生したが、ここに至って民間の反政府運動に対抗する形での立憲制構想と結合することになった。

教育への危機感

一八七八年の北陸東海巡幸後の岩倉への内喩では、前述のように道徳教育の必要性にも言及されていた。天皇が学校を視察した際、英語はできるが日本語ができず、「農商ノ子弟ニシテ家業モ知ラズ高尚ノ生マ意気ノ演述ヲナス」ような生徒に出くわしたことが契機になったという（元田永孚「古希之記」、『元田永孚文書』①一七七頁）。翌一八七九年、天皇の意図を汲んだ元田永孚が「教学聖旨」を執筆して伊藤博文に示したので、これに反発した伊藤が「教育議」で応え、これに対して元田が「教育議附議」で再反論したことはよく知られている。対立の要点は、仁義忠孝を根幹とする儒教倫理を「国教」と位置づけ、初等教育でその精神を教授するか否かだった。伊藤が「教育議」で、国教定立は政府の「管制スベキ所」ではないと論じたのに対して、元田「教育議附議」は「国教」は新たに制定するのではなく「祖宗ヲ敬承シテ之ヲ闡明スル」だけだと反論した（近代思想大系⑥八一頁以下）。元田は「君ヲ尭舜ニスルノ抱負」を持しており、天皇という存在自体が国教を体現しているとの信念があっただろう（「古希之記」、『元田永孚文書』①一七七頁）。いうまでもなく、これはかれらが考えていた天皇親政の一面にほかならない。

「教学聖旨」の作成には、岩倉も間接的に関与していた（『明治天皇紀』④七五八頁、『保古飛呂比』⑧三〇一頁参照）。五月七日の天皇との拝謁の席で、岩倉はある人物の共和政治の建言を朗読し、「最も緊切なるは教育なり」と論じた。問題となった建言は特定できないが、この時期に急速に広がった民権派の演説会では、天皇の祖先を「豪族」としたり、権力の簒奪者とする発言がかなりあって、当局は神経をとがらせていたらしい（近代思想大系②「「不敬」事件と不敬罪」の項参照）。また元老院で教育令の草案が議論されたとき、その内容を知った侍補たちが太政大臣と右大臣（三條と岩倉）に進言し、さらに両大臣とともに天皇に建言したので、天皇が「重大の事件なり」と認識して「教学聖旨」の筆記に至ったという。問題となったのは、一八七二年発布の「学制」に代わるものとして、この年九月に公布された教育令の草案で、一般に地方官の教育行政への干渉を制限する「自由教育令」と評されている（翌一八九〇年一二月に大幅に改正された）。教育令草案のどの部分が問題にされたのかは不明だが、かれらが初等教育のあり方に深刻な危機感を持っていたことがわかる。

教育への危機感は、その後潜行するとともに広範に共有されるようになり、一〇年後に教育勅語として結実した。「教学聖旨」の段階で対立した元田と、伊藤のブレーンとして「教育議」を執筆した井上毅が教育勅語を協力して作成したことは、この時期以後の思想の変位を物語っている。憲法の作成についても同様なことが起こった。一八八〇年から翌年にかけて、政府部内で憲法の根本原理や制定方法について種々の議論があった。岩倉は八〇年八月に提出した「国憲審査局ヲ置クノ議」で、太政官に勅選議員四〇～五〇名からなる審議機関を設けることを提言している。稲田正次が指摘しているように、この提言は元老院の国憲案を否定する趣旨だったと考えられる（『明治憲法成立史』（上）三三三頁以下参照）。その後、岩倉は八月の建議書を敷衍《ふえん》するような別の建議書を書いている。「憲法ハ海外各邦ノ方法ヲ模範トセズ、我那皇統ノ無窮、民俗ノ習慣、国民ノ秩序等佗《た》邦ニ異ナル所以ヲ考察シテ之ヲ制定シ、以テ帝室ノ基礎ヲ鞏固ナラシムベシ」との趣旨を強調したものである（稲田正次『明治憲法成立史の研究』六二頁以下に収録）。

この段階で岩倉は議会制度や国民の権利などについて何の考えも持っておらず、自由民権運動に対抗して万世一系の国体を強固にするためには憲法が必要だと考えていたにすぎない。世にいう「国憲」あるいは「憲法」が「コンスチチュシオン」の訳語で、何らかの意味で君権の制限と民選議院を包含せざるをえないことは、その後、井上毅の意見書から学ぶことになる（井上毅「憲法意見控」、『井上毅伝　史料篇』①九二頁以下参照）。佐々木高行は、八一年一月に有栖川左大臣との談話で以下のようなことを語っている。自分は元来議院制には反対だったが、漸次立憲制の詔勅が出た以上はそれに従うしかない。しかし現在のように政府内部で考えかたが一定しない状態では「急激民権論党ノ為メ可恐《おそるべき》事ニ至ルベシ」(『保古飛呂比』⑩一八頁)。

岩倉は七月に井上毅の手になる憲法制定意見書を提出した。そこには、元田が「国憲大綱」で主張したような儒教による国教主義や天皇による「治教ノ権」などの規定はなく、井上(と岩倉)は「教育議」での国家宗教を否定する立場を貫いている。しかし他方で「聖上親ラ大臣以下文武ノ重官ヲ採択シ及進退セラルル事」として天皇親裁の立場を固持し、君民共治の立場を否定した(実記(下)七二〇頁)。その後の伊藤を中心とする憲法制定作業は、基本的にこの線に沿って進んだといえる。

華族制度の改革

晩年の岩倉が大きな情熱を注いだのは国体の基礎となる「伝統」の再発見と制度化だった。まず一つは華族制度に関するものである。岩倉は一八七六(明治九)年に井上毅に命じて「華族の綱紀につき上疏案」を作成させた(『井上毅伝　史料篇』⑥七二頁以下)。文明化の風潮で公然と共和主義を唱えるものも出現している状況を警戒し、華族の現状を憂えて改革を提言したものである。そこで岩倉は華族の「習弊」「遊惰」を戒め、「旧物ヲ保護」して「軽発妄作ノ弊ヲ防グ」役割を果たさなければならないと説いて、改革への士気を鼓舞するため華族会館への天皇の臨幸と勅諭の下賜を提案した。岩倉はこの年の四月から華族会館の館長に就任しており、六月からは天皇の東奥巡行に供奉したので、この上疏は四～五月に書かれたものだろう。華族会館は岩倉などの意向を受けて、七四年六月に設立されていた(霞会館編纂『華族会館史』二九三頁以下参照)。天皇は翌七五年一〇月に華族会館に行幸し、「爾《なんじ》ノ家道ヲ斉《ととの》ヘ能ク名声ヲ保チ永ク皇室ニ尽ス所アレ」と勅語し、一一月には華族会館に属する華族七、八〇名と皇居で引見し、勅語の意図を改めて確認している（『明治天皇紀』③四七二頁、五三三～五三四頁）。

先の上疏案の骨子は単に抽象的な精神論を唱えることではなく、華族の家禄の一部を積み立てて海軍増強に充当するという点にあった。この趣旨はその後、期せずして福澤諭吉が一八七九年二月に岩倉に献策した「華族を武辺に導くの説」と暗合することになった。福澤はここで、華族たちが協力して「講武会（ミリタリ・クラブ）」を結成し、その名望と資金を「講武護国」に向けることによって、社会的に軍事への関心が高まることを期待した（「華族を武辺に導くの説」、福澤⑳一九六頁以下）。この頃福澤は『通俗国権論』二編、さらに『民情一新』を執筆していたので、自由民権論の急速な広がりへの危機感と軍事力の重要性を社会的に喚起するという意図をもって、遊惰との批判が強かった華族を利用するという提言をしたのだろう。直後の福澤の岩倉宛書簡（明治一二年二月七日および一一日）から想像すると、岩倉はこの論策に大いに関心を示し、おそらく福澤を呼んで詳細を語らせた（『福澤諭吉書簡集』②一五三頁以下参照）。岩倉は福澤の論策を華族に配布し、福澤自身も五月に『郵便報知新聞』に発表したので、この論策は大きな反響を呼んだ（霞会華族資料調査委員会編纂『華族会館誌』（上）二六五頁以下参照）。

一八八一年から最晩年にかけて、岩倉はこの構想を具体化させていった。まず八一年四月、華族督部長という地位にあった岩倉に対して、華族は「可成《なるべく》陸海軍ニ従事候様可心掛旨《こころがくべきむね》」の聖旨が達せられ、これを受けて岩倉はこの点に関する調査を陸軍省に依頼した（『明治天皇紀』⑤三二一頁）。その回答は、シュルチェ・ブルンチュリ・シュタインの見解を引用して、華族は「武勲ヲ以テ家ヲ興セシ者」からなるので、「率先シテ軍人トナラザルベカラズ」と説いたものだった（『保古飛呂比』⑪二一〇頁）。この文書の最後の部分では、貴族が軍事に従事することによって、プロイセンが「尚武」の国として勃興してきたことを指摘し、「国体ノ成立ト社会ノ慣例」がプロイセンに似ている日本もこれに倣わねばならないと説いている（同上二一四頁）。

『大政紀要』編纂

最晩年の岩倉が取り組んだ第二のテーマは「伝統」の再生と再確認の作業だった。その一つは一八八三年一月の日付で出された「京都皇宮保存ノ意見書」に現れている。東京遷都の後も、岩倉には京都への思い入れが強かったが、この意見書はむしろ皇室にかかわる「古式」の儀式を復活・再興することを企図したものである。そこで岩倉は、即位・大嘗会《だいじょうえ》・立后の三大儀式を京都御所で執行すること、桓武天皇陵の神殿建築、神楽岡《かぐらがおか》旧八神殿（吉田神社の地）を伊勢神宮 幷《ならびに》 神武天皇遙拝所とすること、賀茂祭・石清水祭・白馬節会《あおうまのせちえ》などを古式にもとづいて再興することなどを提言している。ここには「伝統」を復興あるいは新たに創造して、華族・官吏・庶民に皇室の儀式を奉祀させ、社会の底辺まで「国体」の意識を浸透させる意図がみえる。

死を目前にした岩倉が最後の力を振りしぼった作業が『大政紀要』の編纂だった（大久保利謙「明治憲法の制定過程と国体論」、秋元信英「大政紀要の研究」など参照）。憲法制定のためにドイツ人顧問を雇用するに際し、かれらに日本の「国体」の特殊性を修得させねばならないと、岩倉は考えた。そこで「我ガ建国ノ体ト其沿革風習」に通暁させるため、日本の歴史の「要領」を編纂して欧文に翻訳することを提言したのが「国体及政体取調ノ事」という建言書である。岩倉はここでその意図を以下のように説明している。「夫レ地球上絶無稀有ノ国体ニシテ之ガ一分ノ改正ヲ行フニ漫《みだり》ニ海外異俗ノ国法ヲ採用ス、其跡既ニ続貂《ぞくちょう》不倫ノ譏《そしり》ヲ免レズ」（実記（下）九八二頁）。立憲制への移行は不可避だが、それは「国体」の変更を伴わずにはいないと、岩倉は考えていた。一八七五年の「漸次立憲政体」の詔勅以来、かれの全精力はその変更を最小限にとどめることに向けられている。ドイツの国体は日本と似た面があるとはいえ、ドイツ人顧問が日本の固有性にまったく無知なまま、その国法論を教授することに、岩倉は強く懸念したのである。

宮内省編纂局総裁心得となった岩倉の編纂方針についての指示は、きわめて具体的な点にまで及んでいる。なかでも日本独特の「制度典礼習慣」として、「宮府一体、太政官ハ大内《だいだい》ニ在リ」と、天皇親裁の原則にことさら注意を喚起しているのは注目される（実記（下）九八七頁）。岩倉にとって、これが譲れない一線だったのである。内容は上下の二編とし、上編は神武天皇から徳川時代まで、下編は維新以後を内容とするとした。編纂の精神として、「天位ニ向フテ非望ヲ懐ク者アルコトナシ」が「一種ノ不文憲法」であると指摘している（実記（下）九九〇頁）。歴史的には事実でないことは明らかだが、国体論者が口を合せて主張することになる命題である。

岩倉が指名した編修委員長は、参事院議官・福羽美静と元老院議官・西周だった。この組み合わせが単に津和野出身の同郷の誼《よし》みによるなどと考えることはできない。福羽は維新政府の政教体制にもっとも大きな影響を与えた人物の一人であり、西は「軍人訓戒」「軍人勅諭」の草稿を執筆した。幕末に「復某氏書」を書いて国学を批判し、『明六雑誌』に掲載した「教門論」や「国民気風論」で政教一致や「忠諒《ちゅうりょう》易直」の国民精神を批判したとき、西は福羽と対極的な立場にいた。だが今やかれは西欧学の立場から国体論を理論づける責任者になっている。「国体新論」で国体論を真正面から批判した加藤弘之が侍補となって元田永孚や佐々木高行と肩を並べ、旧著の絶版を申し出たのと同軌である。明治立憲体制は、天皇親政（あるいは親裁）を主張する国体論者と西欧立憲主義の立場に立つ洋学派の妥協のうえに成立した。岩倉が述べたように、保守派は「地球上絶無稀有ノ国体」の「一分」を変えることに同意したが「天皇親裁」の原理に抵触することは認めなかった。洋学派の方がその地点まで歩み寄ったことで両者の妥協が成立したのである。(7)『大政紀要』における福羽と西、教育勅語における元田と井上毅の協同作業はこのことを見事に表現している。

岩倉が「国体及政体取調ノ事」の提言をしたのは三月だった。しかし『大政紀要』の編纂は、結局、岩倉の死後、中途で挫折し、「総記」の部分だけが和装本で印行され、政府部内で頒布された。ずっと後に刊行された『大政紀要』(宮内省御蔵版、文教会、一九一二年)をみると、編纂が岩倉の指示どおりになされたことがわかる。しかし編纂過程で岩倉が死去したこと、伊藤博文の憲法案が国体に十分配慮したものだったこともあって、原稿は翻訳されなかった。結果として、『大政紀要』は憲法制定に具体的な影響を与えることがないまま終わったといえるが、この作業を通じて、政府内で憲法の原則についての暗黙の合意のようなものが形成されたと推測することもできる。

4 岩倉具視が遺したもの

岩倉の最期の姿を写しとった有名なエピソードが二つある。一つはドイツ人医師トク・ベルツの『ベルツの日記』が伝えているもので、死期が迫っていることを知った岩倉が井上馨を枕元に呼び寄せ、ベルリン滞在中の伊藤博文への遺言を伝えるシーンである。このとき岩倉を捉えていたほとんど唯一の関心は、伊藤を中心にして数年以内に開始されるはずの憲法起草作業だったに違いない。もはや伊藤の帰国を待つ時間が残されていないと知って、岩倉は井上に自己の意志を伝えた。息絶え絶えになりながら伝えられた内容の詳細については知る由もないが、いかなる事態に直面しようとも「地球上絶無稀有ノ国体」を護持するという断固たる意志が表明されたことは疑う余地がない。ベルツはその文章の末尾を以下のように結んでいる。「鋭くて線の強いその顔立ちにもはっきり現われていた通り、公の全身はただこれ鉄の意志であった」(トク・ベルツ『ベルツの日記』第一部(上)一〇〇頁)。

もう一つは北蓮蔵という画家が描いた「岩倉邸行幸」と題された絵画で、聖徳記念絵画館に陳列されている。明治天皇は七月五日と一九日の二度、病床の岩倉を見舞った。「岩倉邸行幸」は二度目の場面

北蓮蔵筆「岩倉邸行幸」（聖徳記念絵画館蔵）

を描いたもので、その翌日、岩倉は死去した。天皇は帽子を右手に持って靴を履いたまま、縁側から一歩室内に入ったところに佇立している。庭からの陽光によって、天皇は自ずから後光を浴びる格好になっており、やせ衰えた岩倉は娘に背を支えられてかろうじて布団の上に半身を起こし、掛け布団の上に袴を置いて、天皇に向かって頭を垂れて合掌している。寝床の四方に氷柱が配され、手前の隅に岩倉の妻が平伏している。いかにも緊張と感激が充溢した雰囲気である。『明治天皇紀』はその状況を以下のように伝えている。「天皇、具視を見て流涕し、纔《わず》かに其の状を親問したまふのみ、具視亦対《こた》へんとすれども能はず、君臣相対して語なし」（『明治天皇紀』⑥八六頁）。

卓抜なスナップ写真のように、医者と画家は岩倉の最期をその生涯を表象する一齣《ひとこま》として切り取った。この二人が描いたように、岩倉は驚くべき一貫性と粘着力で、万世一系の天皇が国政の最終的決裁の権限を行使する「国体」を追求し続けた。その結果、憲法制定の段階になると、多少の違いはあれ、岩倉の構想は統治エリートたちの共通認識になり、日本の「国体」は「君民共治」の西欧諸国の立憲主義とは異なると考えられるようになった。むろんかれらを拘束した思想の磁場は、岩倉が独力で造りだしたものではない。おそらく岩倉の背後には、幕末維新期に国学や水戸学の影響のもとで自己形成し、天皇親裁（親政）の理念のなかに自己解放の夢を見ていた多くの草莽の人々がいた。かれらが歴史の表面に顔を出すことは稀だが、時代が危機に立ち至ると、この忘れかけた夢が人々の胸のなかに生々しく蘇生し、かれらを行動に駆り立てることになるのである。

「国体」護持への岩倉の執念を思うとき、われわれは「もし岩倉があと五年長生きしていれば」と想像してみたくなる。岩倉の生涯を追った者なら、かれが憲法制定に具体的な影響を及ぼしていれば、明治憲法の立憲主義的側面はさらに削ぎ落とされていたのではないかとの想像を抑えがたいだろう（佐々木克『岩倉具視』や大久保利謙「明治憲法の制定過程と国体論」は、ともにその末尾でこのような想定をしている）。

周知のように、明治憲法は天皇大権と立憲主義の危うい均衡のうえに成り立っている。憲法草案審議の枢密院会議で、伊藤は一貫して憲法制定は「第一君権ヲ制限シ、第二臣民ノ権利ヲ保護スルニアリ」と説いて、立憲主義の原則を擁護した（『枢密院会議議事録』①二一八頁）。しかし他方で、日本の立憲主義は天皇と臣民を対等の位置に置いた「君民共治」の西欧型立憲主義ではないことも、口を極めて強調している。その微妙な均衡と矛盾ともいえる曖昧さは、様々な形で枢密院議員たちの論議の的となった。とくに核心を突いた批判を展開したのは、保守派の元田永孚や佐々木高行ではなく、かつて木戸孝允など政府首脳部から「軽薄」な「欧化」派とみなされていた森有礼である（『木戸孝允文書』④四〇〇頁以下、『木戸孝允日記』②一五七頁など参照）。たとえば帝国議会の権限について、草案では第五条などで「帝国議会ノ承認」という表現が使われていたが、「承認」の語は集中砲火を浴びて「翼賛」などの語が提案され、最終的に「協賛」に変更された。森有礼はその反対理由を次のように説明している。「従来ノ実蹟ヲ窺ヒ奉ルニ、衆説ノ帰スル所ハ天皇陛下亦之ヲ斥ケ玉ハズ、細大漏サズ悪キ事マデモ聞食《きこしめさ》ルルモ、其結末ハ総テ聖断ヲ以テ采リ用ヒ玉フナリ」（『枢密院会議議事録』①一七九頁）。森はここで天皇親裁（「聖断」）を当然の前提と捉えている。国会は天皇と対等な権力でなく「諮詢ノ府」にすぎない（同上一八二頁)。「承認」という語は「古来日本ノ国体」を変更して「君民同治ノ姿」にしてしまうことを意味すると、森は考えたのである(同上一八〇頁)。

第二章の「臣民権利義務」についても、森が「権利義務」ではなく「分際《ぶんざい》」とするべきだとの修正意見を出したことはよく知られている。臣民(サブゼクト)たるものは天皇に対して「独リ分限ヲ有シ責任ヲ有スルモノ」で、権利という語は意味をなさないと批判したのである(同上二一七頁)。かれが天皇と臣民を対等の位置に置くような立憲主義をあくまで拒否しているのがわかるだろう。

こうした批判に対して、伊藤は立憲主義の原則的立場を堅持し、「臣民ノ権利ヲ保護セズ、又君主権ヲ制限」しなければ「君主専制国」になってしまうと反論した(同上二一八頁)。しかしその伊藤も西欧的な立憲主義の立場に立つことは到底認めることはできず、天皇と臣民を対等の位置に置くことは周到に否定した。だから臣民の権利とは、臣民が天皇に対して権利を持つのではなく、「法律ニ対シ法律ノ範囲内ニ権利ヲ有スル」ことだと、伊藤は説明する(同上二一九頁)。伊藤の苦しい弁明は、天皇大権と立憲主義との調和がガラス細工のように脆いものであることを示している。一方で立憲主義の立場に立って天皇大権の制限を公言しつつ、他方で「君民共同」を明確に否定して「立法ノ大権ハ固ヨリ天皇ノ統《す》ブル所」(『憲法義解』一六頁)として、天皇大権の優位性を保証しようと腐心したのである。

伊藤博文の日本的立憲主義と森有礼の天皇大権主義を並べたとき、岩倉がいずれに与したかは明らかである。枢密院審議の冒頭でおこなわれた伊藤の演説は、その意味で興味深い。周知のように、伊藤はそこで国家の「機軸」として西欧諸国のキリスト教に比しうるのは皇室だけだと強調した。演説はその後、以下のように続いている。「此憲法草案ニ於テハ専ラ意ヲ此点ニ用ヰ君権ヲ尊重シテ成ルベク之ヲ束縛セザランコトヲ勉メタリ」。君権を制限しなければ乱用の恐れがあるとの懸念もあるが、「君権ノ区域ヲ狭縮セントスルガ如キハ道理ナキノ説」である。したがって「此草案ニ於テハ君権ヲ機軸トシ偏ニ之ヲ毀損セザランコトヲ期シ敢テ彼ノ欧洲ノ主権分割ノ精神ニ拠《よ》ラズ（後略）」（『枢密院会議議事録』①一五七頁）。伊藤はここで明らかに西欧的な立憲主義の立場からなされる批判に、予防線を張っている。しかし皮肉なことに、実際は審議を通じて主調音だったのは天皇大権主義からの批判であり、伊藤は予期したのとは逆の意味での防戦に苦心することになる。岩倉の「鉄の意志」が残した遺産はかくも大きかったのである。

第4章　自由民権運動と明治初期の言論空間

1　自由民権運動と国体論

明治前半期の文献を一覧する者は、近代日本を通じて、この時期ほど自由で闊達な言論が展開された時期は他にないと感じるだろう。新聞や演説などのメディアは、この時期に初めて出現して急速に普及した。言論弾圧がなかったわけではないが、それを批判する言論も公然と発表された。逆説的だが、発行停止などの処分の多さは、この時期の言論空間の自由度を示唆していると言えなくもない。雑誌や新聞の発行部数は、後年の大衆社会化した時期とは比べものにならないが、まだ制度化されておらず雑多だった。松本三之介によれば、幕末から一八八一年のあいだに刊行された新聞は約二七〇タイトル、雑誌は五三〇タイトルだという（「解題」、近代思想大系⑪一一二頁）。泡沫的なメディアの星雲状況は発想の自由さを保障し、読者に投書欄を媒介とした発言の機会を提供した。読者から発言者への転換は、植木枝盛や徳富蘇峰などに典型的な例を見出すことができるが、かれらの背後には、無名のままで終わった多数の「論議する公衆」（ハーバーマス）がいたのである。

一八八〇年代後半以降、言論機関は淘汰され、日清戦争を境に報道が重視される時代に入った。論説よりも報道が優先されることによって、世論を形成するプロとそれを「消費する公衆」（ハーバーマス）が分離するのである。帝国議会が開設されたことで、一般民衆の政治への参入も制度化された。政治家、投票する少数の有権者（当初の有権者は全人口の一パーセント強）、そして選挙権を持たない大多数の大衆という区分けが成立するのである。明治初期の政治的言論の過熱は、政治が特権階級の占有から開放され、誰もが参入できる「公共世界」に変容したことが原因だった。議会政治の出現は、逆にその状況を再び後ろに押し戻したのである。もはや演説会場に数千の大衆が押し寄せるという事態は想像できない。議会が政治を独占することによって、演説会というゲリラ的で演劇的な空間は消滅し、言論による「出現の空間」（アレント）は閉塞してしまうのである。

言論の専門化や議会政治の制度化以上に、言論空間の狭隘化を促進したのは国体論である。すでに第1章で述べたように、「国体」という言葉は、もともとペリー来航以降の政治過程で「尊王攘夷」のナショナリズムのキーワードとして急速に広まった。このナショナリズムに押しあげられる形で権力を握った薩長両藩の藩士と岩倉具視などの公家勢力は、「神武創業」に戻るという復古主義的理念と近代化の必要性のあいだで試行錯誤するが、最終的に、明治二〇年代初頭に帝国憲法と教育勅語によって基礎づけられた国家体制を構築した。それはいわば立憲主義と国家神道という二足の草鞋《わらじ》を履いた体制だったといえる。一方では議会による国政のチェックや言論・信仰などの自由が制度化されたが、他方では「国体」の独自性という理念によってそれが枠づけられ、時として政教一致の要求が表面に浮上するように仕込まれていた。国体に背反したり、それを「毀傷」する言動は厳格に禁圧されたので、すべての言論は「国体論」という制約を意識しないわけにはいかなかった。北一輝が罵倒しているように、政治家は「自由なる舌」を縛られ、新聞記者は「幇間的文字を羅列」し、教師は「倫理学説と道徳論とを毀傷汚辱」し、宗教家は他の宗教を「国体に危険なりとして誹謗し排撃」するという事態が出現したのである（北一輝『国体論及び純正社会主義』、北①二〇九頁）。

明治一〇年代には、まだこのような枠づけは存在しなかった。薩長政権はまだ確固とした正統性を獲得しておらず、維新は薩長の陰謀による権力簒奪で、それに挑戦する側にも十分な大義があると感じられていた。士族反乱を引き継いだ自由民権論の主張は、薩長による権力独占や急速な近代化への反発、第二の維新の要求や西欧の政治への憧れなど、様々な志向が一気に爆発したものだった。アレントが主張した無方向で不可逆的な「活動」としての言論が、荒削りな形で生成しつつあったのである。むろんそれは十分に開花することなく萎《しぼ》んでいった。本章の目的はそのような状況の一端を示すことである。

2　新しい政治意識――「安民」から「幸福」へ

政治の下への拡大

ペリー来航以後、「政治」は急速に下に向かって拡散する。米国大統領の国書への返答について、老中阿部正弘が諸大名に諮問したのがきっかけである。それは「天下の大小名をして口を政治上に開かしめ」る契機を作り、「将軍専裁の政体」はここに終焉する（福地櫻痴『幕府衰亡論』、文学全集⑪一七〇～一七一頁）。むろん政治への参入を「天下の大小名」にとどめることはできなかった。政治の主体は下級武士や神官・僧侶、豪農商層にまで拡散する。こうした状況の変化に、思想家たちがどのように対応したか考えてみよう。

「閉じられた社会」の終焉と政治の下への拡大という現象を、伝統的な儒学の理論枠組によってぎりぎりまで追求したのが横井小楠（一八〇九～六九）だった。小楠は政治の本質を「民を養ふ」ことと捉え、通商の利によって財政状態をよくすれば、君主は「仁政を施す」ことができるとして「交易」の必要性を説いた（「国是三論」、『横井小楠関係史料』①三八頁）。国際社会を「交易」による相互性の世界と把握することで、伝統的な夷狄観を克服するとともに、富国強兵によって「仁政」が実現できると考えたのである。小楠がこのとき「仁政」のモデルにしたのは中国古代の「三代の治」だった。この理念が米国において実現していると一方的に読み込むことによって、最晩年の小楠は議会政治をも展望する地点に立っている。しかしそのような柔軟性にもかかわらず、「人を治める者は人に養われ、人を養う者は人に治められる」(『孟子』)という言葉で典型的に表現されるように、治者と被治者のあいだに絶対的隔壁を置く感覚が、小楠のなかで消滅することはなかった。

小楠よりはるかに若く、むしろ明治啓蒙と同世代に属した吉田松陰は、ペリー来航直後に、「民政」への配慮の必要性を以下のように力説している。「西洋夷狄にさへ貧院・病院・幼院などの設ありて、下を恵むの道を行ふに、目出度き大《や》養《ま》徳《と》御国において却って此の制度なき、豈に大欠典ならずや」(杉梅太郎宛書簡、嘉永六年九月一四日、吉田⑦一九七頁)。人々が「海防」にばかり気を取られて、「民政」への配慮を怠っていることに注意を喚起したのである。「民をして生を養ひ死を喪して憾《うら》みなく、上を親しみ長に死して背くことなからしめん」(「獄舎問答」、吉田②一四〇頁)ことが政治の急務だとする認識は、伝統的な「仁政」観の表現であるが、その背景にある「匹夫匹婦」も「我が神国の御宝」とする政治感覚は、水戸学に強く影響されている(同上一四五頁)。つまり、開国すれば「夷狄」が貧院・病院などの施設を日本国内に設置して「愚民の心」を捉え、日本は戦わずして敗れてしまうと警戒した(「狂夫の言」、吉田④二九六頁)。この危機感はすでに会沢正志斎『新論』が表明していたものと同質であり、松陰の思想が天皇への一元的忠誠心を強調するに至ることを予示している。結論を先取りすれば、政治の下への拡大は早くも天皇への忠誠の一元化を予告しているのである。

「幸福」という言葉

体制の動揺に伴って、政治空間に「匹夫匹婦」が新たに参入してきた。これがペリー来航後の政治的思考における最大の焦点だった。しかし上記の小楠や松陰の例でわかるように、儒学や国学（あるいは水戸学）だけではこの課題に十分な対応ができず、洋学の受容が必要だった。このことを端的に表現するのは政治的語彙の変化である。これまで「仁政」や「安民」で表現された政治の理念は、明治初期には「幸福」（時に「康福」とも表記）にとって代わられる。その変化を典型的に体現しているのは、吉田松陰と同じく佐久間象山門下だった加藤弘之（一八三六〜一九一六）である。伝統的な体制を隣国の政治に事寄せて批判した『隣草』（一八六一年）で、加藤は「武備の精神」の必要性を説き、「仁政」を施しやすい政治体制として立憲君主制を紹介していた。しかし『真政大意』（一八七〇年）では政治の基本は「安民」であると述べながら、人間には「不羈《ふき》自立」の欲望があるとし、他者に束縛されるのを望まないから、人は「幸福」を達成できるのだと主張する。さらに国家の成立についても、国家が必要なのは「億兆ヲ統一合同スル者ガナクテ、人々思ヒ思ヒデハ、迚《とて》モ権利義務ノ二ツガ、並《ならび》行ハレテ人々ガ、其幸福ヲ求ムベキ土台ガ立タヌ」からだと説明される（『明治文化全集』自由民権篇、九〇頁）。つまり人間は本来自由なものだが、「国家社会」を作ってその自由を自ら制約するのは「幸福」を達成するためだというのである。その四年後の『国体新論』では、「国家ノ主眼ハ人民」だと端的に宣言され、「人民ノ安寧幸福」が国家の目的だとされている。「安民」から「幸福」への語彙の変化が見てとれるだろう。

「幸福」という語を多用し、政治的語彙として定着させたのは加藤弘之だが、この語を政治的言論のなかに取り込むきっかけを作ったのは、福澤諭吉『西洋事情』初編（一八六六年）だった。「天の人を生ずるは億兆皆同一徹にて、之《これ》に付与するに動かす可からざるの通義を以てす。即ち其通義とは人の自から生命を保し自由を求め幸福を祈るの類にて、他より之を如何ともす可らざるものなり」（福澤①三二三頁）。これは「アメリカ独立宣言」の翻訳の一節だが、この文章の影響力がどれほど大きかったかは、後の自由民権期の文書に類似の表現が頻出することによってわかる。一例だけを挙げておこう。児島彰二編輯『民権問答』初編（一八七七年）の冒頭に近い部分である。「夫《そ》レ造化ノ人ヲ生ズルヤ億兆同一轍ニシテ素《もと》ヨリ上下貴賤ノ品別アルコトナシ。而シテ之レニ付与スルニ動カスベカラザルノ通義ヲ以テス。通義トハ何ゾヤ。人生自ラ其生命ヲ保全シ其自由ヲ請求シテ互ニ其幸福ヲ謀ル如キノ者ヲ云フ」（『明治文化全集』自由民権篇、一五三頁）。

こうして「仁政」や「安民」の語は廃語となり、「幸福」という語が政治の下への拡大に見合った不可欠の術語として一般化する。明治六年の政変で下野した板垣退助たちが、最初に作った結社は「幸福安全社」だった。かれらが提出した建白書には「幸福安全」という語が二度使われている。建白書の末尾を引用すれば、議院設立の目的は「上下親近し、君臣相愛し、我帝国を維持振起し、幸福安全を保護することである（『自由党史』（上）九八頁）。民選議院設立建白書とそれをめぐる論争は、「民権」や「幸福」という語を新しい政治のあり方を表現する術語として定着させた。まだ無名の植木枝盛は、『郵便報知新聞』（一八七五年一一月四日）への投書で次のように述べる。「畢竟《ひっきょう》政事は人民の目的にあらず、人民の目的は幸福安然なり。政事は則幸福安然を図かるの方便と云ふべし」。ここでは政治が為政者の統治の問題としてではなく、人民の側の「幸福安然」の問題として取り上げられている。治者に独占されていた政治が、被治者の側の問題として開放されているのである。

このように「幸福」という語は一八七四年頃から広く流通し、国家や政治の良否を決定するキーワードとなっていく。その状況は、一八八一年から翌年にかけて結成された政党の綱領的文書の文言をみれば一目瞭然である。「国の進歩を図り民人の幸福を増益する」（自由党）、「王室の尊栄を保ち人民の幸福を全ふする」（立憲改進党）、「内は万世不易の国体を保守し、公衆の康福を強固ならしめ（後略）」（立憲帝政党）などはその一例にすぎない（『自由党史』（中）三五頁、九九頁、一〇二頁）。同時期に全国に叢生した有名無名の政党群も、多くは同工異曲の文言を綱領としている（中村義三編纂「内外政党事情」、『明治文化全集』正史篇下巻を参照)。

しかし広く使われた割には、「幸福」という語の厳格な意味が問われることはなかった。内容が感性的でどんな内容でも盛り込むことができたからだろう。たとえばほとんど無名といってよい江口高達(慶応義塾出身で徳富蘇峰の父方の従兄)が書いた「論日本愛国心」(『郵便報知新聞』一八七七年二月一四日)は次のような趣旨のことを述べている。「抑モ幸福ノ物タル之《これ》ヲ要スルニ満足ノ感覚」にほかならない。ところでこの「満足ノ感覚」は「心身ノ働キ」によって達することができるので、その前提として「動作ノ自由」がなければならない。したがって「人ノ自由ノ権理ヲ有シテ其心身ノ動作ヲ自由ニスルハ則チ真理ニ順《したが》フナリ。是以《ここをもって》之ヲ見レバ幸福ナル者ハ自主自由ヨリ生ズルコト明カナリ」。こうして幸福は「満足ノ感覚」と捉えられ、「自由ノ権理」と結びつけられる。政治はもはや為政者の側の問題ではなく、被治者の個人的「満足ノ感覚」や自由の問題と不可分になるのである。

もっとも「幸福」という言葉は、個人のみに固有なものではなく、国家や社会の幸福、「一般の幸福」「総国の幸福」などの表現も広く使われた。しかし前記のように「幸福」の概念が個人の自由と結びついていたことを考慮すれば、たとえ「国家」や「一般」の幸福が論じられても、その中身が個人の感覚のほうに引き寄せられることは容易に想像できる。たとえば『郵便報知新聞』の社説(一八七六年一月二五日)は次のように説く。自由とは「人民固有ノ権理ヲ伸張シテ其幸福ヲ達スルノ謂《いい》」であり、政府の目的は「人民ノ幸福ヲ達スル」ことである。そうだとすれば政府の法律と人民の自由は対立しないはずだが、両者が対立することがあるのは「政府ニ各人ノ幸福ヲ舎《お》ヒテ社会ノ幸福ニノミ着意スルノ癖」があるからである。この文の筆者は、「各人ノ幸福」と「社会ノ幸福」のいずれが優先されるかは明言していないが、自由(すなわち「各人ノ幸福」)の抑圧は「国家ノ顚覆」の原因となるとの指摘によって、結論は明らかである。別の日の『郵便報知新聞』の社説(一八七六年七月八日)は、「国安」と「人民ノ安寧康福」の関係を論じ、両者が一致しなければならないと説いている。いずれも「国家」や「一般」の「幸福」よりも、「各人ノ幸福」が優先されるのが当然としているのである。

以上によってわかるように、政治や国家の良否が「幸福」の実現いかんによって判断されると述べたとき、その最終的判断が当局者ではなく個々の個人に任されることは必然だった。「仁政」にかわって「幸福」が政治的語彙として登場したことの歴史的意味はこの点にあった。その意味で民選議院設立建白書を批判した加藤弘之の文章は興味深い。建白書批判の前後に書いた『真政大意』や『国体新論』では「幸福」という語を多用したのに、建白書批判では一度も使わず、政治的価値判断の基準とされたのは「国家治安」なのである。投書家から土佐派のイデオローグに成長しつつあった植木枝盛は、花田直正という筆名で書いた「政論」と題する文章で次のように論じる（『海南新誌』第四号）。政治のもっとも重んずべきは「世間ノ安寧静謐」と「各人ノ智識幸福」の二つであるが、「各人ハ本ニシテ世間ハ末、各人ハ実アッテ世間ハ無形ナレバ、各人ノ幸福安全ヲ達セバ世間ノ安全乃チ此ニ達ス可シ」。こうして新しい政治の核心は「各人ノ幸福安全」に置かれる。政治的価値判断の基準が体制の安定ではなく、個々人の主観に置かれたことは、これまで沈黙していた「匹夫匹婦」が声をあげ始めたことを意味する。

3　〈読む〉人々と〈演説〉する人々

新聞の普及

日本で新聞の発行が本格的に始まるのは一八七二年頃のことである。『東京日日新聞』『日新真事誌』『郵便報知新聞』の創刊はこの年である。それはまもなく新時代のメディアとして急速に普及する。一つには上からの奨励があった。一八七二年に新治県で出された布達は、「坐《い》ながら時運之変換」を知る文明の利器として新聞購読を奨励している（「新聞紙講読勧誘布達」、近代思想大系⑪一二頁）。同じ時期に開始された教導職は、「三条の教則」にもとづく神官・僧侶による国民教化策だったが、ここでも講話の題材として新聞が積極的に利用された。

全国に新聞縦覧所が設置され、修行時代の植木枝盛が熱心に通ったことはよく知られている。新聞縦覧所では、自由に新聞を読むだけではなく、客に対する解説の講義もおこなわれた。官による上からの教化だけではなく、民間での自主的な学習も同時に発生したのである。前田愛『近代読者の成立』によれば、この時期までの読書は基本的に黙読ではなく音読だったという。福澤諭吉が「山出《やまだし》の下女」が障子越しに聞いてもわかるような文章を心がけたというのも、そうした事情を意識したものだったのだろう（「福澤全集緒言」、福澤①六頁）。新聞が伝える情報は、読み聞かせによって家族や隣人にも伝えられた。もちろん購入された新聞は知人や家族に回覧された。書生のあいだでは、書籍・新聞の貸借から読書サークルも結成された。一八七五年に二度目の上京をした植木枝盛は、まもなく修文会というサークルに参加している。日記の記述によれば、週一回程度の頻度で開催され、場所は輪番制だったことがわかる。かれは明六社の会合、三田演説会、奥宮荘子会などに熱心に出席し、書籍館（図書館）、新聞縦覧所をまわり、修文会で研鑽して、投書を書きまくる。これがジャーナリズムと政治の世界で頭角を現すための手順だったのである（拙著『植木枝盛』参照）。

読書サークルは書生だけのものではなかった。自由民権期に各地で結成された読書サークルの一端が、前田愛によって紹介されている（『近代読者の成立』一五七頁以下）。それによれば、一八八一年八月に「夜学連」というサークルが高知市内に結成された。夜学連は「純然たる平民の自ら奮ふて組成せしもの」で、目的は単に読書だけではなく「久しく平民社会を支配せる卑屈蒙昧の夢を警醒し天与の権利を伸張して以て早く国会の開設を見るの美域に進まん」とすることだった。会員のなかには啓蒙書だけでなく

『社会平権論』（スペンサー）を講読する者もあり、ある理髪職人は高知演説組合に加盟したと伝えている。夜学連が結成されたときに、植木枝盛はすでに立志社の中枢の活動家になっている。しかし高知で演説や新聞論説の執筆に活躍しているかれの日記に、「夜学連」の名は一度も現れない。夜学連は士族結社の立志社とは無縁だったのであろう。「純然たる平民」が組織したという記述はおそらく文字どおりの意味であり、「読む」人々の裾野はそれだけ広かったことを示唆している。

演説の流行

馬場辰猪や末広重恭らが結成した国友会の機関誌『国友雑誌』（一八八一年八月）の冒頭には次の語がある。「智識ヲ交換シ文明ヲ誘導スルノ器具ハ、新聞雑誌ト演説討論トノ二者ニ過グルハ無シ」（近代思想大系⑪二〇九頁）。演説や討論が学術伝達の必須の媒体と意識され実践され始めたのは、一八七四年頃のことである。福澤諭吉が英書にもとづいて『会議弁』の執筆を思い立ったのはその前年で、まもなくかれは内輪で演説の練習を始めた。そしてそれを明六社で実行し、この年の六月に第一回三田演説会が催されたのである。大衆の面前でしゃべる習慣が日本語になかったわけではない。古くは琵琶法師の語りや寄席の講談があった。しかしそれはプロフェッショナルな芸であり、内容も学術的ではなかった。語りの専門家ではない者が、従来の語りとはまったく異質な内容を訥弁で語り始めたとき、ある種の革命が起こった。そこには「学問の趣意はほんを読むばかりではなく、第一がはなし、次にはものごとを見たりきいたり、次には道理を考へ、其次に書を読む」（「福澤全集緒言」、福澤①五六頁）と考えるような学問観の転換があったのである。

福澤諭吉や明六社の知識人が始めた演説は、まもなく書生のあいだに広まった。国会図書館憲政資料室に所蔵されている植木枝盛の稿本「演説ヲ始ムルノ議及演説ノ効能」によれば、前述の修文会の会合で、かれが演説の実施を提議したのは一八七五年七月五日だった。そして日記の記述に演説会が現れるのは一八七六年夏頃からである。六月二六日に「神田演説会の宿をなす」とあるのがそれである。明らかに輪番制で会場を提供して演説会を催していたことを示している。明六社や三田演説会に熱心に出席していた植木は、一年後には読書サークルで演説を始め、約一年の仲間内での練習の後、自ら演説会を開催するようになったのである。演説会は参加者が少なくて何度も流会になっているが、この頃を境に前述の修文会の会合が間遠になり、まもなく日記の記述から姿を消すのは象徴的である。おそらく読書を主とする会合よりも、演説のほうが興味を引いたのではないだろうか。

『演説日記』（国会図書館憲政資料室蔵）の記述によれば、植木が最初に演説をしたのはこの年の八月七日で、場所は東京銀座集思社だという。これが不特定多数を前にした最初の演説だったのだろう。当日の日記には「夜演説会に行、交際の平均論を述ぶ」とある。二回目の演説は翌一八七七年三月で、場所は土佐旧陣営立志社学校だった。西南戦争の勃発で急遽高知に帰省し、立志社に雇われた翌日である。三回目は同じ場所で翌月、六月からは場所も高知市全域に広がり回数も飛躍的に伸びる。この年の植木の演説回数はのべ三四回である。前記の夜学会の例も思い合わせれば、東京から地方に演説が伝わり、すさまじい勢いで裾野が広がっていく様が想像されるだろう。

一八八三年末の植木の日記には次の記述がある。「植木枝盛今日に至るまで、日本国内に於て公衆の前に於て演説する事三百二十一回」（植木⑦三三二頁）。『演説日記』によれば、一八九〇年二月一八日までにかれがおこなった演説回数は五〇三回という。よくも丹念に書きとめたものだと感心するが、『全国新聞記者評判記』（大井通明著、一八八二年）によれば、植木の弁舌は「未ダ其術ヲ学バザルガ故ニ訥弁ノミナラズ、例ノ所謂《いわゆる》土州辞ナリ」とある（近代思想大系⑪二四一頁）。この「土州辞」をひっさげて、南は熊本から北は能登の奥地や盛岡まで、悪路をものともせずに、かれは遊説旅行を敢行する。演説会の聴衆は「ヒヤヒヤ」「ノウノウ」などと合いの手や野次を入れるのが普通だったし、演説会の後には懇親会が用意されていた。各地で「例ノ所謂土州辞」がその地方の方言と交じり合って、独特の言論空間が形成されたのである。こうして「読む」人は「演説」する人になり、あるいは「議論」する人々になっていった。一八八〇年代に民間で作られた多数の憲法草案は、この時期に新たに成立したこのような言論空間を抜きにしては、到底考えられない。

4 〈議論〉する人々

圧制政府転覆論

前述のように、新聞は一方的に読まれ消費されたのではない。それは読み聞かされ、回覧されるとともに、投書を受けつけ議論を活性化する媒体でもあった。その最初の事例は民選議院設立建白書をめぐる論争に見出される。この建白書をめぐる論争として、加藤弘之と馬城台二郎（大井憲太郎）の論争や『明六雑誌』の議論が有名だが、『日新真事誌』や『東京日日新聞』には無名・匿名の投書が多数掲載されている。この時期の新聞が、議論する読者を意識していたことを忘れてはならない。

初期の自由民権論をめぐる議論のなかで、有名無名の論者が白熱の議論を展開した例として、ここで圧制政府転覆論を挙げておこう。『評論新聞』第三四号社説「民権論」（一八七五年一一月）は、人民を保護することが政府の義務であり、この義務に反して人民から自由を奪った「圧制政府」に対して、「人民ヨリ起テ其権利ヲ恢復スルノ条理アリ」と論じている（『自由民権思想』五四頁）。この急進的な民権論に影響を与えたのは、おそらく箕作麟祥訳「国政転変ノ論」（『万国叢話』第二号、一八七五年一〇月）だった。ここに「転変」とは、たぶん revolution の訳語である。箕作はここで「衆庶ノ自由ヲ保全」するのが政府の義務だとし、政府がこの義務を果たせなければ、国民はそれを「転変」する権利があると述べる（『明治文化全集』雑誌篇、三五一頁）。

『万国叢話』第二号が刊行された翌月の『評論新聞』に先の「民権論」と題する社説が掲載され、これとほぼ時を同じくして、『明六雑誌』（第四三号）に西村茂樹「転換説」が掲載される（『明六雑誌』（下）三九九頁以下）。西村は「法蘭西《フランス》の顚覆の大乱」は、国民が王の暴政を嫌ったことと、「平民みな覇気を逞くする」という二つの原因によって起こったと説明する。そして日本の近年の「大転換」は、「尊王攘夷」と「文明開化」が原因だと述べ、さらに王政復古の「政権の転換」の後を引き継いで、いずれ「民をもって国の本体となし、政府をもって民の立るところとなす」ような「民権の転換」が起こるだろうと予測している。

さて箕作の「国政転変ノ論」は『評論新聞』第四〇号に転載されてさらに急進化する。箕作が「転変」と書いた語はここで「顚覆」と言い換えられ、「圧制政府顚覆スベキ論」（『評論新聞』第六二号、一八七六年一月）が載る。さらに五月には『草莽雑誌』に、後述の新聞紙条例を批判して、人民には「圧制官吏顚覆ノ権理」があるとの主張が載り、六月には「圧制政府ハ顚覆ス可キノ論」が載るといった状態だった。箕作の「国政転変ノ論」を『評論新聞』に転載して罪を問われた関新吾を、判事は「我日本ノ国体ヲ忘ルル悪逆者」と断罪するが、鳥居正功という人物は、同誌第八五号でこれを評して「今日ノ大臣参議方モ幕府ノ暴横ヲ憤リ之ヲ顚覆シ之ヲ絶滅」したのではないかと反問している（一八七六年四月、『自由民権思想』一〇五頁）。また別の人物は、「暴政府ハ顚覆スベキノ理由」を説いた関が「国体ヲ忘ルル悪逆者」なら、日本の人民は民権を獲得できず、永遠に「奴隷ノ精神」にとどまって「幸福ヲ占有シ性命ヲ保全」することができないと抗議する（同上一〇七頁）。さらに「逆臣論」（『中外評論』第一〇号、一八七六年八月）の筆者は、「逆臣」とは何かとの問に対して、「一国ノ政権ヲ掌《つかさ》ドル者、奸謀邪術ヲ逞《たくま》フシ、上ハ君主ノ視聴ヲ眩惑シ、下ハ人民ノ自由ヲ抑束シ（後略）」と答える（同上一八八頁）。こうして忠誠と反逆を決定する基準として、「宇内《うだい》普通ノ民権自由論」や人民の「幸福」「自由」の概念が援用されるようになるのである。

「マルチルドム」をめぐって

以上の圧制政府転覆論とともに、「義死」（マルチルドム、martyrdom）も議論の的だった。小松原英太郎は『評論新聞』第六五号の文章で、暴政に対抗するには「公明正大ノ挙動」をするべきだと主張して「マーチルドム」を称揚している（同上七九頁）。これに対して『草莽雑誌』第三号の「暴虐官吏ハ刺殺ス可キノ論」（守屋貫造）は、「義死」は「全純良美」だが効果が不十分だとして「単身独行」の暗殺を主張する（『明治文化全集』雑誌篇、四二三頁）。同誌第四号ではこれに反論するかのように「義死論」（佐藤義雄）が載り、「義死ノ効験ハ無形」だが「人心ヲ感動スルヤ至大至強」だと主張されている（同上四二五頁）。同誌はさらに第六号に「暗殺論」（無署名）を掲載している。第三号の「刺殺論」を引き継いだもので、「顚覆」「義死」と暗殺を比較したものである。「顚覆」は成功しても自由を回復できず、かえってさらにひどい圧制を生み出すことがあり、「義死」は「顚覆ノ素地」をなすにすぎないとして、この筆者は暗殺を称揚する（同上四三三頁）。ただ先の「刺殺論」の筆者と異なって、「虐魁一二名」を暗殺しても自由を回復できないこともあるので、暗殺後に自訴する必要はないと、かれは主張する。また時期は少し下るが、立志社の雑誌『土陽新聞』第二三号（一八七八年二月）にも横川熊次「義死ハ人生ノ至福至徳タルヲ論ズ」という文章が載っている。「義死ノ功績ハ隠微ニシテ見易カラズト雖モ其革命ヲ助成スルハ至大至洪ナリ」とする論旨である（『海南新誌・土陽雑誌・土陽新聞　全』一八三頁）。

いうまでもなく、悪法に対する抵抗としてマルチルドムを称揚したのは『学問のすゝめ』第七編だった。福澤の文章が、かれの意図を離れてこれだけの議論を呼び起こしたのである。福澤が当惑したのも無理はない。一編ずつ雑誌のような形態で刊行された『学問のすゝめ』は、このように議論する大衆のあいだで回覧され、さらに海賊版も出された。その第六編、第七編がいわゆる楠公権助論として読者の憤激を呼び起こしたことはよく知られている。その状況を福澤は後に次のように回想している。「評論攻撃ますます甚だしく、東京の諸新聞紙に至るまでも口調を揃へて筆鋒を差向け、日に其煩に堪へず」（「福澤全集緒言」、福澤①三八頁）。その「評論攻撃」が福澤の真意を十分理解したものではなかったにしても、かれがわざわざ「五九楼仙萬」の名で弁明を書かねばならなかった事実は、「議論」する人々の層の厚さを示唆するものである。その直後に出された『文明論之概略』が「議論の本位を定る事」で始められたのは、こうした背景があったためだろう。かれは最初から誤解を避けるための周到な伏線を張っておかねばならなかった。自分の著作が「議論」する人々の目に曝されていることを、福澤はそれほど強く意識していたのである。民選議院や天賦人権論をめぐる有名な論争は、このような議論する読者を意識したものだったことを忘れてはならない。

「賊」とは

ところで暴政に対する抵抗方法についての議論とともに、「政敵」と「国賊」の弁別も話題をさらった。先鞭をつけたのはまたしても西村茂樹である。「賊説」（『明六雑誌』第三三号、一八七五年三月）は、「朝敵」を「賊」と呼ぶのを批判し、「賊」とは物を盗んだり、人を殺したり、劫《おびやか》したりする人のことを指す語で、本来「天子に敵する者」のことではないと指摘する（『明六雑誌』（下）一三〇頁以下）。つまり政治的な理由で君主や政府に抵抗するものは「賊」とはいえないというのである。『俗夢驚談』（一八七六年一〇月）中の「国賊叛民ノ釈義」も、政府や官吏と意見が異なって争う人民は「「ポリチカル・エネミー」

即チ政敵」であって「国賊叛民」ではないと述べる（『明治文化全集』自由民権篇、一四二頁）。西南戦争が起きたとき、新聞が西郷側を「賊徒」「賊軍」などと呼んだのに対して、一石を投じたのが植木枝盛の投書「日本ノ新聞記者ニ賊ノ字ヲ問フ」（『郵便報知新聞』一八七七年四月二日）である。ここで植木は西村の先の議論を引照しながら、政府でさえ「逆徒」「暴徒」の語を用いているのに、新聞記者が「賊」の語を使うのは不当だと指摘する。同じことを論じた演説筆記では、西郷や桐野は「敵」であって「賊」ではないと述べ、「政府ト言ヘバ強チニ直ナル者ト考ヘ、天子ハ無欠完全ノ者」と考えるのは誤りだと説く（「何ヲカ国賊ト云フ乎」、植木③九四頁）。つまり天子も人である点では一般人民とかわりはなく、盗みや殺人をすれば「賊」だというのである。このように明治二〇年代以降にはけっして見ることができない自由闊達な言論空間を念頭に置けば、「至尊ハ則チ国民社会ノ番頭ニシテ官吏ハ則チ丁稚《でっち》ナリ」のような表現が、禁圧されることなく公表されていた事情が理解されるだろう（『評論新聞』第六五号、『自由民権思想』八〇頁）。

以上の例はいずれも箕作麟祥、西村茂樹、福澤諭吉などの一流の知識人が先鞭をつけ、急進的民権派の雑誌が取り上げることによって、無名の筆者が投書という形でこれに応じ、議論が白熱したものである。かれらが自らの蒔いた種に驚いたのも無理からぬところである。福澤が自著『国会論』について「恰も秋の枯野に自分で火を付けて自分で当惑するやうなものだ」と書いたことが思い合わされる（『福翁自伝』、福澤⑦二四八頁）。こうして「議論」する大衆の存在は予期しなかった結果を生じ、生まれかかった公共世界はやがて抑圧されることになる。

5　閉塞する言論空間

新聞紙条例の改正

開花しかけた言論空間は、まず上から強圧的に封じ込められる。その手始めは一八七五年の新聞紙条例と讒謗律《ざんぼう》だった。新聞に対する規制はこれまでも存在したが、一八七五年の新聞紙条例は記事について編集人の責任を明示し、投書人も含めて筆者が変名を用いることを禁じ、明確な罰則を設けた。また讒謗律は官吏を批判することを禁じている。このため成島柳北《なるしまりゅうほく》、末広重恭などの著名な記者が筆禍事件で下獄することになった。新聞紙条例の第一三条と第一四条は、「政府ヲ変壊」する主張や「成法」を批判する行為を禁じていた。これに対して、「圧制官吏」を「変壊顚覆」したり、「成法」の非を指摘するのは、人民の権利であるとする議論が展開されていることは、すでに前述した。

集会や演説についても、一八七八年に警察官の「臨監」が義務づけられ、一八八〇年には集会条例が布告された。「国安ニ妨害」あるときは集会・結社の禁止、「公衆ノ安寧ニ妨害」あるときは解散を命じることができ、軍人・警察官・教員・生徒の演説会参加を禁止した。また屋外での集会も禁止されている。

しかしこれらはまだ序の口だった。新聞にとって決定的だったのは一八八三年の改正新聞紙条例である。これにより、新聞発行には保証金（東京では千円、大阪などの大都市が七百円、その他は三百五十円）が必要となり、記事について社主・編集人・印刷人・筆者・訳者が共犯とされた。量刑も加重され、印刷機械の没収まで規定している。刑罰だけでなく財政面から兵糧ぜめにして、新聞経営を窮地に追い込んだのである。

『自由党史』の記述によれば、この布告が発せられて一カ月経たないうちに、東京だけで一三の新聞社が閉社に追い込まれたという（『自由党史』（中）三〇一頁）。発行禁止になれば即座に新しい新聞を興すという泡沫新聞の手法が、これで不可能になったことは容易に想像がつく。弾圧による淘汰によってメディアの数を減らせば、資本規模の大きい新聞社だけが生き残る。生き残った新聞が筆を曲げて穏健化するのは目に見えている。『自由党史』はその様を次のように叙述している。「是よりして新聞紙の論調は、婉曲隠微に赴き、一種の革命文学なる者を孕胎《ようたい》するに到れり」（同上三〇二頁）。一八八〇年代後半の政治小説は、このような状況から生れたものである。演説会も逼塞して講談の形で生き残るしかなくなってしまう。中江兆民はこの「民間政治思想ノ最下降」した状況を次のように描いている。「昔日ニ在テ演壇ニ登リ洪流ノ弁ヲ奮ヒタル有志家モ口ヲ閉ヂテ復タ言ハズ、諸新聞ノ如キモ唯里巷日常ノ事迹ヲ列挙スルニ過ギズシテ、一モ人聴ヲ竦《しょう》動スルニ足ルノ論ヲ見ズ」（「政治思想ノ張弛」、中江⑭一九二頁）。言論空間が閉塞し、新聞も演説も自己規制して、もはや「天下ノ事」を論ずることがなくなったとの指摘である。

西南戦争終結後の政論の隆盛に、政府が強い危機感を懐いたことはいうまでもない。たとえば伊藤博文「教育議」（一八七九年）は、開国以来の「世道一変」がその原因であると指摘しつつ、政治的言論の過熱は「国民ノ幸福」ではないと論じている（近代思想大系⑥八〇頁以下）。同じ時期に福澤諭吉『民情一新』は、交通通信手段の発達が思想の流通を迅速にし、政府と人民の意識の差を拡大して、両者の対立を不可避にすると警告していた。こうした事態を避けて官民調和を実現するために、福澤は国会開設を主張する。社会全体に拡散した政治的対立を国会のなかに封じ込め、官民対立をルール化して、政権の帰趨を「人民の多数」によって決定しようとしたのである（「藩閥寡人政府論」参照）。

福澤諭吉『通俗国権論』

しかし福澤は国会開設だけで官民調和が実現できると楽観していなかった。自由民権運動が胎動を始めた一八七八年に、すでにかれは『通俗民権論』と同時に『通俗国権論』を公刊している。「内国に在て民権を主張するは、外国に対して国権を張らんが為なり」という趣旨である（福澤④六〇三頁）。ここで福澤が「民権」派として捉えた人々は、愛国社系だけでなく、前述の『評論新聞』などの言論機関や、「民権を抑圧」したことを理由に大久保利通暗殺を実行した島田一郎らも含まれていただろう。強い危機感を持ったのも理解できないことではない。

福澤自身が断わっているように、ここにいう「国権」とは「ナシヨナリチ」の訳語である。かつて福澤は『文明論之概略』（一八七五年）において、J・S・ミル『代議政体論』の nationality の語を「国体」と翻訳し、以下のように説明していた。「国体とは、一種族の人民相集て憂楽を共にし、他国人に対して自他の別を作り、自から互に視ること他国人を視るよりも厚くし、自から互に力を尽すこと他国人の為にするよりも勉め、一政府の下に居て自から支配し他の政府の制御を受るを好まず、禍福共に自から担当して独立する者を云ふなり」（福澤④二七頁）。これは明らかに会沢正志斎『新論』を意識しながら、水戸学が象徴する尊王攘夷的ナショナリズムを近代国民国家のナショナリズム論に転換することを意図したものである。だから『文明論之概略』では「国体を保つとは自国の政権を失はざること」と定義し、「皇学者流」の万世一系の皇統などの理念を明確に拒否したのだった（同上三二頁）。

かつて「国体」と表現した語を「国権」と訳し変えたのは唐突にみえるかもしれない。しかし福澤はすでに『文明論之概略』執筆時期の馬場辰猪宛書簡（一八七四年一〇月一二日）で、「結局我輩の目的ハ、我邦之ナシヨナリチを保護するの赤心のミ」と語っていた（『福澤諭吉書簡集』①三一二頁）。要するに国家独立にかかわる問題群を、かれはすべて「ナシヨナリチ」という語で表現したのである。だから『文明論之概略』で水戸学的思考を批判するために使われた語が、今度は民権論を牽制するためのキーワードとして再活用された。水戸学と民権論では目指す方向がまったく異なるが、福澤は民権論が暴走して条約改正などの国家的事業への阻害要因になることを恐れていた。福澤の言説はつねに戦略的である。

しかし「民権」の鉾先を「国権」の方に転換すれば問題が解決するわけではないことを、福澤はまもなく気づくことになる。一八八〇年の井上馨宛書簡で、かれは次のように語っている。「昨今世情ニ民権国権ノ論ハ頗ル勢力ヲ得タレドモ、人民ノ方向ハ嘗《かつ》テ定ル所ナシ。（中略）僅カニ一、二ノ先導者アリテ世間ヲ煽動鼓舞スルトキハ何事カ成ラザラン。一言ノ下ニ幾千万人ノ衆ヲ左右進退スルコト甚ダ容易ナリ。随分油断ノナラヌ時節ト云フ可シ」[2]（一八八〇年二月二二日付、『福澤諭吉書簡集』②三二四頁）。ここで福澤は、「民権」をキーワードにした大衆運動が、場合によっては「国権」を口実にした反政府運動に転化しうると警告している（事実、福澤の警告どおり、民権運動が逼塞した後に、今度は条約改正を契機に政府の弱腰を批判する運動が展開されることになる）。

ところで福澤が『通俗国権論』を出すまで、「国権」は政治ジャーナリズムで広く使われていた語ではなかった（むろん福澤が発明した新語というわけではない）。福澤の意図が自由民権運動の広がりを牽制し、国民の意識の底にあるナショナリズムの意識を煽動しようとしたものであることは、民権運動家の側でも察知していた。民権と国権は同じ次元の問題ではなく、「仮令《たと》ヒ外国ノ交際ナキモ外兵ノ侵入ナキモ民権ハ主張セザルベカラズ」と投書するものもあった（坂本南海男「読通俗国権論」、『大阪日報』一八七九年一月一四日）。しかし福澤の影響はやはり絶大だった。状況は急速に変わっていく。まず福澤に近い『郵便報知新聞』が「国権」の重要性についての議論を展開し始め[3]、まもなく他の民権派ジャーナリズムもこれに追随して、「国権」という語が広く普及していくことになった。

アレントが述べているように、言論という行為はつねに「過程」的なものなので、〈議論〉する人々の反政府的言論が何を生み出すかは不透明だった。自己の「幸福」の追求こそ政治の神髄だと考える「匹夫匹婦」の出現の危険性に、福澤はいち早く気がついたのだろう。そのために仕掛けたのが「国権論」という枠づけだった。いうまでもなく、ペリー来航によって切り拓かれた新しい政治観の地平は、国家独立の契機と不可分に結びついていたので、ナショナリズムを煽るという福澤の仕掛けは驚くほどの効果を発揮した。まだ福澤の強い影響下にあった植木枝盛は、『通俗国権論』刊行直後に執筆した『民権自由論』で、「国の権を張るには先づ民の権を張らねば本間の国権は張り切れ」ないと書いている。これは一応、福澤批判になっているが、すでに議論の枠組が「国権論」の枠のなかにはまり込んでしまっている。「国権」という語が政治的語彙として定着したことによって、民権が先か国権が先かという議論の枠づけが形成されてしまうのである。対外的危機が昂進すれば、それが容易に対外強硬論に転化することは、壬午軍乱（一八八二年）や甲申政変（一八八四年）によって実証されることになる。「民権」が「国権」のなかに回収され、広く解き放たれ始めた言論空間が国民統合のなかに封じ込められていくのである。

教育勅語への道

むろん事は「国権」という語のみにかかわっているのではない。民権派の大衆的デモンストレーションでは国旗（日の丸）がはためいており、「帝国万歳」「天皇万歳」の呼号はごくふつうに見られた光景だった（牧原憲夫『客分と国民のあいだ』一三七頁以下参照）。下からの反政府運動が、一八八〇年代を通じてナショナル・シンボルに統合されていった様は、前述した多くの政党の綱領に、自由の拡充・幸福の増進などとともに「皇室の尊栄」という語があったことにも窺うことができる。民衆の側のアイデンティティ確立が国家意識に回収されるという事態は、近代国家の形成過程で一般的にみられる現象である。

しかし「創られた伝統」（ホブズボウムら）と評されるように、国民国家の形成は単なる無意識の過程ではない。伝統の意識的な再生や「創造」によって、ナショナル・シンボルが国民意識のなかに浸透していくのである。

一八八〇年代の福澤諭吉はこの面でも指導的な役割を果たした。福澤は『文明論之概略』で、ナショナリズムの核心が歴史の共有の意識にあると指摘していた（拙著『近代日本のアイデンティティと政治』第一章第一節を参照）。しかし前述のように、この段階では国学や水戸学の教説を「虚威に惑溺したる妄誕」と明確に否定した。「王政復古」の政治過程で表面化したエスノセントリックな独自性の意識を拒否して、西洋文明の受容によるナショナリティの再構成を企図していたのである。しかし一八八〇年代になると、福澤は明確にこの路線を放棄し、神道が仏教と協力してキリスト教排撃と愛国心養成の機能を果たすことを期待するようになる。『時事新報』の論説「神官の職務」によれば、神官は日本の歴史を講じることによって、国民に「懐旧の感」を生ぜしめ「国権の気」を養うことに努めねばならない。国民に「金甌《おう》無欠」の皇統の歴史を教えることで、「懐旧」の意識を養成し、ナショナル・アイデンティティを確立しなければならないと、福澤は考えた。そしてその根幹に皇室を据えることにしたのである。

こうした考え方は、「神官の職務」の直後に執筆された『帝室論』（一八八二年）で詳しく展開されている。「我帝室は万世無缺の全璧《へき》にして、人心収攬の一大中心なり。我日本の人民は此玉璧の明光に照らされて此中心に輻輳《ふくそう》し、内に社会の秩序を維持して外に国権を皇張す可きものなり。其宝玉に触る可らず、其中心を動揺す可らず」（福澤⑤二七九頁）。『帝室論』の意図は、皇室を政治から独立させることで、万世一系の皇統神話を「皇学者流」の独占から解放し、国民共通の「懐古の情」として定着させることだった。同じ問題意識を引き継いだ『尊王論』（一八八八年）では、国会開設によって、日本社会が欧米的な「多数決主義」に転換すると、かれは予想している。福澤の認識では、これまでの日本は「一個大人」の指示にもとづいて国民全体が行動する「大人主義」だった。国会開設によって「大人主義」から「多数決主義」に転換すると、社会に「功名症と名くる一種の精神病」が生まれるだろうと福澤は危惧した（福澤⑥二一頁）。それを緩和する手段として、かれが重視したのが、「尚古懐旧の情」にもとづく皇統神話だった。

福澤の予測はあたっただろうか。好意的にみたとしても、少なくとも半分は外れたというしかないだろう。なぜならたしかに「多数決主義」は導入されたが、それによって「大人主義」が退場したとはいえないからである。結果として、「多数決主義」への解毒剤として福澤が構想した「動かす可らざるの国体」は、開花し始めた公共的な言論空間を窒息させてしまうことになった。先の「教育議」で、伊藤博文は「一ノ国教」を立てて民間の政論を「管制」するという考えに反対していた。しかし元田永孚との複雑な折衝の末に、結局、政府が教育勅語渙発に踏みきることは周知のところである。明治一四年の政変によって伊藤たちと対立することになった福澤は、それにもかかわらず、神道と万世一系の皇統神話を国体の核心に据えることによって、教育勅語渙発への道筋をつける一端を担うことになった。

政治の季節の終幕

ところで中江兆民が民間の政論が「最下降」したと指摘した一八八六年に、末広重恭は『二十三年未来記』を刊行している。一八九〇（明治二三）年の第一帝国議会に暗い予感と警告を発した内容である。末広はそこで多党分立による国会の混乱、神権論と天賦人権論の激突の危険性とともに、「一般政治思想」が熱度を失っている事実を指摘している。「政府ニ在ル人々ハ公衆ニ向テ政事上ノ意見ヲ吐露スルノ便宜ヲ得ズシテ、民間ノ有志者モ亦沈黙ノ自由ヲ守リ（後略）」という状態では、国会で言論が力を得ることは難しいと危惧したのである（『二十三年未来記』九九頁）。

しかし時勢の変化とともに言論人たちの転身も速かった。「当時書生の早く身を起すには新聞記者たるに若《し》くは無く、殆ど官吏の候補者たるが如き有様あり」とは末広自身の述懐である（「新聞経歴談」、『明治文化全集』新聞篇、六六頁）。新聞界で活躍した多くの言論人は、政治的立場の違いにかかわらず、その後まもなく、官僚や政治家に転身していった。『東京日日新聞』で勇名をはせた福地櫻痴《おうち》のように、政治評論を断念して、政治小説に新たな活躍の場を見出すものもいた。政治の季節の終焉を象徴するものである。もちろん一八九〇年代以後も政治ジャーナリズムが消滅してしまったわけではない。しかし言論空間から一八八〇年前後のような奔放さが失われ、帝国憲法と教育勅語による明確な枠づけのなかに封じ込められたことは否定しがたい。

第一回総選挙に大阪から立候補して当選していた兆民が、第一帝国議会に対して懐いた予感はまことに暗い。「腐腸の競争場なる、頑脳の博覧開なる、天下古今の最俗なる、血性男子の墓場なる、十数年来待ちに待ちて而して今将さに此くの如く失望的ならんとする衆議院の蓋明《ふたあけ》を厭ひ、悲み、憤ふり（後略）」（「国粋の宴の記」、中江⑫一三〇頁）。これが第一議会開会直前のかれの心境である。教育勅語渙発（一八九〇年一〇月三〇日）の翌三一日に兆民が『自由新聞』に掲載した論説は「無人島の居民」、翌一一月一日の論説は「四千万人の砂漠」だった。その後、議会開会までに書いた論説で、兆民は何度も「砂漠」と「無人島」という語を使っている。議会開会を一カ月後に控えた段階で、かれは日本を「四千万人の砂漠」と呼び、日本人を「無人島の居民」と形容する。たとえこれが教育勅語を意識した語ではなかったとしても、その比喩はあまりに象徴的である。

憲法発布の勅語は以下のように宣言している。「（前略）朕ガ親愛スル所ノ臣民ハ即チ祖宗ノ恵撫滋養シタマヒシ所ノ臣民ナルヲ念《おも》ヒ、其ノ康福ヲ増進シ、其ノ懿徳《いとく》良能ヲ発達セシメムコトヲ願ヒ（後略）」（『明治文化全集』正史篇下、一〇～一一頁）。かつて「自由民権」のスローガンとともに呼号された「幸福」

の観念は、ここに至って、天皇が臣民に憲法を賜与して実現を期すということにされた。下からの政治参与の要求はみごとに天皇の統治権のなかに回収されたのである。議会開会前に兆民が自由党の党議として要求した憲法の「点閲」は警視庁によって禁じられ、民党合同論も民党内部の対立で失敗に終わっていた。兆民の自閉の感覚がいかに奥深いものだったかを理解できよう。

「日本政府脱管届」

自由民権の運動は、政治の下への拡大に伴う新しい政治意識の成立と不可分だった。「自由」や「幸福」の感覚によって政治の良否が判定されるという意識は、政治が個々人の内面に基礎づけられることを意味する。いうまでもなく、それは国民個々人の国家への動員と表裏一体をなしている。個人の内面の自立と、それを国家に回収するという二つの過程が、ほぼ同時に進行するのである。これが国民国家形成に普遍的にみられる二重奏である。自由民権の主張はその一つの局面にほかならないが、二つの過程にずれが生じることによって、国家意識に回収しきれない「自由」の意識が横溢《おういつ》することもあった。

たとえば一八八一年一一月に、栗村寛亮と宮地茂平の二名が太政大臣に提出した「日本政府脱管届」はその例である。「私共儀従来ヨリ日本政府ノ管下ニアリテ、法律ノ保護ヲ受ケ法律ノ権利ヲ得、法律ノ義務ヲ尽シ居リタレドモ、現時ニ至リ大ニ覚悟スル所アリテ日本政府ノ管下ニアルヲ好マズ、今後法律ノ保護ヲ受ケズ法律ノ権利ヲ取ラズ法律ノ義務ヲ尽サズ、（後略）」（近代思想大系㉑二四四～二四五頁）。かれらは「地球上自由生」と名乗った。その主張は、スペンサー『社会平権論』の「国家を無視するの権利」に影響されたものだといわれている。日本国籍を離脱し政府の保護を求めないという発想は、教育勅語以後には想像できない。それは「国民」の形成がまだ試行錯誤の途上にあった時期に特有な闊達さであり、その背後には「論議する公衆」がたしかに存在したのである。本章はそうした側面に着目して、国家意識に回収される以前の言論空間のありさまを描くとともに、それが閉塞していく要因について考察した。

第5章　歴史認識をめぐる抗争——明治二〇年代の国体論

1　国民的記憶と国体論

自分が経験したことについて、どの部分をどのように認識して記憶し忘却するかは、アイデンティティの根幹にかかわる問題である。個人であれ集団であれ、この点については事情は変わらない。近代国民国家が成立して以降、集団的記憶はとりわけ重要な意味を持つようになった。歴史的記憶の内容はその国家のアイデンティティの根幹となり、したがって政治的統合と愛国心の核心をなすからである。近代日本の思想家のなかでもっとも的確にこのことを理解していたのは福澤諭吉だった。福澤は『文明論之概略』で、J・S・ミルに依拠して「国体の情」（すなわちnationality）の根拠について論じ、人種・宗教・言語・地理的環境の共通性を列挙しつつ、もっとも重要なのは「共に世態の沿革を経て懐古の情を同ふする」ことだと述べている（福澤④二七頁）。これは国民的記憶の内容こそが国民の一体感と独立心の帰趨を決することを指摘したものである。日本国家の独立を達成することが自己の言論の使命だと信じていた福澤らしい炯眼《けいがん》といえるだろう。

すでに第4章で説明したように、近代国家においてこうした変化が起こるのは、国民個々人が間接的にせよ、国政に参与することになるからである。つまり参加と動員という契機なしに、政治という営みはもはや考えることができなくなった。国家は一体性を保持し、必要な場合に国民を動員するために、教育や徴兵、国家的祝祭などの行事を通じて、歴史的記憶の共通化を図らねばならない。異なった記憶を持つ人々の存在は体制の不安定につながるので、できるだけ抑圧あるいは排除しようとし、隣国との自他の区別も重要になる。その結果、何を忘れ何を記憶するか、またどのように記憶するかをめぐって、個々人あるいは国家間での実存を賭けた深刻な抗争が生じることになる。そして未来への構想に整合するように現在は捉え直され、過去の記憶も造り変えられる。「伝統」が「発見」あるいは「創造」されるのである。

王政復古という形で新政権を樹立した維新勢力は、天皇中心の政治体制の正統性を古代に遡って弁証しなければならなかった。それが「国体論」という名で呼ばれることになるイデオロギーである。第1章で論じたように、「国体」という言葉が政治用語として急速に広まったのは幕末の政治過程においてだった。後期水戸学が出発点になったことは明らかだが、幕末に流行し始めた「国体」の語義は一定ではなく、国の体面、国威、旧来からの政治体制など、多様な内容が込められていた。明治に入ってもその事情は変わらなかった。それがアマテラスの系譜をひく万世一系の天皇への国民の忠誠心を核心とするものと意識されるようになり、もはや他の語義が混入することがなくなるのは、帝国憲法と教育勅語が出されて以後のことである。この二つの文書は、王政復古として実現した明治維新の理念を再確認し、西欧先進国の国家原理を盛り込みながら、政治と宗教（あるいは道徳）の両面から明治国家の骨格を基礎づけたものだった。維新の変革を編年体で編纂した『復古記』の完成（刊行は一九三〇年）や神武天皇を祭る橿原《かしはら》神宮の創建、水戸藩士一四六〇名をはじめとする約三四〇〇名の「維新前後殉難者」の靖国神社への合祀がこの時期におこなわれているのも、けっして偶然ではないだろう（吉原康和『靖国神社と幕末維新の祭神たち』一五頁参照）。政治体制と歴史認識の両面で、明治国家の公定イデオロギーの骨格が確立しつつあったのである。

国体論は明治二〇年代になって、おぼろげながらやっと完全な姿を現してきた。それとともに、こうした公定イデオロギーの方向性に対する抵抗や反発も浮上してくる。教育勅語をめぐる「教育と宗教の衝突」はその代表例であるが、歴史認識についても、薩長中心の王政復古史観とは異なる歴史叙述の試みがこの時期に出現する。帝国大学の重野安繹《しげのやすつぐ》や久米邦武らの史学会による考証主義、島田三郎や福地櫻痴に代表される旧幕臣によって書かれた政治史、徳富蘇峰『吉田松陰』や竹越三叉『新日本史』など民友社グループの歴史叙述がその代表である。

本章では国体論の成立にかかわる三つの事例を分析する。まず一八八九年に設立された史学会の中心人物のひとり久米邦武が標的にされた「神道は祭天の古俗」事件、次に旧幕臣出身で立憲改進党の中心人物だった島田三郎の著書『開国始末』とそれを批判した内藤耻叟との論争を取り上げて、その歴史認識の何が争点となったかを分析する。最後に官権派の新聞と目されていた『東京日日新聞』の岡本武雄と福地櫻痴が書いた幕末政治史を紹介して、この新聞が展開した国体論との関係を考える。三つの事例はこの時期の国体論の様相を全面的に説明するものとはいいがたいが、歴史認識をめぐる抗争と国体論の成立が相互に関連していることを、側面から明らかにするはずである。

2　久米邦武「神道祭天古俗」事件

事件の概要

一八九二（明治二五）年三月四日、帝国大学教授・久米邦武（一八三九～一九三一）が前年末に発表した論文「神道は祭天の古俗」によって非職処分に付された。アカデミズムに対する最初の公然たる弾圧であり、前年の内村鑑三の教育勅語不拝事件とともに、国体論の確立過程を象徴する事件である。周知のことであるが、事件の大要を改めて記しておこう（大久保⑦一四二頁以下参照）。

問題の論文はまず『史学会雑誌』に一八九一年一〇月から一二月にかけて三回にわたって連載された。それはすぐに田口卯吉の注目するところとなり、田口が経済雑誌社から発行していた雑誌『史海』第八号（一八九二年一月発行）に転載された。田口はすでに自著『日本開化小史』（一八七七〜八二年）を刊行しており、その冒頭で記紀神話を合理主義的に解釈し、神道の発生を説明する文章を発表していた。一八八九年、帝国大学に国史科が創設されて『史学会雑誌』が創刊されると、その考証主義的史学が注目を浴び始めた。田口はこうした動向に影響されて一八九一年五月から『史海』を発行し、久米や重野安繹らと親交を持っていたので、久米の論文を高く評価して転載したのは自然ななりゆきだった。

事態は『史海』発行の翌月末から三月初めに急展開する。二月二八日、論文を問題視した神道家の道生館塾生四名が久米宅を訪れて五時間にわたって久米を論難した結果、久米は論文を取り消すと明言した。これを受けて、かれらが手分けして宮内省・内務省・文部省を訪れて善処を要求した結果、三月四日に『史学会雑誌』と『史海』の発売禁止、久米の帝国大学教授非職が発表された。前日の三日に、久米は諸新聞に「文意円熟せざる処」があったとして全文取り消しの広告をだしていたが、弾圧の動きを止めることはできなかったのである。

厳しい処分が下されたのは、転載にあたって田口が「神道熱心家」を挑発するような言辞を使ったからだともいわれる。しかし久米自身が後年語っているように、論文はすでに『史学会雑誌』掲載段階から「旧国学者」たちの怒りを買っていた（「故田口鼎軒君の史海を回顧す」、文学全集⑭四一四頁）。『史海』への転載が過剰な反応を引き起こした面もあるが、転載されなくとも、久米は無傷ではすまなかっただろう。道生館の塾生が行動を起こしてから一週間足らずで決着がついたことから推しても、宮地正人が指摘しているように、政府当局のイニシアティブで弾圧が強行されたと想定してよいだろう（宮地正人

『天皇制の政治史的研究』一七七頁以下参照）。道生館塾生と久米の問答の概要は、『大八洲《おおやしま》学会雑誌』第六九号（三月一〇日発行）に掲載されると同時に、談判に参加した塾生一名の名で『道生館学生対久米邦武氏問答之始末』（羽生田守雄編）と題するパンフレットとして発行されている。また『東京日日新聞』も「中央電報社の通信」にもとづくという形で、ほぼ同じ文章を三月四日から六日にかけて三回連載した。さらに久米の論文と道生館塾生との応接や神道家たちの批判が、下田義天類『祭天古俗説弁明』（非売品、一八九二年五月）として公刊されている。かなり組織的な動きであり、一部の神道家の散発的な行動ではなかったことは明らかである。

久米論文と神道家たちの批判

では久米の論文のどのような点が問題になったのだろう。まず「神道祭天古俗」論の内容を摘記しよう。久米によれば、神道には「誘善利生」の教義が欠如しており宗教とはいえない。「天神」とは未開時代の人間が禍福をもたらすものに名づけた想像上の存在である。祭天は「攘災招福」を祈願する古代世界の共通の習俗で、神道もその一つである。天照大神《あまてらすおおみかみ》は古代の王で、「天の代表者」と信じられ、太陽の比喩で呼ばれた。忍穂耳尊《おしほみみのみこと》は新羅《しらぎ》からの渡来人である。伊勢神宮は天照大神の宮殿であり、新嘗祭《にいなめさい》は祭天の儀式、三種の神器は祭天の神座を飾るものだった。また神社は元来は「祭政一致の政治堂」であり、人鬼を祭る場所ではなかった。しかし人智が発達すると、古代のような祭政一致では秩序が保てなくなったので、隋唐の儒学や陰陽道、仏教が導入された。神道だけに依存せず、こうした思想を受容した日本は好運だった。もし「教典さへ備はらぬ神道の古俗に任せたらば、全国今に蒙昧の野民」にとどまっていたことだろう（近代思想大系⑬四六五頁）。

以上の久米の議論は大胆な推論に満ちており、神道家にはとうてい受け入れがたい内容である。しかも久米の議論は必ずしも緻密な論証にもとづいたものではなかったので、神道家たちは精粗様々な批判を展開した。しかしここでまず注目したいのは、個々の解釈の対立ではなく、神道家たちの久米批判の論法である。かれらが異口同音に唱えたのは皇室に対する不敬、国体の毀損、教育勅語への違背だった。たとえば一八八九年八月の発行以来、一貫して「宇内無比なる国体」の重要性を呼号していた雑誌『国光』は「国家の大事を暴露する者の不忠不義を論ず」（第三巻第九号、一八九二年三月二五日）という記事を掲載して、天皇の祖先について詮索し、「三種の神器《じんぎ》を蔑視」して、伊勢神宮に不敬を加えたものと論断している（近代思想大系⑬四六六頁以下）。この論者によれば「苟も君国に害ありて利なきもの」については、議論しないことが学者の任務だという。同誌の同じ号と翌月号に掲載された佐伯有義の論説「久米邦武氏ニ質ス」「久米邦武氏ノ邪説ヲ弁ジテ世人ノ惑ヲ解ク」は、一三項目にわたって久米の議論を批判しているが、その根拠は「国体ヲ毀損シ、教育ノ勅語ニ違背スル所」があるという点だった（同上四七〇頁）。

では久米の論説のどのような部分が「国体の毀損」と考えられたのだろうか。道生館塾生たちが発表した久米との問答の冒頭に近い部分を引いてみよう。「（前略）神は全く想像より出たる者也云々、伊勢神宮は　天照皇太《ママ》神を祭るに非ず云々、皇祖忍穂耳命は朝鮮より渡来云々、仏法によって国家の基本鞏固になれり云々等の如き、如何に先生が一家言にもせよ、頗　皇室に対して不敬の甚き者にて其国体を毀損し天下後生を誤るのみならず、我々国民の歴史をも侮蔑したる者（後略）」（倉持治休・本郷貞雄・藤野達二・羽生田守雄「神道は祭天の古俗と云へる文章に付問答の始末」、文学全集78一〇二頁）。

未開時代の人間は、自分たちに禍福をもたらすものが実在すると想像して神と呼んだと、久米は主張した。しかし塾生たちは、記紀の神代の叙述が「国民の歴史」の中心をなすと捉えるので、久米の合理主義的解釈は許容できない。神がなぜ想像上の存在なのかとの詰問に対して、肉眼で見えないからだと、久米は答える。これに対して塾生たちから、歴代の天皇も見えないから想像上の存在と考えるのかと反問されると、久米は歴代の天皇は歴史に書かれているから実在だと答えて足をすくわれる。久米が想像上の存在にすぎないとする神々も「正史」に書かれているから、両者を区別する根拠がなくなるからである。

久米は記紀の神代と神武以後を区別し、神代も人間の歴史として合理主義的に解釈するが、歴代の天皇の神聖性は血統の連続性だけではなく、イザナギ・イザナミの国造りやアマテラスによる天孫降臨を中心とする神話の物語に依拠している。つまり記紀神代に記されている神々の神性を否認すれば、アマテラスの神聖性が剝奪され、三種の神器も意味をなさなくなって、歴代の天皇は単に血統が連続した支配者にすぎなくなる。だから「我ガ皇祖皇宗国ヲ肇ムルコト宏遠ニ徳ヲ建ツルコト深厚ナリ」（教育勅語）とされた「皇祖皇宗」を神話から切断すれば、即座に「我皇祖皇宗の国家開始の御鴻業《こうぎょう》を蔑視」したとして、「不敬」のレッテルを張られることになるのである（宮地厳夫『祭天古俗説弁義』一六頁）。塾生たちはこの点を以下のように説明している。「已に天祖を以て蒙昧時代の祖先も分らざる一個の為政者となしたる時は、即皇統も頗空漠の者となり　皇室もさして難有からぬ者となる（後略）」（同上、文学全集⑱一〇三頁）。かれらは「不敬」を恐れる久米の歴史解釈の弱点を知悉していた。

雑誌の発行停止と久米の非職処分が発表された後、田口は新聞『日本』『朝野新聞』（三月一二日・一三日）や『史海』第一〇巻などに「神道諸氏に告ぐ」を発表した。古代史について新説を発表することは、国体や皇室の尊厳を何ら毀損することではないと、神道家たちの態度を批判し、神代について以下のように述べる。「余は固く信ず、神代の諸神は霊妙なる神霊とならずして、吾人と同一なる人種、則ち飯も喰ひ水も飲み踊も踊り夢も見玉へるもの（後略）」（「神道諸氏に告ぐ」、同上一〇〇頁）。このように田口や久米は、皇祖アマテラスとそれに先立つ神々を普通の人間と捉えて、神代の合理主義的解釈に道を拓いた。しかし神道家たちは「神代紀は皇統の根元たる、御系譜」と考える（村上佳太郎「田口氏が論説を弁別す」、『大八洲学会雑誌』巻七一、一八九二年五月一〇日発行）。かれらは神聖な神々と人間を同じ次元で捉えるわけではないが、他方では神代と人代との連続性によって皇祖皇宗の神聖さを強調しなければならなかった。だから神代の神々を普通の人間と捉える態度は「皇統の根元」を毀損する行為なのである。記紀の神代をフィクションや寓話とみる合理主義的な理解を許容できない以上、国体論はその理論（その名に値するとして）の根底において、きわめて偏狭なものたらざるをえなかったのである。

ジャーナリズムの反応

久米論文を『史海』に転載するにあたって、田口は「神道熱心家は決して緘黙《かんもく》すべき場合にあらざるを思ふ、若し彼等にして尚ほ緘黙せば、余は彼等は全く閉口したるものと看做さゞるべからず」と挑発した（文学全集⑱九九頁）。しかしジャーナリズムは、一般に久米事件の重大性に十分な関心を払ったとはいいがたい。二月中旬に実施された第二回総選挙で、品川内相が大々的な選挙干渉をおこなったので、この時期の新聞ではその責任追及が主たる話題になった。しかも民党系の『郵便報知新聞』や『国民新聞』は、三月初めにちょうど発行停止になっており、その他の新聞・雑誌も事実の経過を簡単に報道する程度だった。いくらか特異な例として、『東京朝日新聞』と『読売新聞』が、久米の祭天古俗論を容認する論説を掲載しているのは注目される。『東京朝日』の論説「学者の任務其覚悟」（三月九日）は、久米論文の内容について「明治の教育を受けたるもの、若くは幾分の事理を暁《さと》れるもの」にとって奇異なものではないとし、むしろ「通識を以て之を知るを得」るものだと述べる。そのうえでいったん発表した論文を簡単に取り消した久米の不甲斐なさを批判し、「一死以て其説を保持すべきのみ」と叱咤した。

こうした一般的風潮のなかで、新聞『日本』が神道家たちに明らかに同情的な態度をとっている。三月三日付紙面では、久米批判の投書の第一回を掲載し、今後も連載するとともに自社の態度を示す論説を掲載すると予告した。翌三月四日には「富士見の里人」（実は久米の自宅での談判に参加した人物の一人）の投書を掲載し、そのあとがきで「神道祭天古俗論」に対する投書者に対して、以下のように注意を喚起している。「罵詈《ばり》を避けて瑜《ゆ》を瑜とすべし、譏詆《きてい》を斥けて其瑕《か》を瑕とすべし。簡潔に趣意を述べて要点を発揮すべし、原作者の言論に就きて究むべし、余論に渉るを慎むべし」。『日本』に寄せられた投書の論調がどんなものだったか、想像できよう。

四日に久米が論文取り消しの広告を出すと、『日本』は六日付紙面で、投書の掲載および先に予告した自社の態度の表明を中止すると発表した。しかしこの言とは異なり、七日に「国風維持の要」と題する論説を掲載している。これは明らかに久米事件に対する『日本』の立場を表明したものである。この論説は以下のように主張している。人々が集まって一個の社会をなしているのは一朝一夕のことではなく、「累世歴代子々孫々」、その社会の道義を維持発展させることに努力した結果である。したがって日本国民たるものは、我国の道義を「扶植」し、文化を「拡充」する義務がある。神道は日本独特の「典礼」であり、西欧語にいう「ナショナル、ライト」すなわち日本固有の「国礼」である。礼は「敬」の表現で信仰ではない。ところが「国礼」たる神道を宗教化しようとする「曲学異端の徒」や、逆に神道が宗教ではないことを理由に排斥しようとし、天皇が神道によって儀式をおこなうことを「非義」して、ややもすれば「愚夫愚婦の徒をして此特異の一大社会の基本にまで疑を容れしめんとする」徒がいる。これは「敬」と「信」を混同したことから生じたものである。このように『日本』は、神道の国教化を主張する神道家を批判する一方で、国家的儀礼としての神道の伝統的価値を毀損する久米の議論を批判する。

この論説は『日本』（および社長・陸羯南）の国体論に対する基本姿勢を表明したものである。羯南は『東京電報』時代の論説「伊勢の太廟、皇室と行政府の関係」（一八八八年九月二一日）で、すでに皇室は政治的な主権者であるだけではなく、道徳的にも「国民の宗家」であるというのが日本の国体だと述べ、内務省ではなく宮内省の管轄にすべきだと述べていた。「神宮及内務省官制」（一八九〇年七月一日）でも同じことを主張し、「日本国民は皇室を本幹とし繁茂し、日本国家は天皇を元首として発達した」ので、「皇室の太廟は亦国家の太廟」だとして、伊勢神宮を宗教施設として扱うことを批判した（陸②六〇〇頁、なお一八九〇年一〇月一八日の論説「政務と典礼、神祇院」も同趣旨）。「誤謬忠愛論の燃出」（一八九〇年八月七日）では、神道を国教化し、天皇を神道の「教皇」とすることで、臣民の愛国心を興起しようという一部の神官の主張を退け、「典礼と宗教との別」を強調している（陸②六四四頁）。

以上の論説に示された『日本』の主張は、神道は宗教ではないとし、信仰の自由を認めたうえで、いかなる宗教の信徒も「国礼」としての神道の祭祀に従わねばならないとするもので、いわゆる「国家神道」の典型的表明である。井上哲次郎の論文「教育と宗教の衝突」が引き起こした論争に関連して、『日本』は「教育と宗教」と題する五回連載の長い論説を掲載している（一八九三年九月一六～二〇日）。この論説の要点は、国家がその特有の性格や体面を維持するためには、国民の心理に影響を及ぼす事象はすべて国家権力に従わねばならないという点に尽る。つまりキリスト教が教育勅語の精神に反するとすれば、それはキリスト教が「伴ひ来れる所の外俗を棄てずして、反《かえっ》て我国俗に抵抗」（陸④一三一頁）したからであり、むしろ「国礼と宗教の衝突」というべきだと主張する。

教育勅語については、「父母に孝、兄弟に友、夫婦の和、朋友の信、及び皇室に対する忠、是れ皆な日本国民の固有なる倫道なり、日本国民の歴史的慣習なり、日本社会の由りて建つ所の元素なり」と評価していた（『日本』一八九〇年一一月三日、陸②七五〇頁）。久米の同僚で「抹殺博士」の異名をとった重《しげ》野安繹《のやすつぐ》が、楠公父子・児島高徳《たかのり》・平重盛に関する忠君の伝承を虚伝としたことについても、重野の「考証」は「穿鑿《せんさく》」にすぎないと批判する。そして「国民の史蹟中に於て吾人の光輝となすべきものならば、（中略）史家たる者は宜く力めて之を庇保して吾人の国光を発揚せざるべからず」と論じるのである（「歴史家及考証」一八九〇年三月一二〜一三日、陸②四六三〜四六四頁）。羯南たちは、従来の歴史書で伝えられた日本人の歴史的記憶の多くが天皇への忠誠心とかかわりを持ち、したがって国体論の核心であると認識していた。だから資料を厳格に考証して歴史を書き換えようとした歴史学者は、歴史的経験を通じて形成された日本人のアイデンティティを危機に陥れるものと信じた。久米を追いつめた神道家たちの思想は、保守的言論人のあいだでも広く共有されていたことがわかるだろう。

3　開国をめぐる論戦——『開国始末』とその批判

島田三郎と内藤耻叟

一八八八（明治二一）年三月、立憲改進党の指導者のひとりで『毎日新聞』記者の島田三郎（一八五二〜一九二三）が『開国始末』を出版した。一八五八（安政五）年、米国をはじめとする五カ国との通商条約締結を強行し、反対派には断固たる弾圧で臨んで暗殺された井伊直弼《なおすけ》を「衆怒を冒し身を開国の犠牲に供して悔いざりし」（一三九頁）[1]政治家として高く評価し、顕彰したものである。島田がこの本の執筆を思いついたのは一八八六年一月頃だったという。本書末尾の「諸家の批評」欄によると、幕末の政治状況を論じた歴史書は「徒《いたずら》ニ慷慨悲壮ナル想像言、尊王攘夷ナル旧套《きゅうとう》語ニ蔽《おお》ハレ」（五一〇頁）ていると植村正久が概嘆したところ、島田が井伊直弼の伝記を書いてその為政を論じるつもりだと応じたという。島田はその頃から、彦根人の友人を介して井伊の事蹟に関する資料を求めていたらしい。そしてこの年三月、井伊の二七回忌の法会に出席して、『毎日新聞』の記事にしたことなどから、『公用方秘録』や中村不能斎『磯打浪』のほか多数の書簡を閲読する機会を得て、執筆が可能になった。『公用方秘録』は井伊大老在任時の内部文書、『磯打浪』は井伊の伝記的事実をまとめたものである（『史料　公用方秘録』、母利美和「神宮文庫所蔵中村不能斎著「磯打浪摘要」」を参照）。

執筆を開始したのは翌一八八七年五月で一二月に脱稿した。この間、井上馨外相の条約改正作業が進行し、鹿鳴館での舞踏会が世論の憤激を呼ぶとともに、政府部内でも激しい反対運動が起こり、民間では三大事件建白運動が盛りあがった。島田はこうした事態の推移を横目に見ながら、執筆に専心したらしい。翌八八年三月、本の発行を待ちかねるように、約一年半の外遊に出発した。国会開設と自身の外遊という政治日程を考慮して、時期を逸することはできないと考えたのだろう。

奥付によると『開国始末』の発行日は三月二〇日（実際の発行日は一〇日頃だったらしい）で、三カ月後には激しい批判の書が公刊された。内藤耻叟《ちそう》（一八二七〜一九〇三）の『開国起原安政紀事』[2]（以下、『安政紀事』と略す）である。この本は島田『開国始末』の批判を目的としたもので、五月の日付の「叙」には「このごろ開国始末を読んで、その極めて紕謬《ひびゅう》多きを見る。また為にその妄甚だしきものを指摘し、以て児輩の惑を解く」（一六九頁）と書かれ、末尾の「開国始末弁妄」では八〇項目ほどの細大もらさぬ批判が展開されている。そこでは「なまいき書生」「押の強き愚人」などと、島田を罵倒する場面が一再ならず出現する。

内藤のこのような感情的な批判は内藤自身の経験に起因しているので、まずその経歴をみておこう（内藤の自伝「悔慚録」（『否塞録・悔慚録・明示録』所収）、秋元信英「幕末・明治初期の内藤耻叟」を参照）。「悔慚録」によれば、内藤は水戸藩士の子として生れ、弘道館設立（一八四一年）と同時に入学して学び、一八五五（安政二）年には二九歳の若さで「軍用掛り」に抜擢された。「軍用掛り」とは藩の一切の軍事を司る役人で、幕府の大目付にあたる職だという。しかし得意の時期は続かず、一八五八年には左遷され、さらに翌年には「慎《つつしみ》隠居」とされて「禁錮の身」になる。この時期は井伊直弼が大老に就任し、水戸藩に下されたいわゆる戊午の密勅への対応をめぐって、藩が返納派と反返納派に真っ二つに分裂した時期である。内藤は返納を主張する鎮派の中心人物で、激派の武田耕雲斎・藤田小四郎らが筑波で挙兵したとき、それを鎮圧する側にまわった。武田らが加賀で降伏し処刑された後、内藤は幕府に内通するものとして拘束され、王政復古の直後まで藩の牢獄につながれていた。その後、水戸藩内では激派の残党による凄惨なテロが横行したので、その犠牲になるより、戦場で討ち死にしたほうがましだとの理由で会津に向かった（佐々木克『戊辰戦争』一八〇頁以下を参照）。しかし会津でもろくに戦闘に参加することはなく、米沢・仙台・一関などを転々とした後、一八七〇年から三年間、変名で山形県の下級官吏として身を潜めた。何らかの僥倖で大蔵省に出仕したのはやっと一八七四年のことで、そこでもしばらく変名のままだったらしい（秋元信英「幕末・明治初期の内藤耻叟」参照）。『安政紀事』を書いたときには帝国大学教授に転任していた。

　自伝の記述を通じて強く印象に残るのは、内藤が政治的・思想的な闘争を個人の動機や性格に還元する傾向が強いことである。二、三の例を挙げてみよう。原市之進（徳川慶喜の側近）は内藤と同郷同門で、幼年から寝食を共にする仲だったが、原の性格は「天性忌克」で「才を猜《そね》むこと甚し」く、そのために内藤は「讒誣《ざんぶ》」されて「慎隠居」の処分を受けた（『否塞録・悔慚録・明示録』一九六頁）。弘道館の修史作業における立原翠軒《すいけん》と藤田幽谷の対立は有名だが、両者の対立の原因は、高橋又一郎という人物が師の「侍婢に姦せし」ことを、立原から咎められたのを恨み、藤田とともに議論を起したためだった（同上二〇三頁）。井伊大老暗殺の首謀者で、後に大阪で自決した高橋多一郎は、「功名心」に駆られて若輩を煽動した。内藤自身が左遷されたのも、高橋から「忌まれた」せいだった（同上一八五頁）。高橋のように「人の悪事を讒誣して己れが直をうり、これを以て長官にこびて立身する人」は多いという（同上二〇六～二〇七頁）。

このように人々のあいだの対立や社会的事件の原因を個人の性格にもとめる内藤の見方は、明らかにいびつである。水戸藩の激しい内部抗争は、水戸学の内部に孕まれていた天皇・主君（徳川斉昭）・幕府への忠誠対象をめぐる相克に原因があるが、内藤がそのことをどこまで自覚していたか疑わしい。ともあれ、常軌を逸するような激しい対立を生きぬき辛酸を嘗めつくした内藤が、桜田門外の変のときにまだ満八歳にすぎなかった島田三郎を「なまいき」と唾棄した気分は理解できなくはない。島田は御家人（下級の幕臣）の家の三男として江戸に生れ、王政復古後は幕臣のつねとして沼津に移り、沼津兵学校で学んだ（高橋昌郎『島田三郎伝』参照）。廃藩置県後は東京に転居して大学南校などで学んだ後、一時、『横浜毎日新聞』に籍を置いたが、まもなく元老院に就職した。上司に沼間守一《ぬまもりかず》がいて、その影響で明治一四年政変後、免官して立憲改進党に参加することになった。一八八六年一月には植村正久から受洗してキリスト教徒になっている。

同じ時期、内藤耻叟はキリスト教排撃に血道をあげていた。後年、出版された『破邪論集』（一八九三年）でかれは以下のように述べている。「壮より老に至る、数十年間、幾多の艱難に遭遇し、万死の中に一生を得て、以て今日に至るまで、一意専念、唯守る所は人倫の大道、君臣の礼分にして、常に国体を尊び、正道を明らかにし、邪教を距《ふせ》ぎ、異端を排するを以て立身の本務とす」（内藤耻叟『破邪論集』自序）。また一八八九年に開設された国学院で国史や漢文を担当していた内藤の授業について、学生のひとりは以下のように述懐している。「水戸訛の大音聲《だいおんじょう》での新論や保建大記の講義は勿論、書経の講義にも武家史の講義にも、二言目には耶蘇の批難が出たものであった」（皇典講究所編『皇典講究所五十年史』一六四～一六五頁）。『開国始末』で対峙する以前から、内藤にとって島田は不倶戴天とでもいうべき位置にあったのである。

島田三郎『開国始末』

『開国始末』で展開されている議論を摘記しよう。島田は幕末の史伝の「十中の八九」が「水藩学派の文章」に依拠していると指摘し、幕末史料が「一方に偏し」て歴史の執筆者の精神があいかわらず「鎖攘の気習」を帯びていると批判する（「撮記五則」）。つまり水戸学中心の歴史観を是正したいというのが本書執筆の動機だった。だから島田はまず、政治的な党派闘争を道徳的な正邪や感情的憎悪から切り離すべきだと説き、成敗と是非は別の次元の問題だと強調する（一七頁）。多くの史伝で、彦根を「姦」とし水戸を「正」とする記述がなされているが、これは当時の党派闘争で相手を貶めるために使われた言葉をそのまま踏襲したものにすぎない（一四一頁）。政治的敵対関係を道徳用語に翻訳するのは愚かであり、「公正の精神」に欠け「攘夷の夢」から覚めていない（二九三頁）。

水戸学が勤王論によって日本を統一した点での功績は大きいが、「見聞を勉めずして専ら気節を尚ぶが故に、（中略）固陋過激に陥るの患」があった（九五頁）。尊王攘夷派は幕府の非戦の方針を「怯惰《きょうだ》」と批判して力を得たが、歴史家が同じ評価をするのは「雷同の見」にすぎない。幕府の誤りは嘉永以後のことではなく、鎖国の「祖法を株主《しゅしゅ》」して「邦人の耳目を塞ぎ天下をして開国の已む可からざるを悟らしめず、以て輿論と背馳《はいち》する」ことになった点にあった（九七頁）。当時の政論を支配したのは「儒者の治術」で、世情を支配したのは「神仏の教義」だった。その結果、「皇風皇国神威神州」などと日本が万国に卓越しているという表現が使われ、「醜夷蕃賊猾虜洋夷海怪」など外国人を人類と見ない考えかたが流布し、知識人は会沢正志斎『新論』、大橋訥庵『闢邪小言』、藤田東湖『回天詩史』、藤森弘庵『海防備論』、塩谷宕陰《しおのやとういん》『隔韡論』などを愛読して、条約締結は「征夷の職任」に反するとされた。「不学の弊」の極まりというべきである（一〇八〜一一〇頁）。

一八五八年の条約締結について、勅許を経るべきだったか否かの問題と、締結の結果についての議論を分けて考えるべきだと、島田は主張する。なぜなら開国の利益もあったことは疑問の余地がなく、また米国との条約を拒否していたら、英国やフランスなどからもっと厳しい条件を迫られた可能性が高いからである。勅許問題については、世の多くの論者が「幕府は平和を得んがために朝廷を欺罔《きもう》し、摸稜の手段を以て外交を処」したという（二一三頁）。これはたしかに事実ではあるが、それを非難するのは妥当ではないと、島田は説く。幕府側は朝廷を説得するためにしばしば「無余儀《よぎなく》」という語を使っている。それは天皇や公家が「宇内《うだい》の形勢」を知らず、外国の強大さを説明すれば、かえって「非常の反対を激生」することになると考えたからで、そのために井伊は「開港は国威を輝す所以《ゆえん》の方略」と主張したのだった（二一四頁）。もし開港を拒否して戦争に及べば、たとえ一度は勝利しても、いずれ列国共同で来寇することになり敗戦・半植民地化は必至だった。「一旦拒絶して永く国辱を貽《のこ》さんよりは寧ろ勅允を待たずとも国家を保全するに如かず」というのが、井伊の判断だったと、島田は主張する(3)（一四七頁）。

「違勅」という語は徳川斉昭や梅田雲濱《うんぴん》などの井伊の政敵が使ったもので、朝廷の文書に出てくるものではない。後世の歴史家が、政敵の攻撃に利用された言葉を踏襲するのは「胸中鎖攘の迷想」にとらわれたもので、自己の好悪の感情を投影したものにすぎない（三一七頁）。また安政の大獄の被害者たちは「当時の刑律」によって処断されたもので「冤獄《えんごく》」とはいえない（三五八頁）。しかし水戸藩に対する処罰がきわめて軽微だったことに現れているように、幕府にはもはや寛永年間のような権威がなかったのだから、「謀士論客」の処罰においてもその点を考慮して寛刑に処すべきだった。徳川斉昭や会沢正志斎・藤田東湖などはいずれも鎖国を非として開国説に転じたが、それを公言する機会がないまま死去し、かれらが鼓舞した少年子弟が多くの事件を引き起こした（四八六頁）。幕末維新期に暗殺が横行したのは、歴史を「正」と「姦」で評価し、政敵の殺害を「義挙」や「天誅《てんちゅう》」の語で美化した結果である（四四〇頁）。こうした歴史認識の偏向が「毒を政治社会に流す」ことになったのである（四四三頁）。

以上、やや長くなったが、島田の歴史解釈を要約した。単なる井伊直弼の顕彰を意図したものではなく、水戸学的な尊王攘夷による復古史観の批判であり、歴史の書き直しの試みであることは明らかだろう。だが島田が企図したのは、尊王攘夷というスローガンの不毛さを指摘するだけではない。そこにはもう一つの目立たない意図があった。それは尊王と佐幕の抗争を生みだした幕府の統治構造そのものの弊害を指摘することだった。たとえばかれは以下のように指摘する。幕府の政治は「東洋擅制《せんせい》政府の常」として政務の実際が外部に秘密であるため、傍議者は実行できない無責任な主張をして人気を博し、当局者は「衆望」に背反する結果になる（九三頁）。鎖攘説を唱えていた徳川斉昭が、幕議に参与するや何もできなかったのはこうした事情による。また井伊は国事犯を厳しく処断したが、これは専制社会が上下に与える不幸である。本来、国事犯は「異説の政敵」であり「今日の抗敵も他日の好友」たりうる（三七七頁）。いずれの場合も専制政体の通弊から生じたものであり、代議制の採用によってこうした欠点を除去することができると、島田は主張した。このように『開国始末』には立憲政体への期待が表明され、一四年政変や条約改正における秘密主義、自由民権運動期の政府の弾圧などに対する批判が隠されていた。

内藤耻叟による批判

他方、『開国始末』に対する内藤の批判は多岐にわたっているが、単純な事実認定にかかわる論点を除けば、根底にある考えかたは単純明快である。徳川斉昭は「和」を秘策とし、表面上はあくまで米国との戦争を主張した。幕府が「怯弱」な態度をみせると志士を激昂させることになり、天皇も「震怒」して混乱を招くことになることを恐れたからで、「戦」を主張することで「勇悍進取の気」を高揚しようと考えたのである（一九一頁）。藤田東湖も「妄りに戦ふべからざる」ことを知っていた。老中たちはこうした事情を認識せず、斉昭たちを「妄りに戦端を開きて時勢を知らざる者」と考えたが、これは「浅短」の所見にすぎない（一九二頁）。また斉昭たちが説を変えたとの批判も「児女の見」で、事実は「水戸君臣の論終始一にして変ぜず、其時を観て弛張緩急以て其勢を制せんとするのみ」だった（同上）。

斉昭は幕府のために「陳言」した「尽忠の人」（二〇七頁）であり、「賢明にして憂国の忠臣」（二七四頁）だった。その意図は「幕府を佐《たす》けて天朝を尊び、武備を厳にして外夷を制する」ことで、そのために節倹を説いて大奥から忌避され、「奉勅」の議論を展開して井伊から排斥された（二五二頁）。梅田雲濱や梁川星巌のような「姦黠《かんかつ》」の陰謀家が水戸の志士を「煽動教唆」し、水戸にもそれに応ずるものがいないでもなかったが、斉昭はこうした行動と無縁だった（二七四頁）。いわゆる戊午の密勅も斉昭はまったく与り知らないことだった（三〇七頁）。その後、勅書の返納をめぐって水戸では激派が猛威をふるったが、かれらの行為は明確に斉昭の意志に反するものだった。

将軍継嗣問題については、賢明な年長者（慶喜）を立てるのが上下を問わず「国を愛し世を憂ふ者」の意見で、「天下の公論」だった（三五二頁）。しかし井伊は「宴安逸楽」を望む大奥の意向に阿諛《あゆ》し、「公議を排して私議を唱へ」て大獄を引き起こし、ついに「徳川氏衰亡の端」を開いた（同上）。暗殺された井伊は艱難《かんなん》を引き受けた「忠臣」だったと称するものがいるが、実際はその困難は井伊が自ら招いたもので、慶喜を継嗣とし、勅許が得られるまで調印を待っていれば、何ら問題は生じなかった（三六三頁）。開国は堀田正睦《まさよし》が決定したもので、井伊はそれを引き継いだにすぎず、勅許なしの調印は松平忠固《ただかた》が決断したもので、井伊はその「尻馬」に乗ったにすぎない（二六三頁、四三四頁）。結局、井伊は「時勢を察せず公論を排棄するに急」で、結果として幕府の転覆を醸成した（三六四頁）。

以上によってわかるように、内藤の論点は徳川斉昭の真意が「幕府を佐け天朝を尊ぶに在りて東西の調和を謀る」（二七四頁）ことだったという一点に集中している。そのことを示すために内藤は斉昭の書いた文書を数多く採録し、他方で水戸の激派の行為は「一己の権謀に出る」ものと激しく批判する（三七九頁）。そして井伊ら幕閣が斉昭の真意を理解せず、かれを排除したことによって幕府は衰滅したとして、老中たちの政治的決断を否定的に評価し、井伊は何の見識もない「貪権」の政治家として断罪される。

以上の見解は単なる島田批判の歴史叙述ではなく、水戸藩の鎮派として活動した内藤自身の行為の正当化でもあり、さらに斉昭に対するかれの忠誠心の表明でもあった。五年後に出された別の著書でも内藤は、幕府が斉昭の「苦言切諫」を採用しなかったばかりか、むしろ「異志アル」ものと猜疑したと批判し、斉昭の才能を「天下ニ伸ブルヲ得セシメバ、其功効ノ大ナル、豈《あに》果シテ測ルベケンヤ」と嘆いた（内藤耻叟『徳川十五代史』⑫一〇〇頁）。要するに斉昭は、終生、徳川家への忠誠を貫いたのであり、その「遺旨」（同上二三七頁）を僭称した激派の行動は、結果として水戸藩の名誉を汚すものとして批判された。これが内藤の幕末史理解の根幹である。

対立の位相

以上のように、細かな事実認定にかかわる論点を除外して『安政紀事』の内容を要約すれば、内藤の批判は井伊直弼と徳川斉昭（および水戸学）の評価に集約される。内藤が『安政紀事』を出版したとき島田は外遊中だったので、その反批判は、井伊の三三回忌の際の「開国始末に対する疑問」という演説（一八九二年）まで待たねばならなかった。そこで島田が問題にしているのは井伊の「心術」で、井伊がはたして内藤が主張したような「姦悪」な人物だったか否かだった。島田はここで政治的立場が異なる人々の証言を挙げて、井伊は「全く身を以て国事に当る為にした」と結論し、「学者」たるものがかれを「姦人」とか「邪人」と評するのは「直なるもの」ではないと反論している（「開国始末に対する疑問」、島田③附録（二）三六頁）。島田の議論の主題は、元来は政治家としての井伊の責任の取りかただった。しかしここでは行為の動機の善悪を主眼とする内藤の批判に引きずられて、井伊の「心術」を弁護せざるをえなくなっている。

ともあれ両者の対立は以下の点に要約できる。島田は井伊の治政が専制的だったことを認めたうえで、その決断と責任の取りかたを評価した。勅許を得られない状況で、天皇への忠誠を優先し、条約拒否に伴う国家的損害は「与り知らず」とするのか、それとも「違勅」の批判を一身に引き受けて「国安を保つの方向を取るべき」なのか、これが『開国始末』が提起した問題だった（一五三頁）。これに対して内藤『安政紀事』は、「戦端を開くも必勅允を待」つべしと主張した斉昭に従っていれば、朝廷も尊攘派も幕府を批判することはなく、幕府倒壊も避けられたという（四三四頁）。

『開国始末』の別の箇所で島田は、井伊の政略は「諸侯の異議を断ち、公武の一致を計りて外交の処分に名分政府の同意を取らん」としたもので、これを阻害するものはすべて鎮圧しようとしたと説明している（四五七頁）。井伊は異論を抑圧して公武一致の態度を示せば、朝廷の同意を得ることできると踏んでいたというのである。これに対して内藤は以下のように反論する。「叡慮」に従う以外に公武合体も諸侯の同意も獲得できないが、当時の国際状況は条約拒否という「叡慮」に従うことを許さないものだった。唯一の解決方法は、衆望の存する一橋慶喜を将軍後嗣とすることだったが、井伊はその「公議」に背いた決断をして失敗した。なぜか。井伊は「心を措くこと険倹《けんけん》、用ゆる所は小人婦人、奉ずる所は闇君幼主、する所は暴虐残忍、信ずる所は姦黠」（『安政紀事』四五〇頁）だったからである。このように内藤の歴史認識は、最後はつねに政治的な敵対関係を道徳用語に翻案する態度に行きつく。

内藤の歴史認識におけるもう一つの問題は、水戸学特有の忠誠の相克にかかわる。水戸学は天皇と幕府という二重の忠誠対象を明示することによって、ナショナリズムを動員するイデオロギーになりえた。しかし二つの忠誠対象（天皇と幕府）のあいだに齟齬が生じたら、どちらを優先するかをめぐって激しい抗争を生む。内藤は斉昭が天皇と幕府への忠誠心を調和させていたと語り、斉昭の真意を理解しなかった幕府当局者と激派の双方を批判することによって、水戸学に内在していた矛盾を封印した。しかし激派の側でも自分たちが斉昭の忠誠心を体現しているとして鎮派を批判するので、結局、相互に相手を「不忠」と中傷することにならざるをえない。結果として、政治的敵対はまたしても道徳の言葉で表現される。内藤によれば、激派の高橋多一郎は「成仁取義の正人」ではなく、その行動は「一己の権謀に出るものである（三七九頁）。内藤が「附録」に採録した「国友与五郎存意書」の表現を借用すれば、高橋らは「鄙劣狙獪《ひれつそけん》の小人」だということになる（三八三頁）。

一般に政治理念や秩序構想を抜きにして、忠誠対象の正統性を説明することはできない。だから政治的忠誠の問題は、それを基礎づけるイデオロギーと不可分である。明治維新による徳川体制の崩壊によって、多くの人々が自己の忠誠心を担保していたイデオロギーを再検討する深刻な経験をした。福澤諭吉が「徳川家へ御奉公いたし、不計《はからず》も今日之形勢ニ相成《あいなり》、最早武家奉公も沢山ニ御座候。此後ハ双刀を放棄し読書渡世の一少民と相成候積《つもり》」と書いたのはその典型例である（山口良蔵宛書簡、慶応四年六月七日、『福澤諭吉書簡集』①一〇一頁）。このときの福澤は、徳川家や中津藩との関係を断ち切り、まずは自己の周りの人々からなる小集団のなかで誠実に生きていく決意をしていた。それは幕藩体制というシステムとそれにもとづく忠誠心を、まずは全否定したことを意味する。むろん福澤の生涯はこの地点で立ち止まったままでは終わらず、後には日本国家の独立と発展という目的のために、言論を通じて邁進《まいしん》することになった。

幕府が消滅したとき満一五歳の少年だった島田三郎は、幕臣とはいえ下級の御家人の三男で、徳川体制ではむしろ疎外された存在だった。少年期に苦学を経験し、薩長政府に対する反発はあったが、忠誠をめぐる挫折感は深刻ではなかっただろう。条約改正問題が焦点になった時期を捉えて、島田が井伊直弼論を展開したのは、幕府の開明的な外交政策を擁護し、返す刀で尊攘派の嫡流である薩長政府を批判したかったからであろう。それは天皇を中心とした明治国家の忠誠観念を否定するものではないが、議会制の導入によって藩閥政権を根本的に改造する意図にもとづいていた。

島田は井伊の政治の閉鎖性を当時の政治システムの欠点と捉え、立憲主義の必要性を説いたが、内藤にはそれは「西洋の事理を引き来りて政党の文字をかり、井伊の姦を掩《おお》わんとする」とみえただけだった(四四六頁)。政党政治家として活躍することになる島田と、『国体発揮』(博文館、一八八九年)『教育勅語訓義』(金港堂、一八九六年)など、国体論のプロパガンダを量産した内藤は、忠誠をめぐる心性において交差することがないほど隔たっていた。水戸学の本旨は、天皇への忠誠を強調することを通じて幕藩体制を強化することだったが、条約締結をめぐって天皇と幕府のあいだに齟齬《そご》が生じたとき、忠誠対象としていずれを優先するかで激烈な対立が生じた。しかしこの忠誠心の対立は、必ずしも幕府と天皇の二者択一だったのではない。水戸藩の激派と鎮派はともに天皇への忠誠心を強調しながら、相互に相手を「奸」と難詰することによって、妥協不可能な敵対関係に転化してしまった。問題は水戸藩にかぎらない。多くの藩で尊王攘夷派と現状維持派(佐幕派あるいは公武合体派)が対立したとき、それを正義派と俗論派などと呼称したのは、同様な精神態度が支配していたことを示唆する。島田が批判したのはこうした精神態度そのものだったのだが、内藤にはそれが理解できなかった。だから内藤に典型的に表現された水戸学の継承者たちは、幕府消滅後もそのイデオロギーと政治的態度に反省を加えることなく、天皇への忠誠心にもとづいて薩長政権に合流し、絶えずその開化政策を抑制する方向に働くことになる。維新後の内藤が体現しているのは、そのような精神のあり方だった。

4　『東京日日新聞』の国体論と歴史認識――岡本武雄と福地櫻痴

岡本武雄『王政復古戊辰始末』

島田三郎『開国始末』の刊行と同じ一八八八年三月、旧桑名藩出身の新聞人による明治維新論が刊行された。岡本武雄『王政復古戊辰始末』（以下、『戊辰始末』と略す）である。この本は同年六月から一〇月にかけて『戊辰始末』巻一（上）（中）（下）の三冊本の訂正増補再版が出され、さらに同年六月に巻二、翌一八八九年二月に巻三が刊行されている。巻一は安政条約の調印から一八六七（慶応三）年の大政奉還までの概略で、巻二は一二月九日（陰暦）の王政復古のクーデターへの経緯、巻三は慶喜の大阪退去から鳥羽伏見の戦争直前までを扱っている。巻三の末尾によれば、巻四で戊辰戦争自体を扱うつもりだったらしいが、刊行された形跡はない(4)。

著者の岡本武雄は弘化三（一八四六）年生れで、巻一の「序」において幕末の経歴を以下のように語っている。「戊辰の年幕府亡滅の時に当り、余は桑名藩に生れたるを以て大坂より下鳥羽に出兵し、戦ひ敗るゝに至りて江戸に下り、次で北越に走り、数度の戦に臨みて砲煙弾雨の間に駆馳《くち》したるの結果は、徒《いたずら》に賊兵の名を取りしに過ぎざりし」（巻一、三頁）。戊辰戦争のとき満二一歳だったはずの岡本は、徳川体制の忠誠観念に従って行動したにすぎなかっただろうが、体制転換の結果、「賊」として処断され苦難の道を歩むことになった。維新後は桑名藩文学館の助教、ついで一八七二年に左院議生となったが、左院が廃止された後、茨城県や水沢県に出仕した。『東京曙新聞』の記事「東京曙新聞ノ沿革」（一八八八一年八月一日）によれば、かれはその後一八七五年に『東京曙新聞』の記者（後に社長）となったが、一八八二年には『東京日日新聞』に転じた。官権派の『東京日日』に籍を変えたことで、岡本は民権派から轟々《ごうごう》たる批判を浴びたらしい。ある記事は「官権の軍門に降参し、其受負料《ママ》を頂戴せしは、彼の奥羽戦争の際強敵に屈服せざるの勇とは大に懸隔する者の如し」と述べて、その無節操を批判している（佐倉政蔵（血涙居士）『志士壮士民間人物論』四五頁。他に篠田正作『智識進歩少年立志之友』、大野泰雄『自由官権両党人物論』第二編など参照）。しかしこの時期の『東京曙』はむしろ漸進主義の立場を取っていたので、移籍によって岡本が政治的立場を変えたとはいえないだろう。その後、岡本は一時期『大東日報』（後述の立憲帝政党系の新聞）にいたが、『戊辰始末』を書いた頃は再び『東京日日』に戻っていたらしい。

岡本によれば、戊辰の顚末に関する従来の著述には、かれ自身の「実歴」からみると事実ではないものもあり、またその記述も「事蹟にのみ止まりて事情に渉るもの」は稀だという（巻一、三頁）。つまり「事実と事情とを得たるの歴史」を描くのが『戊辰始末』執筆の動機だった。岡本が「事情」と表現したのは、資料による事実だけではなく、実際の見聞にもとづく実情の説明という程度の意味だろう。そこには敗者の側からみた歴史的事件の実情を記述しておきたいという熱意が込められている。しかし岡本の叙述には、薩長側の尊王攘夷史観に対して積極的に異を唱える姿勢はあまり強くない。「序」によれば、戊辰戦争は「門閥政治」を打破し「日本の文明を促がして今日あるに至らしめしもの」だという（巻一、四頁）。薩長側の勝利を肯定的に評価しているのである。文久二年以後のいわゆる「処士横議」についても、長州の尊攘派が一部の公卿や浪士と結んで引き起こしたものだが、「時勢の然らしむる所は誠に是非もなき次第なり」（巻一、四一頁）と、まるで他人事のような口ぶりである。

王政復古のクーデター直後の小御所会議については、岩倉たちの処置は「甚だ陰険」で、多くの諸藩重役は岩倉を非難した山内容堂と同一の見解だったと、一応は述べる。しかし公議輿論によっては「数百年太平の弊習」を一洗するような「大変革」は不可能だったので、平和的な変革を排除して、強引に戊辰戦争に持ち込んだ岩倉・西郷・大久保たちの「断行の力」こそが「明治の新世界」を実現したとして、その「豪胆」さが評価される（巻三、六五〜七〇頁）。他方、徳川慶喜については干戈に訴える意図がなかったことが強調され、大阪退去についても、会津桑名二藩を犠牲にしてでも「恭順」を優先する「覚悟」だったと説明する（巻三、二四頁）。これでは慶喜は会桑の徳川家への忠誠心を裏切ったということになるが、岡本は慶喜を非難するわけではない。鳥羽伏見から北越までの敗北の戦争を戦い抜いた人物としては、奇妙に物分かりがいい。王政復古宣言の一二月九日夜の二条城内の兵士たちの戦意高揚した状態などは、実にヴィヴィッドに描かれているので、逆にその淡々としてこだわらない歴史認識が奇妙にみえる。

しかしこれが岡本の歴史観のすべてではなかったらしい。既述のように『戊辰始末』は第三巻で中絶しているが、実はその続稿の初稿とみなせる原稿を、岡本は書き残した。一つは『桑名藩戦記』と題された写本（国立公文書館所蔵、著者名は旧姓の「中村武雄」）で、鳥羽伏見の戦いから江戸開城後の北越への転戦までを記述している。もう一つは桑名藩の越後戦争を描いた『泣血録』と題された冊子で、友人の江間政發（編輯兼発行人）によって一九〇〇年に公刊された。『泣血録』は降伏直後の一二月に山形の獄中で執筆されたらしいので、『桑名藩戦記』もおそらく同時期に書かれたのではないだろうか。ともに戦闘に関する記述が主をなしており、かれらの戦いの正当性と戦死者の顕彰が執筆意図だったのだろう。

この二つの文書のうち、とくに『桑名藩戦記』は『戊辰始末』には見られない率直な感情が吐露されていて興味深い。たとえば小御所会議に至る過程での「一二権謀家ノ所為」を非難して、断然「干戈」に訴えて「君側ヲ清メ」るべきだったとする。そして慶喜の二条城退去の決定に対しても、戦意高揚した状態で「一挙ニ決シナバ大功必ズナル」が、いったん京都を退去してしまうと士気が低下してしまうと、岡本は「痛論」した。しかし慶喜はそれを拒否して「逃ルガ如ク」大阪に下ってしまい、結局「兵気萎靡《いび》」する結果を招いた。また薩摩藩の江戸での狼藉に対して、慶喜は「討薩の表」を出して、大阪から京都への進軍を命じたが、これに対しても岡本は「嗚呼《ああ》敵ノ計ル處ニ陥リ、其勝算ヲモ定メズ卒然出兵ニ決シ玉ヒシハ何等ノ軽忽ナル事ニヤ」と批判している。さらに鳥羽伏見での初戦に敗れたことを知った慶喜は、大阪城内で「此城縦《たと》ヒ焦土トナルトモ死ヲ以テ守ルベシ」と兵士たちを叱咤し、自らも城を枕に討ち死にするとの覚悟を示した。しかし「舌ノ根未ダ乾カザルニ、人ニモ告ズ関東へ逃下リ玉ヒシハ如何ナル事ニヤ」と述べ、こうした無責任こそ「武門衰苶《でつ》シテ王政復古ノ時至リシ」ゆえんだと結論している。このように薩長側の権謀や、慶喜の戦術的な誤りと定見の無さを非難する叙述を、岡本は公にすべきではないと感じていたのだろう。

福地櫻痴『幕府衰亡論』

ところで岡本は、幕府倒壊の最大の原因を「祖宗以来の典礼に背き、外国事件を京都に奏聞した」（巻一、一二一～一二三頁）ことにもとめている。これは幕末史を論じた多くの論者にほぼ共通するもので、たとえば徳富蘇峰『吉田松陰』（一八九三年）もこの処置をもって「政権は沈黙の中に受授せられたり」と書き、幕府が「精神的自殺」を遂げたと形容している（一四〇頁）。同様な例としてここで想起したいのは、『東京日日』で岡本の同僚だった福地櫻痴《おうち》（一八四一～一九〇六）である（ただし福地は一八八八年に退社）。福地は有名な『幕府衰亡論』（一八九二年）において、徳川幕府の政治は朝廷や諸大名の容喙を許さない「将軍専裁の政治」だったと強調し、ペリー来航に際して朝廷に奏聞し、全国の大名に意見をもとめて、国政への介入を許したことが幕府滅亡の原因だと述べた（文学全集⑪一六八頁）。つまり「保守」ではなく「進取」によって幕府は亡びたという（文学全集⑪一七〇頁）。この逆説的な評価や、「明治維新」ではなく「幕府衰亡」に焦点をあてた歴史叙述は、「幕府の遺士」としての福地の意地を示すものだった（文学全集⑪一六二頁）。

幕府を「主」とした歴史を書くという福地のこだわりは、叙述の様々な局面で顔をだす。たとえば井伊大老は「徳川氏末路の豪傑」だとされ、生命を犠牲にして信念を断行したことが高く評価される一方で、井伊の暗殺者は「暴徒」と表現される（文学全集⑪二〇〇頁）。その理由を、福地は次のように説明している。「明治維新史を編するに臨みては、此桜田の刺客を義士となりとも忠臣となりとも、正義忠烈天地鬼神を感動せしむるとなりとも自由に賞賛せよ、幕府衰亡史を編するに臨みては、現に政府の大宰相を殺害したる輩なれば、暴徒なり行兇なりと断じて直筆すること是れ史家の当然なりとす」（文学全集⑪二〇一頁）。尊王攘夷派を軸にした維新史の歴史叙述に対する憤りと幕臣としての意地が読みとれるだろう。それは以下のように続く。ロシア皇太子、大久保利通、岩倉具視を襲ったものたちと、井伊や安藤信正の襲撃者のあいだに何の差異もない。それなのに従来の歴史叙述では、一方を暴徒としながら、他方は「正義視」されている。徳川政府の外交政策を妨害した輩の法律違反や国憲紊乱《びんらん》を不問にして「忠烈の美挙」と賞賛するのは、「国事犯罪の暴挙を慫慂《しょうよう》したる跡なしとせず」だという（文学全集⑪二〇一頁）。

もう一つの例を挙げてみよう。文久三年頃の京都の状況に関連して、福地は次のように述べる。「当時かの攘夷党の有志浮浪の輩は過激の言論行為を事とし、苟も政治思想の己に異なる者を見れば直に之に附するに奸物国賊の悪名を以てする、猶今日民党と称する輩が政治意見を同じくせざる者を見れば之を吏党民敵党と呼做《よびな》すに異ならざりき」（文学全集⑪二一九頁）。暗殺が横行して無秩序状態だったのに、当時の幕閣は果断な処置ができなかった。「若し現時の政治家をして当時の幕閣に在らしめば、遅くも文久三年二月の初には洛中復《また》一人の有志輩を残さざる迄の果断を行ふに躊躇《ちゅうちょ》せざるべし」（文学全集⑪二二〇頁）。このように福地は絶えず明治政府が反政府派に対してとった政略に言及して、幕府の処置の正当性（あるいは明治政府のような果断な処置をしなかったことの不十分性）を説明する。それはたしかに説得力のある表現方法だが、どこか弁明口調だと感じさせる。

坂下門外の変に関連して、幕府による尊攘派の弾圧について論じた箇所を引いてみよう。現在の朝野の政治家のなかには、かつて「尊攘党」だった人も少なくない。もしかれらが当時の政府の高官の位置にいたとすれば、国安を妨害したり政府の転覆陰謀をはたらく輩をけっして放置しないだろう。だから当時の正統政府である幕府が、尊攘派に対して鎮圧手段を講じたのは「政府適当の行為」である（文学全集⑪二〇七頁）。「明治維新史を編するに際しては史家は此暴挙［安藤襲撃のこと―注］を賞賛するに忠勇義烈の頌辞《しょうじ》を以てするかも知らざれども、余が幕府衰亡史を編するには暴徒の行兇なりと断案」しないわけにはいかない（文学全集⑪二〇七頁）。

明治政府の維新史認識と幕府の側からの認識は異なると、福地はくり返している。幕府衰亡史には維新史と同等な価値があるとし、歴史の上では敗者になったとはいえ、幕府の政策には相応の正当性があったと主張したものである。しかし幕府の側に正当性があったと考えるなら、薩長や尊攘派の行為の正当性を否認する筆法もあったはずである。尊攘派は幕府の開明的な外交政策を妨害した。福地が指摘している例を挙げれば、尊攘派の要求に押された幕府は兵庫開港を五年延期する交渉を成功させたが、それは輸入関税引き下げという代償を伴った。結果として、維新政府は尊攘派の行為によって引き起こされた負の遺産を背負うことになったわけで、「過激派の罪」は幕府のみならず「日本帝国に禍」を残したのである（文学全集⑪二四〇頁）。維新政府は幕府の外交政策をそのまま引き継いだのだから、幕府が「将軍専裁の政治」を断行し、威信を失墜させるような妥協策をとらなかったら、明治維新が起こる余地はなかったと、福地は言い張ることもできたのではないだろうか。そのように考えれば、幕府と「尊攘党」

に同等の大義を認め、相対主義的な態度をとった福地の歴史叙述には、明治政府に対する遠慮があるといえるだろう。

そうした妥協的態度がもっとも鮮明に表出しているのは、慶応三年一〇月の倒幕の密勅の場面である。この密勅が維新後に公表されたとき「詔勅を偽作せるかと怪しみたる輩」もあったと書いたうえで、福地は即座にそれを否定して以下のように断言する。「然れども此密勅は爾来《じらい》史家の筆頭に写し上せられ、今は明治歴史中の昭然たる一大関節なれば、復《また》毫末も真偽に於て疑惑を懐く者は日本国中一人も有るべきの理なし」（文学全集⑪二五四頁）。言葉とは裏腹に、この叙述のしかたは、密勅が岩倉たちによって偽造されたと論じているに等しい。事が天皇の詔勅にかかわるので遠慮した記述になっているのである。福地はこの後、この密勅のような維新史の「光輝を発する要節」について語る際、多くの「困難」があると述懐する（文学全集⑪二五五頁）。そしてそうした場合でも「左諱右避して実を没し真を滅すること」があってはならないと述べ、たとえ論評が「識らず知らず明治の元勲に及ぶ」ことがあっても、歴史上の事実として「寛裕」されるべきだと前置きしている（文学全集⑪二五五頁）。いかにも奥歯に物が挟まったような前置きの後で、福地が主張したかったのは、密勅が「賊臣慶喜」と指弾するような事実は存在しなかったということだった。だから「倒幕党の首領諸雄は慶喜公に対しては気の毒の至なれども此大計［倒幕のこと―注］には替《かえ》がたしとあって、扨《さて》は此密勅に及ばれたるものなるべし」と述べて、密勅が倒幕という政略の道具だったことを遠慮がちに指摘するのである（文学全集⑪二五六頁）。結局、陰謀に敗れて、幕府は倒壊したということになるが、この結論に至るまでの叙述はいかにも慎重で、何重にも保険をかけたという印象である。

『東京日日新聞』の立場

以上のような慎重な歴史記述は、筆禍を恐れたという事情も左右しただろう。しかしもっと本質的だったのは、おそらく政府の当局者への遠慮である。周知のように、福地は維新後に大蔵省に出仕し、大蔵小輔の伊藤博文に随行して米国に出張し、さらに岩倉使節団にも参与した（柳田泉『福地櫻痴』一三七頁以下参照）。こうした関係から伊藤をはじめ、木戸孝允・井上馨・山縣有朋などとの知遇を得て、『東京日日新聞』は「太政官記事御用」という肩書をつけることに成功した（「新聞紙実歴」、文学全集⑪三二七頁以下）。福地が政府との親密さを誇示したのは、『東京日日』に政府の機関紙としての性格を持たせるという素志があったからだが、自由民権運動が盛りあがった一八八〇年末、伊藤たちは政府系新聞の発行を福澤諭吉に依頼した。福澤は最終的に応諾の返答をしたが、いわゆる明治一四年の政変によって、それが御破算になったことはよく知られている。北海道開拓使問題で、『東京日日』が激しい政府批判を展開したのはこうした事情もいくらか関係したのかもしれない。しかし政変に前後して、福地と伊藤博文・井上馨との関係は修復された。福地が回顧するところによれば、一〇月初旬にかれは伊藤と井上に会い、その「談論」を聞いた結果、かれらが国会開設の決意を固めていることを「推知」した。さらに国会開設の詔勅発布後、伊藤に会いに行ったところ、伊藤は「平素の好意を以て余が為に十分なる説明を与へた」という（同上三三六頁）。

政変直後に福地は『東京日日』の全株式を自ら取得し、かれの政治的主張に同調する新株主がそれを買い取るという組織改編をおこなった。薩長藩閥から金銭の提供を受けたとのうわさが流れたが、真偽はわからない(5)。組織改編の目的は、新聞を政党（具体的には立憲帝政党）の準機関紙化し、営利を度外視して政治的主張を展開することだった。福地は従来から「寡人政府」には否定的で、憲法制定と国会開設を主張しており、国会開設後は当然に政党内閣になると考えていた。一八八一年三月末から四月にかけて連載された「国憲意見」は、「皇統ハ神種ナリ、我日本国ノ帝位ハ天照大御神ノ御子孫ノミ天日継《あまつひつぎ》ニ立セ給フベキ事」と神話的な天皇の位置づけを強調しつつ、信仰や言論の自由と民選（制限選挙ではあるが）による二院制を規定しており、英国憲法の影響が顕著だと評価されている（『明治文化全集』正史篇下巻、稲田正次『明治憲法成立史』（上）三七五頁以下参照）。政変直後は、激烈な変革を企図する「変乱党」、国会開設に否定的な「保守党」に対して、自らの立場を「正議党《ママ》」と呼び、その組織化を訴えていた（「政党論」一八八一年一〇月二〇日～一一月一日）。しかし後には、陰謀による政変を望むだけの「変乱党」は政党とは認めず、「保守党」「漸進党」「急進党」の三分類にもとづき、「漸進立憲党」の組織を訴えるようになった（「政党ヲ区別ス」一八八一年一二月二七～二九日）。

岡本武雄が『東京日日』に入社したのは、この直後の一八八二年初頭のことだった。「日報社ニ入ルノ理由」（一八八二年一月七日）で、岡本は入社の理由を二つ挙げている。一つは『東京曙』が土佐の共行社の手に移ったこと、もう一つは国会開設の準備として政党組織に着手することだった。福地は「皇極論」（一八八一年一一月二一～四日）、「民極論」（同年一一月五～七日）などによって、皇統不窮のためには君主の権力と国民の権利を両立させる必要があると説いていた。しかしその具体的内容は「立法行政司法ノ三大権ハミナ君主特有ノ権」とし、国民が参与できるのは立法権のうち内治に関する部分だけで、広範な君主権力を認めたものだった（「皇極民極余論」同年一一月八日）。こうした原則にもとづく政党を結成することを視野に、福地は岡本を陣営に加えたのだろう。

『東京日日』の国体論

『東京日日』での岡本の最初の署名記事は、軍人勅諭について論じた「勅諭ヲ奉読ス」（一八八二年一月一一日）で、次が「主権論」（同年一月一四～一七日）だった。前年一一月に発表された『東京横浜毎日新聞』の「主権ノ所在如何」を念頭に置きながら君主主権論を展開したもので、この後の三カ月にわたるいわゆる主権論争の開幕を告げるものだった。論争の内容はここでは問題にしない。興味深いのは、この論争を通じて『東京日日』が「国体」の概念を固めていったことである。『東京日日』の社説ではこれ以前にも「国体」の語が使われているが、その意味はきわめて曖昧なままだった。「主権論」において、岡本は「我邦ノ如キハ皇統一系ニテ、二千五百有余年ヲ経テ一変故ナキ宇内無比ノ国体」だと述べ、それを根拠に天皇主権を主張する（箕田亨編『主権纂論』一七頁）。さらに「主権弁妄」（無署名、同年一月二四～二八日）では、「政体」と「国体」を区別し、「国体ハ其国ノ事跡ニ就テ定マル」もので、政体は国体にもとづかねばならないと説く（同上一一六頁）。そして日本の国体は「万国ニ冠絶シ世界ニ其比ナシ」だから、西欧（とくに英国を念頭に置いている）の政体をそのまま日本に適応させることはできないと論じられている（同上一二六頁）。歴史や口碑によれば、「我日本ノ主権ハ人代ノ初ヨリシテ常ニ帝室ノ有シ給フ所タルヤ太《はなは》ダ分明」というのである（同上一一九～一二〇頁）。

では鎌倉以来の武家政権はどのように評価するのだろうか。「主権弁妄」の筆者によれば、たしかに「主権ノ実力」が武門に移り、帝室は「虚器」を擁していたが、それは「国民一致シテ主権ヲ帝室ヨリ剥取」したことを意味するのではない（同上一二四頁）。つまり西欧とは異なり、日本では人民と君主が主権を争った事実は歴史上存在しない。中世以来、天皇は武門によって主権を「押領《おうりょう》」されていたが、国民は「懐旧ノ念」を忘れず「何カニ付ケテ帝室主権ノ昔」を偲んだ（同上一二九頁）。その結果、王政復古が実現したというのである。説明はまだ粗雑だが、国体と政体の区別、万世一系の天皇による国体の固有性、古代以来の国体の一貫性など、後の国体論の骨格はここで明確に姿を現している。

福地たちを中心に立憲帝政党が結成されたのは、まだ主権論争が続いている三月一八日のことだった。党綱領の冒頭に「内ハ万世不易ノ国体ヲ保守シ、公衆ノ康福権利ヲ鞏固ナラシメ、外ハ国権ヲ拡張シ、

（中略）漸ニ循《したが》テ歩ヲ進メ、守旧ニ泥《なず》マズ躁急ヲ争ハズ、恒ニ秩序ト進歩ノ併行ヲ求メ」と謳ったもので、国体保存と漸進主義を基調としている（「立憲帝政党」一八八二年三月二〇日）。三月二五日から九回にわたって連載された「立憲帝政党議綱領ヲ読ム」では、「内閣諸公」がこの党綱領と「内閣ノ主義」が一致していると保証したと公言され、現内閣は事実上「立憲帝政党ノ内閣」であるとした。福地や岡本が同席して党綱領を「内閣諸公」に見せ、同意を得たのは事実だろうが、国会開設後の政党内閣制を当然の前提としていた福地たちと、政府首脳部とのあいだには根本的なギャップがあった。政府首脳をバックにしているという気負いと自負心が、民権派新聞に対する『東京日日』の戦闘性の根源だったが、それは同時に立憲帝政党を短命に終わらせる原因にもなった。『時事新報』の論説「立憲帝政党の組織を論ず」（一八八二年四月八日）や「立憲帝政党に望む」（同年四月一二日）がいち早く指摘したように、政府の方針が一党派の主張に帰着することになれば、支配の正統性が維持できないと政府当局者が危惧したのは当然だった。

こうして『東京日日』や立憲帝政党は国体保存を主張の根本に据え、護教的性格を強めた。たとえば「某政党ノ領袖」（板垣退助のこと）が、天皇のことを「日本人民代理〇〇君」と呼んだというニュース（後に誤報とわかった）を受けて、「我国ハ万世一系ノ皇統ヲ無窮ニ奉戴スルノ国体」で、共和国の大統領とは根本的に相いれないと論じた（「名実ノ弁」一八八二年五月五日）。また中学校の卒業証書授与式で生徒が「不敬ノ言辞」を使ったことを取り上げ、「忠孝徳義ノ教育」の重要性を説いた（「大不敬ノ演説」一八八三年二月一日）。こうした文脈で『東京日日』が積極的に展開したのが「国体論」だった。一八八二年一一月八日から三日間連載された「国体論」は、「国体」と「政体」の峻別を改めて強調したものである。それによれば、「国体」は日本帝国特有のもので、外国には「政体」はあるが「国体」は存在しない。日本ではアマテラスの天壌無窮の神勅以来、皇統が「我帝国臣民ニ君臨」してきたが、中国や西欧諸国では建国の当初に「国体」は失われた。日本では政体は「上世政体」「中世政体」「幕府政体」「明治政体」と変化してきたが、政体の変化や消長が国体を「毀傷」することはなかったという。

翌年二月に関直彦の署名論説として発表された「国体新論」（一八八三年二月二二〜二八日）は、一一月の国体論のさらなる精緻化を目指したものだろう。ここでは以下の五つの項目が順に論じられている。(1)国体の本義、(2)いずれの国にも固有の国体が存在する、(3)国体と政体の区別、(4)政体は変化するが国体は不変である、(5)国体に反する政体は持続できない、(6)憲法や法律は国体に随わねばならない。このうち(2)のどんな国家も固有の国体を持つというのはやや特殊な考え方である。関は、国体とはその国民の性質のことで、気風・風俗習慣・古伝・建国の情勢によって決定されると規定したので、あらゆる国家に固有の国体があると考えた。それは政体・憲法・法律は国体と合致するものでなければならないことを強調し、西欧諸国の政治体制の模倣を排除する点では、国体は日本固有の概念とする考え方と実質的には同一である。日本国民は「我金甌《きんおう》無欠ノ国体ノ下ニ生レタルノ幸福ヲ覚リ、国体ハ人為ノ変ズベキモノニアラズ」ということを認識せよという主張に落ちつく。

以上の議論は、後世の千篇一律の国体論に食傷しているものには何ら新奇な点はない。しかしこの論説は、幕末以降に急速に普及し始めた「国体」概念を、国家体制の基礎が定礎され始めたまさにその時期に、体制の基軸として定置したものだった。幕末以後、頻繁に使われるが、意味は曖昧なままだった「国体」という語は、これ以降、『東京日日』が使ったような用法に収斂《しゅうれん》していくことになる。「国体論」という独特のカテゴリーや、政体と国体の概念的区別も、この頃から徐々に常識と化していった。その意味で『東京日日』が国体論形成の過程で果たした役割は大きかった。

もし戊辰戦争が徳川側の勝利で終わっていたら、明治維新は王政復古ではなく公議政体論を中心に実現していただろう（野口武彦『鳥羽伏見の戦い』の「あとがき」参照）。その場合、国体論が体制の中心軸になることはなかった。戊辰戦争を戦い（福地の場合は間接的な関与だが）、徳川幕府に強い愛着心を持ち続けたふたりの旧幕臣が、公議政体論の線で自己主張せず、逆に国体論形成に重要な役割を果たしたのは、歴史の皮肉というほかない。

5 国体論と歴史認識

以上で取り上げた事例は、憲法と教育勅語発布前後の国体論の様相を側面から照射したものである。最初に取り上げた久米邦武は、政府の修史事業の一翼ともいえる『稿本国史眼』の共著者であった事実からもわかるように、本来は公的な歴史認識を代表する側にいた。問題となった「神道祭天古俗」論も、記紀神話を開明的な立場から説明することが目的で、憲法や教育勅語で表明された国家原理を根底から覆すほど深刻なものではなかった。しかし政府内の保守派は、久米の推論が体制の根幹である天皇の神聖性を突き崩す危険性があることを敏感に感じとった。この時点で政府保守派や神道者が信奉していた一種の神義論は広く承認されたものとは言いがたいが、国体論という教理に最初から埋め込まれていたものだった。だから体制の危機が強く意識されたときに正面に躍り出ることになる。文部省が一九三七年に、国体明徴を意図して出した『国体の本義』を想起すれば、その事情が納得されるだろう。それは「大日本帝国は万世一系の天皇皇祖の神勅を奉じてこれを統治し給ふ。これ、我が万古不易の国体である」という言葉で始まる。アマテラスの神勅が国体の始原と説明されているのである。

「国体明徴」とは、美濃部達吉などが唱えた天皇機関説を批判し、天皇の神権的絶対性を強調する運動である。美濃部の学説は、明治末年の上杉慎吉との論争によってすでに広く知られており、大正期を通じて吉野作造の民本主義などとともに言論界で確固たる評価を得ていた。ところが満州事変（一九三一年）以後の国家的危機意識が亢進するなかで、一九三五年になって突如、政治問題化し、美濃部の著書の発禁と貴族院議員辞職をひき起こしたのである。『国体の本義』はこうした事態を受けて、記紀の「天壌無窮の神勅」が国体の原理的根拠であることを改めて宣言したものである。歴史状況は久米事件とは異なるが、国体論の根底にあるタブーに関係した点では、事情は同質である。久米の神話解釈はあまりに大胆な推論に満ちていたので、神道家たちに弱点を見抜かれて足をすくわれたのだが、もっと慎重な論証をしていたとしても、アマテラスと皇統との連続性を否定するかぎり、つねに同じ問題が発生する可能性があった。

二番目に取り上げたテーマは、幕末の党派闘争を生き抜いた旧水戸藩士の内藤耻叟の国体論である。内藤は浩瀚な『徳川十五代史』を執筆した歴史学者であるが、『安政紀事』では水戸学者としての護教的側面が露骨に出ている。島田三郎『開国始末』は天皇の意志を無視した政治的決断に高い評価を与え、返す刀で徳川政権の閉鎖性を批判した。これに対して内藤は、条約締結や政治的決断の当否の問題は無視し、政治的忠誠の一点に焦点を据えて、徳川斉昭の忠誠心の真正さを強調している。天皇や主君への忠誠心がどれほど純正だったかという点に問題が限定されるかぎり、忠誠対象の相克という水戸学が内在させていた問題は露呈しない。内藤は水戸学というイデオロギーに反省を加えることなく、そのまま明治時代にすべりこみ、天皇への忠誠心と外教排撃を唱えつづけた。

第三に取り上げた岡本武雄と福地櫻痴の場合は、事情が単純ではない。岡本は旧桑名藩士、福地は旧幕臣だが、維新後ともに政府に出仕し、その後『東京日日新聞』で重きをなした。とくに福地は伊藤博文などの政府高官と親交を持ち、『東京日日』に政府機関紙的な役割を持たそうと腐心した。主権論争における君主主権論の主張、立憲帝政党の結成、国体論の展開など、一八八一年から翌年にかけてのかれらの活動は、いずれも政府の代役としての自覚を持ったものだった。しかし政府側はかれらと距離を置いたので、結局、かれらの企図は不完全燃焼に終わった。明治二〇年代に入ってかれらが書いた幕末政治論は、こうした挫折経験をふまえたものだっただろう。

岡本の『戊辰始末』に顕著なのは、起こったことは「時勢の然らしむる所」とする、歴史に対するある種の断念である。当然、現状肯定が支配的になり、維新政権は今日の文明をもたらしたとして肯定的に評価される。歴史叙述の力点はかれが直接経験した個別の事実に置かれ、歴史過程全体の評価は大勢順応ということになる。他方、福地の場合は相対主義である。幕府の政策はその時点では正しかった、なぜなら薩長側の為政者も、もし幕府の側に立っていれば同じことをしたはずだから、というのである。幕府を弁護する態度は岡本とは異なるが、自己の責任をかけた歴史評価を避けている点では両者は近い。明治政府との関係がそのような態度をとらせたのか、それとも歴史認識の姿勢が明治政府に対するかれらのスタンスを決めたのか。どちらが原因でどちらが結果なのかは、容易に決めがたい。

第6章　裕仁皇太子の台湾行啓――「一視同仁」の演出

同仁一視没陰晴　須以斯心策治平
満堂唱和乾坤動　日本天皇万歳聲
（明治二九年六月　伊藤博文）[1]

二〇一〇年三月の一カ月間、わたしは台湾の国立成功大学（台南市）で研究する機会を与えられた。成功大学は広大な敷地を持っているが、そのうち光復校区はかつて日本軍歩兵第二連隊、その北に隣接する力行校区は衛戍病院の敷地だった。これらの建物は現在もそのまま現存し修復されて校舎として使用されている。また光復校区の広場には、昭和天皇が皇太子時代に台湾を訪れて記念植樹したと伝えられる見事なガジュマルの木（榕樹）がある。この木は成功大学のシンボルになっているだけではなく、台湾の有名企業体・国泰グループがロゴマークとして使用している。

わたしの研究は、この見事な大樹を裕仁皇太子が植えた事実や、それにまつわる事情を資料のうえで確認してみたいという単純な動機から始まった。研究を進めていくうち、摂政・皇太子だった裕仁が一九二三（大正一二）年におこなった台湾行啓が、「国体」と呼ばれた近代日本の国家体制の特徴を具象的に示すものであると考えるようになった。その調査結果は、かつて中間報告のような形で発表したことがある（拙稿「裕仁皇太子の台湾行啓」）。しかしその後、二〇一三年九月から四カ月余り台北に滞在する機会を得て、台北の各大学図書館（主として政治大学と台湾大学）や国立図書館で、以前の調査では見る機会がなかった資料を閲覧することができた。本章はその成果にもとづき、前稿に根本的な修正加筆を施したものである。

1 行啓をどのように読み解くか

先行研究

裕仁が台湾に行啓した当時の総督は田健治郎《でんけんじろう》で、原敬内閣（原自身は一九二一年に死去）の「内地延長主義」にもとづく漸進的な日本化が推進されていた時期だった（「内地延長主義」の歴史的意味については、春山明哲・若林正丈『日本植民地主義の歴史的展開』第一編、春山明哲「明治憲法体制と台湾統治」を参照）。総督府評議会の設置・地方制度改革・教育令の改正による内地人と本島人の共学・商法および民法の一部の台湾での実施などは、その具体化だった。こうした施策が進行する一方で、相変らず山岳地帯では先住民が散発的な武装反乱を起こしており、また留日知識人を中心に台湾議会設置請願運動が一九二一年から始まっていた。田たちはこうした動向に強い関心を持ちつつ、「漸次台湾人を教化し、社会的待遇の差別を廃して、遂に純乎たる日本人と為す」(2)という方針で、国体精神を台湾の社会的深部に浸透させるべく腐心していた。

こうした状況を背景に、田を中心とする総督府と日本の統治エリートが「一視同仁」をどのように演出しようとしたかが、本章の主題である。この問題についてはすでに若林正丈による優れた分析が存在する（若林正丈「一九二三年東宮台湾行啓の〈状況的脈絡〉」、同「一九二三年の東宮台湾行啓」、同「一九二三年東宮台湾行啓と「内地延長主義」」を参照）。一連の研究において、若林は皇太子を「現存秩序に権威を与える」存在、すなわち人々の役割を「権威的に認知する秩序の捺印者」、「「一視同仁」の恵みを分配する至高の仁恵者」、「国民が範とすべき至高の道徳」の体現者と捉え、行啓の意味を秩序正統化の象徴的行為と理解している（「一九二三年の東宮台湾行啓」）。言い換えれば、皇太子の行啓を迎えた人・場所・制度は「聖なる印璽」を押されることによって正統化されることになる。他方、行啓を受ける側では、事前にその空間を「捺印」されるにふさわしい秩序にできるだけ改変修整し、人々をその秩序に沿うように規律化しておく必要がある。つまり皇太子は「国体」の原理に沿ってあらかじめ整序された空間に出現し、その秩序や道徳を正統なものとして承認し決裁を与える「権威的捺印」者であると理解するのである（「一九二三年東宮台湾行啓と「内地延長主義」」、なお「捺印」という概念については、坂本孝治郎『象徴天皇がやって来る』を参照）。

天皇や皇太子の行幸や行啓について一連の労作を発表している原武史も、似た観点を提示している。とくに本章が参考にしたのは『可視化された帝国』である。原はここで、天皇や皇太子の存在を人々に「視覚的に意識させることを通して、彼らを「臣民」として認識させる戦略」が取られたと指摘した（『可視化された帝国』一一頁）。現前した皇太子を「見る」ことと、その皇太子から「見られる」ことによる政治的機制や秩序化の契機を重視した点で、若林と原は共通した見方をしたといえるだろう。ただ原の場合は、関心が天皇（皇太子）個人に向けられる場合が多いので、叙述の焦点が天皇（皇太子）自身にあてられがちで、おのずから天皇が主人公になる傾向がある。天皇を「視覚的支配の主体」と表現するのもその現れだろう（同上二六七頁）。

「見る」ことと「見られる」こと

若林と原による先行研究は行啓の核心をついているが、ふたりが読んでいないと思われる関連文献も多数存在する。ここではそうした文献から得られた事実を指摘するとともに、新たな観点も提起したい。

先行研究で指摘されているように、皇太子の行啓で総督府がねらっていたのは、人々が皇太子を「見る」こと、そしてかれらが皇太子から「見られる」ことを意識させることだった。つまり皇太子を見たという経験、あるいは皇太子によって見てもらったという経験によって、辺境に居住する在留日本人に帝国臣民としての意識を再確認させ、また台湾人に日本人としての意識を根づかせることが意図された。統治エリートたちはそのための種々の工夫をした。すでに二年前の皇太子訪欧でも実施された活動写真の撮影と公開はその一つである。大阪毎日新聞社（大毎）と大阪朝日新聞社（大朝）は活動写真班を台湾に特派しており、少なくとも基隆上陸から台北での特別鹵簿による総督官邸到着までの光景を撮影したことが確認される。その影像は、裕仁の「英姿百態」や皇后の関西行啓の影像とともに、当日の夜には総督府近くの台北新公園の音楽堂で公開放映され、その翌日には基隆でも映写会が実施された（『大毎』四月一八日および一九日付記事）。また両社の映写会は台中（四月二〇日）、台南（四月二一日）でも実施されている[3]（『台南新報』四月二一日付記事）。

したがって「見た」あるいは「見られた」という経験は、台湾在住民が直接皇太子を見たり、皇太子から見られる場所にいたことだけを意味するのではない。台湾という場所に皇太子が「来臨」したこと、具体的には皇太子が乗った列車や自動車（後述のように目立つように工夫されていた）を見たり、あるいはそれを映像で確認し、場合によってはそのことを伝聞したこともまた、かれらにとって重要な経験だった。

裕仁が行啓して回ったのは西海岸だけだが、基隆で裕仁を降ろした軍艦三隻は東海岸を回って高雄で裕仁を待った。その事情を『台湾日日新報』は「行啓を仰ぐことが出来なかった花蓮、台東の地方民にせめて御召艦、供奉艦の堂堂たる雄姿丈けにても望見せしめ、其切なる心情を慰めてやれとの聖慮に基くもので、可能《できだ》る丈け海岸近くを航行する」と説明した（四月一九日付）。統治エリートたちの意図は、

「見た」あるいは「見られた」という経験によって、帝国臣民として「認知」されたと、人々に実感させることだった。

ここでわたしが「認知」という言葉を使ったのは、アイデンティティ形成に関連してチャールズ・テイラーが使った「重要な他者による認知」という概念を念頭に置いている（拙著『近代日本のアイデンティティと政治』参照）。テイラーによれば、人々のアイデンティティ形成はつねに「独白的 monological」ではなく「対話的 dialogical」である。つまり人は自分が何者であるかを認識し、社会や集団において自己存在の意味を確認するには、重要な他者によって認められる（recognize）必要があるという。言い換えれば、重要な他者がAという存在を認め、他のものとは異なるAの意味を認知（recognition）し、その社会的な位置を確認してくれることによって、初めてAは自己のアイデンティティを確立し、自己の尊厳を確保することができるのである。

台湾に居住していた人々は、総督府によって「内地人」「本島人」「生蕃」の三つに区分されていた[4]（ただし皇太子行啓を契機に、「生蕃」はその後「高砂族」と呼称されるようになる）。しかしこうした区分にかかわらず、かれらは「高貴な人」（重要な他者）が自分たちと同じ空間に現前したこと、場合によってはその車両に小旗を振り、その存在を意識しながら奉迎歌を歌い、あるいはそのまなざしを遠くに感じながら演芸や運動競技をした。このような経験を、直接あるいは間接に持つことによって、自分もまた「帝国臣民」の一部として認知されたとの感覚を人々が持つようになることを、総督府のエリートたちは意図した。

しかし問題は「見る」「見られる」という関係によって生じた意識の変化だけではない。皇太子の行啓によって、台湾社会に起こった変化にも留意しなければならない。総督府は、皇太子の来台に先立って、まず何よりそれにふさわしい形で台湾社会を改変しなければならなかった。草山賓館や圓山運動場の建設、それに伴う道路工事、見苦しい民家の改築、奉迎門や電飾の設置などの都市の景観の改変がその例である（呉馥旬「由一九二三年裕仁皇太子台湾行啓看都市空間之変化」参照）。当然ながら、行啓にふさわしい秩序の創出のためには、人々を大々的に動員し訓練しなければならない。物理的な秩序の改変だけではなく、奉迎のための様々な行事では集団行動の規律が必要だった。許佩賢『殖民地台湾的近代学校』（とくに第三部）は、主として公学校（台湾人児童のための初等学校）での教育を素材に、総督府が台湾社会に近代的な時間の観念や規律を導入したことを実証している。とくに儀礼の訓練は執拗に反復練習させ、台湾社会にはなかった独特な集団的規律と一体感を体感させていったことは後述する。

皇太子行啓を契機とした一体感の育成は、他方でそれに順応しない分子の排除につながる。効率的な動員のためには、不都合な社会的要因や潜在的危険分子の監視や排除が重要になるからである。動員と排除は、台湾社会に潜在した政治的・社会的対立を多少とも顕在化させ、総督府が意図する秩序のなかに包摂・同化するか、あるいは外に排除するという形をとった。行啓が実現した一九二三年が一九二〇年代後半の様々な勢力による抵抗運動の分岐点になるのは、偶然ではないだろう。

2　台湾統治の構造と田健治郎

台湾総督・田健治郎

田健治郎（一八五五〜一九三〇）はたたき上げの官僚政治家で、明治二〇年代半ばから主として逓信省関連の官僚として頭角を現した。第二次伊藤内閣で逓信省郵務局長、第三次伊藤内閣で逓信次官兼逓信省鉄道局長、第四次伊藤内閣で逓信省総務長官（逓信大臣は星亨、後に原敬）を歴任した。伊藤内閣倒壊後、衆議院補欠選挙で政友会から立候補し当選、翌一九〇二年の総選挙で再選したが、その後、伊藤とともに政友会を離れ、〇三年の総選挙には立候補せず、逓信省総務長官・次官に復帰した。〇六年には貴族院議員となり、一三年に桂太郎が新政党結成を企図して、田に創立委員としての参加をもとめたが固辞した。寺内内閣では逓信大臣を務め、原内閣の成立後、明石総督が死去して、一九一九年一〇月に台湾総督に就任した。そして山本権兵衛内閣成立で農商務大臣に転任するまでの約四年間、総督として台湾統治に大きな実績を残した。

田と台湾との関係は、一八九五年に台湾事務局委員を命じられたのが始まりで、このときに原敬と相知った。一九〇八年、基隆―打狗（後述する地方制度改革の際に高雄と改称）の台湾縦貫鉄道開通式で初めて訪台しただけで、とくに植民地行政に詳しかったわけではなかった。『原敬日記』（大正八年一〇月二七日）によると、原は前総督の明石元二郎の死去で、後任を文官とすべく田中義一陸相の内諾を得ようとした（『原敬日記』⑤一六二頁以下）。朝鮮と台湾の総督は当初は武官とされていたが、原内閣は一九一九年八月の官制改革で文官の任用を可能にしていた。第一候補の田に対して田中が消極的だったので、山縣伊三郎の名を挙げて田中の内諾を得た。しかしその後、田中は山縣には「朝鮮の責任云々などの議論」が起こるかもしれないとして、田を候補とすることに同意した。山縣伊三郎は有朋の養嗣子で、この直前まで朝鮮総督府政務総監だった。朝鮮では大規模な独立運動が起こっており、九月に齋藤実総督が爆弾で襲われる事件があったばかりなので、責任問題が生じることを懸念したのだろう。

原が田に白羽の矢を立てた理由の一つは、台湾事務局時代に台湾統治の方針について基本的な見解が一致していたことだろう。台湾事務局は台湾統治の方針を確立することを任務としていたが、会議劈頭で総督を武官にするか文官にするかが争われた。このとき外務省通商局長として同じく委員になっていた原敬などが、田とともに文官総督を主張した経緯があった（田健治郎伝記編纂会編『田健治郎伝』九〇頁、井出季和太編『台湾治績志』（二二）第八章など参照）。原が田を指名したもう一つの決定的な理由は、田が桂・

寺内・山縣ライン（桂・寺内はすでに死去）に近かったことだったと想像される。台湾総督は陸軍の指定ポストのようになっていた（初代総督の樺山資紀のみ海軍）ので、総督に文官を任命するには山縣の諒解が必要だったのである。原から総督就任の依頼があると、田はすぐに山縣邸を訪れてその意向を確認した。山縣にはすでに田中陸相を介して話が通じており、山縣の承認を得て、田は受諾の返答をした（『日記』大正八年一〇月二八日）。

　最初の文官総督・田の在任期間は一九一九年から四年弱で、必ずしも長いとはいえない。一九二三年四月下旬、念願だった摂政皇太子裕仁による二週間弱の台湾行啓が実現し、その四カ月後の九月初めに成立した第二次山本（権兵衛）内閣に入閣が決まって、田は唐突に総督を辞任した。田は総督在任中、実に丹念に台湾全土を巡視し、精力的に制度改革をおこなったが、皇太子行啓はあたかもその総仕上げだったかのような印象を与える。

　田が総督府に着任したのは一一月一一日だった。基隆入港から大変な歓迎の行列で、台北駅に着くと、総督府官吏、陸海軍人、外国領事、淑女などが出迎えた。憲兵警官の騎者八騎が先導し、警衛が前後を護衛するなか、田は馬車に乗って官邸まで行進した。これは総督儀列「第一公式」と呼ばれたものだという。駅から官邸までの両側は、各種学校生徒・保甲長・青年団などの歓迎行列でほとんど隙間がなかった。田はその日の日記に以下のような感想を記した。「その儀礼の盛んかつ厳なること、ほとんど古代の王侯のごとし。蓋し歴代の軍人総督、専ら儀容を盛んにし、大装威厳もって新附の民に望む、また止むを得ざるの方便なり。予、今文服にしてこの盛儀を享《う》く、心中笑種の感なき能わざるなり」（大正八年一一月一一日）。官邸に入って小憩後、再び「第一公式」の行列で台湾神社に参詣した。台湾神社の月例祭は二八日で、田は在台時には必ず儀列をつくって参拝した。「古代の王侯」のような行列を演出する必要があると、田は感じていたのである。

翌一二日、田は第一公式による行列で総督府に初登庁し、会議室で統治の原則について訓示した。それは端的に内地延長主義について述べたもので、台湾は英仏植民地とは異なって帝国憲法が適用される版図であること、したがって台湾人が忠誠と義務の観念を持った「帝国臣民」となり「政治的均等の域」に至るまで「教化善導」する必要があると説いたものだった（田健治郎伝記編纂会編『田健治郎伝』三八四頁以下参照）。翌々日の一四日、田は早くも西海岸の視察に出かけ、台北に帰還するや、下村長官に以下の七項目の方針を示して調査を命じた。⑴笞刑廃止、⑵鉄道車両の増強、⑶内地人と本島人の共学、⑷医農文の大学創設、⑸戸籍令制定、⑹地方制度改正、⑺商業会議所の設立。

これらの改革案のうち、田は主要なものを総督在任中に仕上げていった。これがいわゆる「内地延長主義」の中身をなすものである。その概要をまとめておこう（高濱三郎『台湾統治概史』一九八頁以下参照）。まず笞刑の廃止については一九二一年四月に実現した。また教育制度については、一九二二年四月の台湾教育令の改正で、初等教育については、日本語を常用する者のための小学校と、常用しない者のための公学校を区別したが、中等・高等教育については共学とした。これは中等教育以上について日本内地の学校制度に合致させ、台湾人をもその制度に乗せることにしたものである。むろん中等教育以後は選抜によるので、台湾人が不利になるのは明らかである。一九二三年の段階での生徒数をみると、中学校では内地人一六九三人・本島人九〇〇人、高等女学校では内地人一八二六人・本島人八八〇人、高等学校では内地人一二〇人・本島人四人だった（台湾通信社編『台湾年鑑』〈大正一三年版〉一三九頁以下を参照）。台湾の全人口に対する内地人の比が四・五七％にすぎなかったことを考慮すると、著しい不平等があったことがわかる[6]。

次に地方制度改革である。田が総督に就任したとき、台湾は一二の地方庁に分けられていたが、一九二〇年一〇月に、東部の台東と花蓮港の二庁を除く一〇庁を台北・新竹・台中・台南・高雄の五州に再編成した。そして州には知事を置き、その下に諮問機関として協議会を設置した。また五州の下部行政機関として三市(台北・台中・台南)と四七郡を置き、郡の下に街・庄を置き、市・街・庄にも協議会を設置した。これは地方制度を内地の府県と類似のものにしたものだが、協議会はあくまで諮問機関であり、知事(あるいは庁長)の任命なので「自治」と称するには程遠かった。

地方制度改革の後、田が導入した大きな改革が一九二一年六月の総督府評議会の設立である。六月一一日に開催された第一回評議会での田の「告辞」によれば、評議会は「総督ノ政治上ニ於ケル最高諮詢機関」で「総督ガ民意ヲ徴スルノ必要アリト信ジタル案件」について意見を徴するための機関とされた(台湾総督府評議会『第壱回台湾総督府評議会会議録』(一九二一年六月)参照)。要するに法律上は何らの権限がないことを強調したものである。実質的な権限がないとはいえ、メンバー二九名の中に本島人九名を任命(第一回の場合)しており、台湾人の上層部を取り込もうとしたことがわかる。

さらに田総督の実績として、いわゆる「六三問題」の解決が挙げられる。六三問題とは一八九六年の「法律第六三号」で三年間の時限立法として定められた台湾総督の委任立法権で、一九〇六年に改定されて「法三一号」として存続していたものである。一九二一年に田はこの時限立法をやめて、「法律ノ全部又ハ一部ヲ台湾ニ施行スルヲ要スルモノハ勅令ヲ以テ之ヲ定ム」と改めた(法律第三号)。しかしこの場合も、台湾の特殊事情による総督の「命令」権がなくなったわけではなく、命令は主務大臣を介して勅裁を経なければならないと規定して、総督を法的に政府の制約下に置いただけだった。つまり総督の実質的な独裁権力はそのまま存続した。

以上の一連の改革はいずれも、台湾の制度を形式上、日本内地のものに近づける意味を持ったが、同時に台湾の事情を考慮して総督の実質的な権限や内地との差異をそのまま温存したものである。いわゆる「内地延長主義」の特徴はこのような点にあった。日本の統治に対する抵抗運動の指導者のひとり謝春木は、この「法三号」の成立で、六三法撤廃と台湾議会設置の二つに割れていた台湾青年たちの運動が後者に一本化したと述べている（『台湾人の要求』一一二頁以下参照）。台湾と内地との差別が撤廃されない以上、台湾の特殊性を認めて独自の議会を設置せよとの要求であり、「内地延長主義」の欺瞞性を逆手に取ったものだった。

田総督の巡視

総督に就任した田は頻繁に東京と台湾を往復し、平均して年の四割程度を台湾で過ごした。とくに就任当初は実に精力的に台湾中を視察して回っている。かれが実行した「内地延長主義」はその巡視によって得た知見を組み込んだものである。総督の目で見た台湾がいかなる状態だったのか、『日記』を主たる手がかりに田の関心のありかを検討しておこう。

前述のように、田が総督として台湾の地に一歩を踏み出したのは一九一九（大正八）年一一月一一日のことだった。一連の行事が終わると、さっそく一四日には南部視察に出発した。打狗（高雄）を経由して阿猴（屏東）までを往復したものであるが、この巡視が終わった二〇日の日記に、田は「至る處送迎極盛の外、都鄙《とひ》民衆、群衆堵列《とれつ》し、争って新総督を見んと欲す」と記した。至るところで民衆が歓迎の行列に動員されたのである。これはかれが新任として初めて巡視したからではないだろう。翌々年の中部地方巡視に随行した『台湾日日新報』の記者は、各所で「学校生徒其の他の歓迎」を受け、「沿道は例に拠り本島人の家に到るまで各国旗を掲げ各沿道に整列して歓迎到らざるなし」と報道している（一九二一年五月一七～一八日）。総督は台湾では軍司令官より高位に位置づけられた最高権力者だった。かれは各地で歓迎を受け、民情についての説明や陳情を聞き、祝杯を挙げ、記念植樹や揮毫をした。巡視は単なる民情視察ではなく、統治権力の誇示でもあった。

いったん台北に帰還した田は、同月二九日からは角板山の先住民居住地域を視察した。そして動員された住民たちを引見し、「蕃童教育所」を参観して、四〜五歳くらいの女児の応答に「誠に可憐なり」との感想をもらした。「蕃人」は「獰猛《どうもう》」ではあるが、「教化怠らざれば、遂に忠良勇武の臣民と為すに至る、撫育等閑視すべからざるなり」と記している（一一月三〇日）。別の機会に「弥美族《やみ》」を見たとき、田は「無知蒙昧の状、人猿の間に在り」（大正九年四月二六日）と感想を書いているが、他方で翌年五月に霧社《むしゃ》に行き公学校を巡視したとき、「蕃童約百二十人」が君が代を歌ったりするのを見て、「従順能く習業す、嗟《ああ》、人の生善なる哉」との感想を書き記した（大正一〇年五月二三日）。「可愛い子供」という修辞法と文明化への使命感が日本の植民地統治の特徴だったことは、すでに研究者によって指摘されている（山路勝彦『台湾の植民地統治』四頁）。田はその意味で典型的な植民地官僚だったのである。

翌一九二〇年四月には台湾東部と南部の巡視をおこなった。まだ鉄道が敷設されていない地域は台車などを使い、さらに火焼島（現名は緑島）や紅頭嶼（現名は蘭嶼）に足を延ばし、台湾の最南端にも寄港しながら高雄まで陸路と海路を辿ったものである。宜蘭の小学校と公学校を訪れた田は、小学校が「狭隘卑陋」であるのに対して、公学校が「宏壮広濶」であるのを見て、このような状態を放置すれば「本島人の嗤《わら》い」を受けることになると指摘する。東部沿岸地域には日本人が集団移民した地域が点在するが、おそらく日本人の学童は多くなかった。小学校より公学校のほうが見栄えがいいという状態は、珍しくなかっただろう。内台人の共学制を実施するのは、このような「顚倒の観」を是正する意味もあると、田は述べている（四月一八日）。枋寮（高雄と恒春の中間）では、公学校生徒が三五〇人に対して、小学校は生徒一四人で、当然ながら校舎も公学校は「頗る壮観を為す」状態であるのに対して、小学校は「卑陋民屋」を校舎にあてたもので「冠履《かんり》顚倒の観」だった。共学は「故有るなり」と、田は自信を深めた（四月二九日）。「内地人」と「本島人」の共学制は台湾人の同化を促進する手段だったが、背景には植民者としての威厳を損なうような現状もあったのである。田はこのような現状を「内地人徒らに自ら持すること高し」（四月一八日）と批判したが、他方、支配層たる日本人の側ではおそらく共学制に対する不平不満があった。翌一九二一年の巡視では、嘉義の歓迎会の場で、代表者が「内地人の教育問題に対して希望を開陳」している（安達生「総督随行記（三）」、『台湾日日新報』一九二一年五月一九日）。「希望」の内容は明らかにされていないが、植民者としての優越した地位を脅かされるのではないかという不安感を表明したものだっただろう。

同じ一九二〇年一〇月一日、新地方制度が施行された。田はこの日の日記に「民衆概して雀躍《じゃくやく》しこれを歓迎せざるなし」と自画自賛している。台北では大規模な記念行事が催された。城北小学校運動場を祝賀式典の会場として市民二〇〇〇人が集まり、小公学校生徒も数百人参加した。市尹《しいん》と市民代表が感謝の辞、田が自治団体成立の意義と祝意を述べ、学校生徒が君が代を三唱、さらに市尹や銀行頭取の音頭で「天皇万歳」「総督万歳」を三唱した。夜は提灯行列があり、約一万人が参加した。皇太子の行啓でも現出する大々的な大衆動員と儀式の演出は、このように機会あるごとに実施されていたのである。

台湾神社と総督府――統治の構造

裕仁皇太子の台湾行啓に先立つこと二年半にあたる一九二〇年一〇月、裕仁の婚約者・久邇宮良子《くにのみやながこ》の父母の久邇宮邦彦夫妻が訪台している（いわゆる「宮中某重大事件」で婚約問題が紛糾するのはこの年の一二月である）。田が総督に就任してちょうど一年ほど経ち、かれが実施した改革のなかでも特筆される新地方制度が一〇月一日に施行されて、既述の大規模な祝賀行事がおこなわれたばかりの時期だった。おそらく久邇宮の訪台は、田が実現を期していたはずの天皇あるいは皇太子の来台の予行演習の意味を持っていたと想像される。

久邇宮が基隆港に到着したのは一〇月二〇日早朝である。亜米利加号で到着した久邇宮を、田夫妻・柴《しば》台湾軍司令官夫妻・下村長官夫妻らが特別列車で出迎え、台北駅に到着した。君が代が演奏され二一発の礼砲が響くなか台北駅に到着した久邇宮は、宿舎となった総督官邸まで馬車で移動したが、道の両側には隙間なく奉迎の列ができた。『台湾日日新報』は「奉迎者は一様に傘を畳み脱帽し雨の中に慎みて御迎え申し上ぐ」と、その情景を伝えた（一〇月二一日）。久邇宮夫妻の台湾滞在は一三日間で、裕仁皇太子の場合（一二日間）とほぼ等しい。旅程も似ているが、久邇宮が基隆から高雄までを列車で往復したのに対して、皇太子の場合は基隆から高雄まで列車で移動した後、戦艦に乗船して澎湖諸島を回って基隆に戻り、列車で台北を再訪するというスケジュールだった。訪問先もかなり重複しているが、裕仁の行啓のほうが大規模かつ綿密だったことは後述する。

田の日記を頼りに久邇宮の行動を追ってみると、総督府の台湾統治において神社の役割がきわめて大きかったという事実に思い至る。日本から台北を訪れた人はまず第一に台湾神社に参拝したというが、久邇宮や皇太子の場合も例外ではない。久邇宮は基隆から列車で台北に移動し、台北駅から馬車で宿舎の総督官邸に着いて小憩後、ただちに馬車で台湾神社に向かった。台中・台南でも最初に訪れた場所は神社だった（台南の場合は後に台南神社となる北白川宮御遺跡所）。田総督と久邇宮は一〇月二七日に高雄から倉皇《そうこう》として台北に戻るが、それは毎年一〇月二八日におこなわれる台湾神社の大祭に列席するためだった。慣例に従って、総督たちは総督府から（おそらく馬車で）儀列を作って参拝した。

田の日記を引いてみよう。「この日、台湾神社大祭日のため早起沐浴。衣冠束帯を整う。喜多・水越二官また衣冠にて随う。前七時半儀列にて発す。八時半、宮司の導きにより、幄舎《あくしゃ》に入る。官民参列者数百人、予祝詞《のりと》を奉読し、また玉串を捧ぐ。次に久邇宮両殿下、柴・下村及び其夫人以下、大礼装参拝、次に参列者順次参拝、幄舎に復す。予、社務所に退入し、神酒《みき》を戴いて帰路に就く。途中、軍人・生徒

「清末台北盆地集落分布図」

など陸続堵《と》列し敬意を表す。十時半帰館」（大正九年一〇月二八日）。

総督府（あるいは総督官邸）から神社まで、衣冠束帯姿で馬車で一時間ほどかけて移動するという時代がかった儀式の含意を理解するには、台北という都市空間の政治構造を一瞥しておく必要がある（他の主要都市も台北に準じて理解できる）。そもそも台北盆地は淡水河に沿って町が形成された。まず艋舺《もうこう》（現在の台北中心部の南西）、次に大稲埕《だいとうてい》（台北中心部の北方）がその代表である。清朝はこの繁華街からやや離れた内陸部に正方形に近い城郭都市・台北を建設したが、それは人々の生活や商業とはかけ離れた支配・行政のための人工都市だったことが、当時の絵地図からも想像できる（遠流台湾館編『台北古城深度旅遊』一八頁参照）。日本の統治が始まると、総督府は周囲の城壁を撤去して広い幅員の道路を建設した（レーンが三つなので「三線道路」と呼ばれた）。

台北城は真北に向いておらず東に少し傾いた

台北市中心部

（新高堂編集部「台北市街図」（1927年）（国立中央図書館台湾分館蔵）より作成）

形になっているので、北門は城壁の北西端にあった。道路も碁盤目ではなく斜めに走っており、行政の中心である布政使司衙門《がもん》も中心より西北側にあった。当初の総督府はこの布政使司衙門に置かれたが、一九一九年に旧総督府の東南部に壮大な新総督府を竣工させた。東門から西にまっすぐ進んだ地点で、東側には「新公園」と呼ばれた広大な公園が作られた（現在の二二八和平公園）。鉄道の台北駅は北門の外にあったが、東に移動させて三線道路の北側部分の中央北方に新駅舎を建設した（一九〇一年）。同じ年に台北の北方の剣潭山《けんたんざん》に台湾神社が完成している。

前述のように台湾神社の大祭は一〇月二八日、月例祭は毎月二八日で、総督が奉幣使《ほうへいし》として「第一公式」の儀列をつくって参拝するのが例だった（田が不在の際は、おそらく総務長官が代行したのだろう）。総督府から東門に出て、三線道路を北上し、基隆へ向かう列車の線路を越え、さらに北上すると基隆河を渡った山手に神社があった（現在の圓山大飯店の位置）。台北中心部から神社への道（現在の中山北路）は「勅使道路」、基隆河にかかった橋は「明治橋」と呼ばれた。東門から神社まで六キロメートル余りで、勅使道路に沿った町は「御成町《おなり》」「宮前町」など神社を意識した名前がつけられていた。

植民地時代の台湾には六八の神社があったとされるが、一九三〇年代以降に建造されたものが多く、裕仁皇太子の行啓時に存在した神社は一八社にすぎなかった（横森久美「台湾における神社」参照）。しかし主要な都市にはすでに神社が建造ずみで、現在残っているそれらの神社址を訪ねてみると、かなり一貫した地政学的意図を読み取ることができる。まず神社は都市の中心部（たとえば鉄道駅の近く）ではなく、むしろ周縁部に建造されたこと、場所は小高い丘陵部が好んで選択されたこと、そして中心部から神社に直通するまっすぐな道路が建設され、階段を登りつめると境内に達するという参拝の手順が意識されていたことである（むろん地理的な制約によって、これらの条件すべてを満たせなかった場合もある）。

台湾神社は、事実上、台湾における日本式神社の最初の例であり、これらの条件をすべて満たしている（最初の神社は台南の開山神社であるが、これはもともとあった鄭成功の廟だったものを一八九七年に神社に造り変えたものだった）。そこでは台北の住民がつねに仰ぎ見る北の位置に神社が存在し、逆に神社の本殿からは街の全体が一望できるという心理的効果が意図されていた。つまり一方には統治の象徴としての総督府が町の中心部に位置し、他方では市中から遥かな高台に統治組織と不可分な宗教施設が厳存する森を遠望できた。一方は政治・行政のすべての権力を具現する中心であり、他方は不可視で深遠な神聖さを漂わせた権威の根源だった。そして総督は両者の隔たりを結合するかのように、この空間を定期的に往来し、その権力を誇示した。つまり神社の例祭は統治の責任者が定期的に自己の権力の根拠を再確認し、改めて自己を神聖化するための儀式だったのであり、その儀式によって住民を醇化《じゅんか》することが意図された。

ではこの祭政教一致を模写したかのような儀式の具体相は、どんなものだったのだろうか。『台湾日日新報』の記事を素材に台湾神社の祭礼の模様を再現した研究の一部を紹介しよう（金子展也「台湾神社の創建と祭典時の催し物の変容」参照）。まず鎮座式がおこなわれた一九〇一年一〇月二八日に先立って、城内・艋舺・大稲埕の三地域から三三名の民間人が参加して、台湾神社祭事協議会が開催されたという。いうまでもなく城内は総督府を中心とする行政施設の所在地であり、居住者は基本的に日本人だけだったのに対して、艋舺と大稲埕は清朝時代からの繁華街で台湾人の居住地だった。協議の結果として、軒頭にもれなく神社の紋章をつけた提灯を掲げること、東門から明治橋までの道路の片側に植樹し、祭礼当夜は沿道に点灯すること、相撲《すもう》・競馬・演武・花火・花車などの余興をおこなうことなどが決まったらしい。神社の祭礼に台湾人を動員し、各戸に点灯を命じ、町ごとに余興を実施することが要請されたのである。祭礼当日は、総督以下の要人のほか各団体の代表が神社で神事に列席したが、一般人は境内への自由な立ち入りが禁じられ、余興は圓山公園、後には総督府に近接した新公園で実施された（青井

哲人『植民地神社と帝国日本』二八六頁以下参照）。

久邇宮夫妻が列席した一九一九年の祭礼については十分な記録がないので、余興が新公園でおこなわれることになった一九〇七年の例を取り上げてみよう。新公園には遙拝所が設置され、神輿《みこし》に乗った御霊代《たましろ》が神官とともに勅使道路・東門を通って御旅所《おたびしょ》に運ばれ安置される。市民はこの公園の拝殿で参拝し、夕刻には御霊代が神社に還御《かんぎょ》する行事がおこなわれた。公園には余興・能狂言・相撲の舞台が設置され、撃剣・柔道・蕃人の踊りが披露された。花火・夜店などがあり、各団体や町ごとに出し物があったほか、それぞれの町内で踊り・太鼓囃し・芝居・獅子舞など多彩な催しがおこなわれた。催しは年ごとに盛んになり、活動写真の上映（一九一九年）や大鳥居の設置（一九二五年）など、台北全体がお祭り気分に蔽われたらしい。

「一視同仁」

台湾神社の大祭日には、一方では神社境内で厳粛な儀式がおこなわれ、他方では城内だけでなく、艋舺・大稲埕の台湾人居住区での賑わいが演出された。おそらく月ごとの祭礼でも勅使道路の点灯、夜店の出店、戸ごとの提灯・日の丸の掲揚などが命じられただろう。こうした行事を通じて、総督府は神社というイデオロギー装置を台湾人の心理に徐々に定着させていったのである。総督府文書は台湾神社への台湾人の参拝者が増加した模様を以下のように叙述している。「本島人の参詣する者、其初めは毎年四、五千人に過ぎなかったが、神威嚇々として島内に洽及《こうきゅう》し、今や其数五万を算するに至った」（台湾総督府編『台湾事情』（大正一二年版）一一〇頁）。

もちろん総督府と台湾神社をセットとする独特の祭政教一致体制が、掛け声の「一視同仁」を説得力のあるものにしたとは、一概にはいえない。裕仁皇太子の行啓は小学校・公学校の連合運動会の参観で締めくくられたが、久邇宮夫妻の訪台も同様な形をとった。第二次大戦後の象徴天皇によって慣例化される国民体育大会への参列を予期させるもので、総督府が意図したものがここに総括されている。そこでは奉迎歌が歌われ、皇室崇拝と新しい地方制度による「自治」が寿《ことほ》がれていた。公学校生徒が歌った奉迎歌を引用してみよう（『台湾日日新報』一〇月一六日付）。「教育勅語、賜はりし、今日のよき日に、かしこくも、聖寿万歳、祝ふなる、竹の園生の、み光を、仰ぎまつるぞ、ありがたき。／思へばうれし、きのふこそ、自治の曙光に、浴せしか、今日はたここに、身にあまる、はれのつどひに、あはんとは。／千載真に、一遇の、この機会またと、あるべきか、ふるへわが友、歌へ友、力のかぎり、はたらけや」。「聖徳」によって台湾人に賜与された教育勅語や自治制度への感謝と、その「皇恩」に報いるべき精励がこの歌の基調である。しかし実際には、久邇宮の訪台において台湾人を意識したパフォーマンスはごく限られており、その巡行は基本的に「内地人」を主としたものだった。田たち総督府幹部は、「皇恩」のありがたさをまず第一に在地日本人に知らしめることを意図した。「本島人」や「生蕃」は、主として提灯行列や種々の演芸・競技に動員される形で、久邇宮からの視線を浴び、間接的な形で帝国臣民としての認知（recognition）を受けた。「見ること」あるいは「見られること」は、「認知」の平等や均等性を保証するのではない。「認知」の度合いは距離感によって明確に秩序づけられていた。価値基準が「天皇への距離」によって決定されるこの現象を、丸山眞男はその古典的論文で「へだたりのパトス」と呼んだが、「一視同仁」とはこの距離の感覚の偽善的表現にほかならない（「超国家主義の論理と心理」、丸山③二八頁）。総督府高官から民間企業の下級職員まで、あるいは総督府に協力する台湾人から「生蕃」まで、距離に応じた「認知」を賜与することが「一視同仁」と呼ばれたシステムの内実だったのである。

　総督府は「へだたりのパトス」に依拠した秩序を創出することで民生が安定すると考えていたらしい

が、それはなお限定的な効果しかあげていなかった。田は東京で、機会あるごとに台湾の治安の安定と教化の成功を強調していたが、実際には必ずしも治安が安定していたわけではない。久邇宮が訪台した一九二〇年だけをとってみても、たびたび「蕃人」が騒乱を引き起こしている。総督府の文書から摘記してみよう（台湾総督府編『台湾日誌』による）。四月二二日に「マリコワン蕃人」と「ナロ社蕃人」が「ハタオ社」を襲撃した。七月八日には台中の「南勢蕃社」が駐在所や派出所を襲撃、同月二三日には新竹の「シャカロー蕃」に動揺が見られるとの報で巡査などを派遣した。八月一日には営林局作業員二名が「蕃人」の襲撃を受けて「馘首《かくしゅ》」された。一〇月三日には警察飛行隊が先住民族地域に爆撃を敢行し、そのうちの一機が墜落するという事件があった。一二月には、「マリコワン蕃」が「キナジー蕃」を襲撃（一日）、さらに道路開鑿《かいさく》工事に従事していた巡査四名が蕃人の来襲を受けて全滅、「蕃族」同士の衝突もあり、新竹では「蕃族」の襲撃で巡査六名・警手三名が即死（二一日）という状態だった。

別の文書はこうした状態を以下のように叙述している。「大正九年に至り諸地に蕃害の頻出を見たので、方針を定め討伐を実施し、奇襲隊の編成、軍隊の行軍、駐屯、又は蛮地威嚇飛行の開始等を為し、或は電流鉄条網の架設、蕃界道路の開鑿等に依って其の効を収めた」（井出季和太編『台湾治績志』（三六四頁）。事実、久邇宮と田たちが台中を巡行中に、現地に入って掃蕩作戦をしていた警察隊が大勝利を収めたというニュースが入った。田はそれを「我隊の奮戦勇闘、嘉賞賛すべきなり」と表現した（『日記』大正九年一〇月二二日）。「一視同仁」とは、統治に抵抗する人々には強圧をもって臨む一方で、従順な台湾人を前述のような祭政教一致体制での相応の地位や役割に自足させ、体制内に包摂することだった。

3　摂政・皇太子裕仁の台湾行啓

裕仁皇太子

裕仁（一九〇一〜八九）が台湾に行啓した一九二三年は、明治維新後に形成された近代天皇制が揺らぎをみせていた時期だった。もともと病弱だった大正天皇の健康状態は一九一六年頃から深刻になりつつあったらしいが、一九一九年には天皇が脳の病を患っていることが政権中枢部に知られるようになっていた（『原敬日記』大正八年二月一五日）。同じ時期、裕仁皇太子は成年式を迎えたが、元老たちは将来の天皇たるべき裕仁にも不安を感じていた。すぐ後に東宮武官長になる奈良武次は、その回顧録で成年式の祝賀宴での有名なエピソードを伝えている。「殿下（裕仁のこと）は唯拝謁を賜り宴に着席遊ばされたるのみにて何にも御話し遊されず、何か御話し申上ても殆んど御応答なき状態なりし由（後略）」（波多野澄雄ほか編『侍従武官長奈良武次日記・回顧録』④一一五頁）。枢密顧問官の三浦梧楼がこのことを捉えて、「箱入り」教育の結果だと東宮大夫の浜尾新を公然と批判し、これに山縣有朋・西園寺公望なども同調した。山縣も拝謁の際に「石地蔵の如き」裕仁の態度を経験ずみだったのである（同上一一六頁）。こうした状態を是正し「開放的」な教育を意図して、裕仁の西欧への巡遊が企画された。

外遊は皇太后などの反対を押しきって実行されることになった。しかしこの西欧諸国巡歴の直前に、皇太子妃に内定していた久邇宮良子の家系に色盲の遺伝があると山縣などが反対運動をおこなって、「宮中某重大事件」と評される事態になった。結局、結婚は予定通り挙行されることになったが、この事件は天皇制の将来に対する統治エリートたちの不安感の現れともいえる。裕仁は挙措がぎこちなく、甲高い声だったうえ、「近眼鏡をかけ、ほっそりした体格で、猫背で、神経質で、声が小さい」という状態だった（ハーバート・ビックス『昭和天皇』（上）一一二頁）。君主としての威厳や風格に欠けるという懸念が増幅する状況だったのである。西欧巡歴にはこうした欠点を少しでも是正しようとする意図が込められていた。

御召艦の香取と供奉艦の鹿島の二隻の軍艦が横浜を出港したのは一九二一年三月三日だった。香港・シンガポール・コロンボなどに寄港しながら、英国ポーツマスに五月七日に到着し、英国各地に三週間滞在した後、フランス・ベルギー・オランダ・イタリアを巡歴して九月三日に横浜に帰港した。ちょうど六カ月の旅である。この巡歴は皇太子に帝王学を身につけさせる意図を込めたものだったが、それはかなりの成功を収めたらしい。たとえばロンドン到着まもない五月一一日、裕仁はロンドン市役所の歓迎会に臨み、生まれて初めて千名近い外国人聴衆の前に立って、歓迎を受けるとともに答礼の演説をしなければならなかった。それは供奉員たちがもっとも緊張した場面だったらしいが、裕仁はその大役を問題なく成し遂げた。供奉員たちは、それを屋島の合戦で的を射抜いた那須与市《なすのよいち》に譬えている[7]。帰国後まもない一一月二五日、裕仁は摂政となった。予定されたこととはいえ、西欧巡歴の成功を見届けたうえで天皇の代役を務め始めたのである。

行啓決定

行啓実現は台湾統治者たちの長いあいだの懸案だった。すでに佐久間左馬太総督（在任、一九〇六年四月～一五年四月）の時代に嘉仁皇太子（＝大正天皇）の行啓が決まっていたが、明治天皇の崩御で中止になったという（田健治郎伝記編纂会編『田健治郎伝』四九三頁）。田が総督に就任して大正天皇に拝謁したとき、天皇は中止になった台湾行幸を実現したい意向を明らかにしたが、波多野（敬直）宮内大臣は天皇の健康状態を理由に反対した。その後も天皇自身は台湾行幸の希望をもらしていたが、実現不可能な状況だったので、田は「沈黙を守る」しかなかった（『日記』大正九年一一月一九日）。

こうした事情を背景に、田は裕仁皇太子の台湾行啓の実現に向けて動き出したと想像される。まず一九二一年四月に、西欧巡歴に出発した裕仁が帰途に台湾に寄港するとの案を牧野宮相や海軍省に持ちかけた（『日記』大正一〇年四月一三日）。これは実現できなかったが、同年一〇月に草山（現・陽明山）の貴賓館建築予定地を視察したのは、行啓実現にある程度の目算がついたのだろう。翌二二年七月、二〇日間近くにわたる北海道行啓から裕仁が帰京した翌々日の二七日、田は珍田（捨己）大夫と牧野宮相に面談して、秋の台湾行啓の希望を述べ、行啓そのものについては二人から同意を得た。しかし行啓の必要性は認められたが、皇太子の負担が過重になるとの理由で、この年の行啓実施は見送られた（『日記』大正一一年八月二三日）。おそらく翌年の行啓に目途がついたと考えた田は、九月に加藤（友三郎）首相に行啓希望を申し入れ、一一月末には日程交渉にまで持ち込んだ。そして一二月、ついに翌年四月上旬の行啓実行の約束を取りつけた（『日記』大正一一年一二月八日）。

一二月二〇日に台北に帰任した田は、総督府の長官・部局長を招集し、四月の行啓決定について説明するとともに、以下のような訓示をおこなった（『日記』大正一一年一二月二〇日）。(1)奉迎は「浮華軽佻」にならないように「静粛着実」を旨とすること。(2)日程に余裕を持たせ、負担過重にならないように注意すること。(3)警備については、「外面上威厳的方法」をできるだけ避け、奉迎臣民には「温和寛待」の態度を取らせること。

翌二三年一月、再度上京した田は、平田東助・杉山茂丸・松方正義などが台湾行啓に反対していることを知った。台湾行啓を認めれば朝鮮からも同様な希望が出てくることを警戒したものだった。朝鮮は大正天皇が皇太子のときに行啓した実績があること、独立運動が盛んな朝鮮とは異なり、台湾の治安は安定していることを挙げて、田は反対論を説得した。一九一九年三月一日の独立宣言書発表以来、朝鮮の独立運動は朝鮮全土に広がり、日本の統治エリートたちのあいだでは朝鮮統治の失敗が問題視されていた。一九二一年三月に訪欧に旅立った裕仁皇太子の一行は香港・シンガポールなどに立ち寄ったが、朝鮮独立派のテロを警戒して極力上陸を避けた。供奉した奈良武次・東宮武官長の日記によれば、コロンボで「始めて安神して殿下の御上陸」をおこなったという（波多野澄雄ほか編『侍従武官長奈良武次日記・回顧録』④一二一頁）。実は田や総督府幹部は、後述の台湾議会設置請願運動の動向に神経を尖らせていたが、それを在京留学生などの一部の動きにすぎないと強調し、一般人民は「忠実順良」で「一視同仁の聖恩」を感じていると強調した（『日記』大正一一年一月二九日）。

行啓の演出

こうして裕仁皇太子の台湾行啓は一九二三（大正一二）年四月に挙行された。総督府によって作成された「台湾行啓記録[8]」によると、行啓の目的は皇太子の修学と「我国皇道ノ博大ナル仁愛ヲ事実上ニ示現シ、海外孤独ノ辺民ヲシテ其ノ倚頼スル所ヲ給フ」ことだった。直前に裕仁の近い親戚にあたる北白川宮成久がフランスで交通事故を起こして死去する事件があり、予定を延期した末のことだった。出発は四月一二日、東京帰着は五月一日であるが、往復の航海に六日を要したので、台湾に滞在したのは一六日から二七日までの二週間足らずである。この間、裕仁は精力的に台湾西岸各地を視察した。行啓の日程などについては先行研究ですでに詳しく紹介されているので、ここでは先行研究で参照されていない文献も使いながら、総督府が行啓をどのように演出したかを示すことを主とする。

四月一六日午前七時三〇分、裕仁を乗せた戦艦は澳底《おうてい》沖に到着し陸地を遠望した。そこでは以下のような光景が見られた。「澳底ニ於テハ、奉迎塔ヲ立テ、夜来篝火《かがりび》ヲ焚キ、以テ御航進ヲ待チ、同地方ノ小公学校生徒六百名、並在住民約二千名ハ各自小国旗ヲ手ニシテ、万歳ヲ三唱セリ」（『台湾行啓記録』七七頁)。皇太子はその様子を望遠鏡で見て挙手の答礼をしたが、夜明け前から招集されて奉迎した人々の肉眼では、それを認めることは不可能だった。

皇太子の一行が基隆に入港する前に澳底沖に立ち寄ったのは、下関条約によって台湾を獲得したことを受け、一八九五年五月末に日本軍近衛師団が台湾征服のために上陸した地点だったからである。近衛師団長・北白川宮能久が率いる日本軍は、基隆の南東約二〇キロメートルのこの地に上陸した後、台湾人の抵抗とマラリアなどの疫病に悩まされながら、基隆・台北を経て南部に進軍した。そして第二師団などと協力して一一月に全土を征服したが、能久はその直前に台南で病死した。近衛師団が通過した各地に能久の事蹟を顕彰する記念碑が建てられ、さらに台湾神社をはじめとする各神社の祭神とされるなど、かれは台湾統治の象徴として尊崇されることになる。なかでも澳底には「北白川宮征討記念碑」と記された砲弾を象った碑が立っていた。奉迎のために集まった住民が二〇〇〇名を超えていたことは、この地域のほぼ全員が動員されたことを意味するだろう。

午前一〇時に基隆港に入港した皇太子一行は、午後一時二五分に上陸し、基隆駅から御召列車に乗った。皇太子到着の一カ月前、『台湾日日新報』に掲載された列車の試運転の模様は以下のとおりである。「五百号型の優秀な機関車を先頭として、次に小手荷物車、随員車三輛、御召車、随員車、展望車の順序に連絡され、中央なる御召車は深紅色まばゆく、其他は一斉に濃青色に塗られてゐる」(一九二三年三月一六日付)。「台湾行啓記録」によると、皇太子が乗った車両は、もとは大正天皇の皇太子時代に予定された行啓用に建造されたもので、車両の中央側面に金色木彫の菊花の紋章をつけ、その上部窓梁に小型日章旗を交差した形で取りつけていた。御召列車は機関車を含めて全八両だったが、皇太子の車両だけが深紅で、一目で識別できるように配慮されていたのである。なお実際の運行では、一行の列車が通過する三〇分前に「指導列車」が走って通路の安全を確認した。日本から五〇名、台湾から二〇名の計七〇名の新聞記者やカメラマンたちも、この指導列車に乗車した（『台湾行啓記録』）。

「一点ノ塵」もなく「汽笛ノ音モ、車輌ノ響モ共ニ其ノ鳴リヲ鎮メ、満場粛然」とした台北駅に到着した皇太子は、馬車五両からなる特別鹵簿《ろぼ》で宿舎の総督官邸に移動した（『台湾行啓記録』九四頁）。この日の日記で、田は「特別鹵簿」について以下のような説明をしている。「特別鹵簿、予の特に奏請して採用を蒙《こうむ》りたる所、このため政府特に近衛騎兵約四〇名を派遣す。輸送宮廷馬車五輌、本日及び明日督府行啓、来る二十七日御発程の三回に限り、応用せらるる皇太子の儀礼なり」。要するに「特別鹵簿」は田が特別に要求して認められたもので、初日に台北駅から宿舎の総督官邸まで、翌日の官邸から総督府までの往復、そして離台の日の官邸から台北駅までの計三回だけ使用するために、馬車五両と近衛騎兵約四〇名を輸送してきたのである（なお近衛兵や海軍軍楽隊は後述する供奉員百名に含まれていない）。

全部で五両の馬車の先頭は皇太子で、皇太子旗を持った旗手など約一〇人の騎兵がそれを先導した。第二の馬車には東宮大夫・東宮武官長、第三は東宮侍従・東宮武官・侍医、第四は宮内大臣・東宮事務官で、最後の馬車には田自身が乗り、最後尾を騎兵が護衛した。田はこの日の日記で、台北駅から総督官邸までの行列を「威儀堂々、歩武粛々、本島に於いて全く曠古未曾有《こうこみぞう》の一大盛儀に属するなり」と

「鹵簿台北駅より総督府に向ふ」
（『台湾日日新報』1923年4月21日の記事）

書き、さらに翌日の官邸から総督府までの行啓を「実に今回行啓中の最大盛儀に係る」と自賛している（『日記』四月一六〜一七日）。田が「特別鹵簿」にこだわったのは、自身が台北に赴任したときの「古代の王侯」のような儀列が念頭にあったからだろう。皇太子の儀列はそれより威厳のあるものでなければならなかった。むろん、いつもは最高権力者として振る舞っている田が、この儀列で最後尾に位置したことは、けっしてその権威を貶《おとし》めるものではない。むしろ東京からはるばるやって来た皇太子は、それに付き従う台湾統治者の権威をいっそう高めると意識されたのである。

台北駅から総督官邸までの最初の行列の所要時間は八分だった。翌日の官邸から総督府までは直線で行けば五百メートルほどの距離だが、一筆書きをするように、往路は南に迂回し、復路は北に迂回した。それでも所要時間は片道五分だった。そして最終日の官邸から台北駅までの所要時間は九分だった。鹵簿を見せた時間は合計で実に二七分間で、時速一〇〜一五キロメートル程度で走った計算になる。田はこれだけのために上記のような大がかりな演出をしたのである。

田がこのような演出を思いついたのは、一九二一年の皇太子の外遊時の記憶があったからだろう。このとき裕仁は特別鹵簿で高輪《たかなわ》御所から東京駅に向かった（宮内大臣官房庶務課編『皇太子殿下海外御巡遊日誌』六頁、大阪毎日新聞社編纂『皇太子殿下　御渡欧記念写真貼』など参照）。このとき東京にいた田は、東京駅から横浜港まで皇太子に随行した。「前九時前、予奉送の為に東京駅に赴く。親任官皆集まり、沿道、軍隊学生、両側に堵列《とれつ》す。士民奉迎者雲のごとし。九時半、軍楽隊国歌吹奏中、車発して横浜に向う（後略）」（『日記』大正一〇年三月三日）。田の脳裏にあったのはこのときに東京駅で見た光景だろう。「我邦開闢《かいびゃく》以来、真に嚆矢《こうし》に属す」と最大級の語で表現した裕仁の訪欧の際、かれが目撃し体験した奉迎の様子を台北で再現し、その威厳を人々の前に顕示しようと考えたのである。

鹵簿は随員や記者の列を含めると全長が「数町」に達した。ある内地人はその様を見て以下のように述懐した。「公式鹵簿ハ、威風堂々トシテ、尊厳ノ気ニ充チ、人ヲシテ自カラ襟《えり》ヲ正サシメ、一種言フベカラザル敬虔ノ念ヲ起サレタリ」（『台湾行啓記録』一四九頁）。これが率直な感想だったとすれば、田は目的を達したといえるだろう。

翌一七日朝、皇太子は自動車による鹵簿で台湾神社に向かった。自動車鹵簿は台北では一九台、高雄では一八台、それ以外の地方では一六台の行列だった（『台湾時報』大正一二年五月及六月号、七〇～七一頁参照。なお『台湾日日新報』（四月一五日）によると、台北ではさらに最後尾に予備車が付いて全部で二〇台だった）。先頭に警備の警部二名と憲兵下士一名が乗り、二台目は州知事、三台目に皇太子、その後に供奉要員や総督が付き従った。指定された車間距離から計算すると、行列は三六〇メートルほどになるが、新聞記者の自動車や人力車の列もあったので、実際の行列はさらに長かったと想像される。皇太子の車両には入江東宮侍従長が同乗したが、それは「深紅鮮カナル宮廷色ニ菊花御紋章ノ金色燦然」たるものだった(9)（『台湾行啓記録』）。おそらくこの車両は、馬車の場合と同様に、総督府が宮内省から借上げたものだろう。列車同様、自動車の場合も、皇太子の乗った車両は深紅だった。他の車両は紺色だったので、一目で皇太子が識別されるように配慮されていたのである。

総督府警務局の報告書によれば、「前駆ノ自動車ハ御列ノ先導基準ヲ為スベキモノニシテ其ノ任頗ル重シ。之《これ》ニ充当スベキ自動車ハ特ニ堅牢ナル「ハドソン」号ヲ新ニ購入シ之ガ操縦ヲ為スベキ運転手ヲ人選ノ上、反復実施演習ヲ行ハシメタ」という（台湾総督府『台湾総督府事務成績提要』（大正一四年一二月）五七一～五七二頁）。自動車の速度は、市中は時速八マイル（一三キロメートル弱）、その他は一二マイルから一五マイル（一九～二四キロメートル強）と規定されていた。ずいぶんゆっくりしたスピードで移動したことがわかる。

行啓先での滞在時間は、例外的な場合を除き、どこでもきわめて短時間だった。宿泊場所の総督官邸から東門に出て、「勅使道路」を北上し神社に着くまでの時間は二〇分、参拝と油杉の記念植樹に一〇分かけただけで、皇太子一行は同じ道をたどって官邸に戻った。台湾神社参拝に費やした時間は合計五〇分にすぎない。あっけないほど短い時間だが、台北到着後、最初に行啓する場所はどうしても台湾神社でなければならなかった。いったん総督官邸に戻り、今度は特別鹵簿に乗り換えて総督府に行啓した。このように祭祀と行政を意識的に結合するという手順が重要だった。前述したように、台北の都市空間はこの二つの権力が結合したところに成立していたのであり、皇太子がその場所に行った事実を知らしめ、通行中の姿を人々に露出することによって、権威の所在を明示することが何より優先された。

行啓の道具立て

以上、わたしは総督府が皇太子行啓をどのように準備し演出したかを例示した。馬車や自動車を東京から搬送したことでもわかるように、その道具立てはいかにも大仕掛けだった。この点をもう少し追跡してみよう。

行啓の戦艦は三隻だった。御召艦は金剛で、その前後を供奉艦の比叡と霧島が護衛する形である。供奉員は総勢百名で、牧野宮内大臣をはじめとする親勅奏任官一九名のほか、自動車運転手、馬丁、蹄鉄工まで含まれていた。西欧巡歴時の戦艦は香取と鹿島の二隻で、供奉員が三四名だったことと比較すると、台湾行啓は近距離であるにもかかわらず規模がかなり大きかったことがわかる（二荒芳徳・澤田節蔵『皇太子殿下御外遊記』四七五頁以下参照）。運転手は皇太子の御召自動車の運転のため、馬丁や蹄鉄工は、鹵簿の馬車のほか、軍の閲兵で使った皇太子の愛馬二頭の世話のためだったのだろう。

しかし東京から持参されたのは馬・馬車・自動車などの大道具だけではなかった。皇太子が行啓した場所に留まるのは概ね二〇分程度だったが、そこには必ず拝謁や休憩の部屋が設けられ、宮内省によって事前に用意された椅子・テーブルなどの什器が設置されていた。椅子やテーブルは意外に質素なものだったとの感想が語られている場合もあるが、数分の謁見のためにそこまで配慮するほど、行啓の演出は手が込んでいたのである。「台湾行啓記録」には以下のような叙述がある。「御用自動車其他御用品輸送用車輌ハ手荷物車、有蓋及無蓋貨車ヲ合セ総数九十九輌ニシテ、御料馬、御用物、御料品ニ対シテハ手荷物車及有蓋貨物車ヲ、調進用御用品ニ対シテハ冷蔵車ヲ、御用自動車ニ対シテハ無蓋貨車ヲ使用セリ」。なんと貨車九九両に及ぶ荷物が、宮内省によって運び込まれていた。戦艦三隻に全部積みこめなかったことは明らかで、馬などは事前に貨物船で運ばれたらしいが、それにしても戦艦は「宛《さ》ナガラ東宮仮御所ヲ此ニ移転セラレタルノ観」で「浮動東宮仮御所、若クハ移動東宮仮御所」だったというのも、あながち誇張ではなかっただろう（『台湾行啓記録』三四頁）。

台湾議会設置請願運動

総督としての田が、その在任中にもっとも神経を使った問題はおそらく台湾議会設置請願運動だった（台湾議会設置請願運動については、若林正丈『台湾抗日運動史研究〈増補版〉』第一篇、周婉窈『日據時代的台湾議会設置請願運動』など参照）。台湾議会とは台湾住民の民選による議会を台湾に設置して、「台湾ニ設置スベキ特別法律及台湾予算ノ協賛権」を与えることを要求するものである（「台湾議会設置請願書」、台湾総督府警務局編『台湾社会運動史』三四一頁）。一九一〇年代末期の台湾知識人の代表的要求は六三法撤廃だった。これは台湾に日本内地と同じ法制の適用を要求するもので、同化主義の立場に立っている。これに対して、留日台湾知識人のあいだで自治を要求する声が高まったが、他方では自治要求は日本政府と総督府をいたずらに刺激することになるとの慎重論もあった。そこで案出されたのが台湾議会の設置で、自治の要求を内包しながら、議会の性格を曖昧にすることによって、総督府の弾圧を巧みにかいくぐったのである。

請願運動は一九二一年の第一回の請願書提出から一九三四年まで、一五回にわたって毎年粘り強く続けられたが、帝国議会で一度もまともに審議されることなく終わった。しかし具体的な成果がなかったとはいえ、この運動は総督府の統治方針に鋭く挑戦するものだった。請願書は立憲法治の原則が台湾にも適用されるとの立場に立ち、その特殊性にもとづく「特別法律」に対する協賛権を主張した。これは総督府のいう「内地延長主義」の立場に立っている。しかしいったん総督による専制政治に介入する手がかりを得れば、必然的にそれが植民地自治の要求に発展するのは不可避であろう。総督府が硬軟織り交ぜた対策によって、徹底的に運動を抑圧したのは、その立場からすれば当然だった。

田が台湾議会設置請願運動の活動家たちと初めて会ったのは一九二一年一月二九日で、第一回請願書提出の前日だった。林献堂（一八八一〜一九五六）らが請願書提出について総督の理解を求めたものであるが、田はかれらと約一時間半の会談をして「その誤謬を痛論」した。二日後、下村総務長官も同席してかれらは再び会見した。田のほうから林らを招いたものらしい。台湾議会の請願は、田のイニシアティブによる種々の改革が緒につき始めた時期に始まった。対応を誤れば、総督就任直後から構想してきた改革案そのものが暗礁に乗り上げ、東京の政治家たちから非難されるばかりか、台湾でのかれの権威も失墜する恐れがあった。田は林たちに対して、実施予定の改革案を説明し「内台差別の撤廃」を促進すると力説するとともに、台湾議会の設置は帝国の台湾統治の大原則に反するので「予の厳乎として拒斥するところ」だと伝えた（『日記』大正一〇年一月三一日）。

林献堂が田と三回目の会談をしたのは、二カ月後の四月二日のことだった。田が日記に記すところによると、請願書提出後、台湾人たちのあいだでは「物論嗷然《ごうぜん》」という状態になったので、林は前二回の訓戒で「釈然解悟」した（『日記』大正一〇年四月二日）。六月に開設される総督府評議会の一員として林を指名したのは、田のこのような認識によるのだろう。しかし田は事態をかなり楽観していたようだ。一〇月、後の台湾民衆党の指導者・蔣渭水が中心になって台湾文化協会が結成された（台湾総督府警務局編『台湾社会運動史』一三七頁以下、黄煌雄『両個太陽的台湾』四九頁以下など参照）。文化協会は一九二七年に左右に分裂するまで、文化講演会の開催などを通じて台湾人の啓蒙と社会運動の中心的役割を果たすことになる。蔣たちは結成に先立って総督を表敬訪問しているが、このときはとくに立ち入った話はしなかったらしい（『日記』大正一〇年一〇月二日）。

結局、林献堂らは翌一九二二年一月にも、請願書を携えて上京した。田は台北と東京でかれらと面会して従来の主張を繰り返したが、請願を断念させることはできなかった。田はさらなる対抗措置として、これまでも何度も発行停止処分にしていた雑誌『台湾青年』を発行禁止処分にし、さらに先の請願書に署名した専売仲買人と教員を解職処分にした。そしてこれに抗議するために訪れた林献堂や蔡培火などに対しては、それに応ずるどころか、文化協会が政治運動に関与している形跡があるとし、もし政治結社と認めた場合には「相当の処置」を取ると警告した（『日記』大正一一年四月六日）。

この年の七月には皇太子の台湾行啓が内定し、後は時期を詰めるだけの段階に入ったが、この頃から田の日記には台湾議会請願「中止問題」という文字が現れ、九月一九日には加藤友三郎首相とこの点に関して会談したことがわかる。それは皇太子行啓を控えて、何としても林献堂らに請願を断念させる決意を述べたものであろう。九月二九日、常吉徳寿・台中州知事の仲介で、田は林献堂ほか八名の台湾人に引見した。これは林献堂とならぶ台中の名門・楊吉臣などを同席させ、林の面目を保ちながら従来の思想を撤回させる陰謀だった。窮した林は翌三〇日に「議会請願を断念」すると明言する（『日記』大正一一年九月二九～三〇日）。林献堂がこうした状態に追いつめられた背景には、（おそらく総督府の差し金で）銀行からの債務履行の督促を受けていたという事情があった（台湾総督府警務局編『台湾社会運動史』三五五頁）。

しかし林献堂を脱落させただけでは、請願を止めることはできない。林は一九一〇年代半ば以降の総督府に対する合法的抵抗運動の象徴的人物だが、かれの背後には留日学生を中心に多くの若い知識人たちがいた。林の後見で日本に留学した蔡培火や台北医学専門学校出身の蔣渭水がその代表である。この年の一二月二五日、蔡と蔣に請願を中止するように、総督から指揮してほしいと竹内友治郎警務局長が申し出たとき、請願は憲法上の臣民の権利だから、「友誼的勧止」はできても職権で中止させることはできないと、田は答えた。陳翠蓮は台湾議会設置請願運動の方針を「以子之矛、攻子之盾」（汝の矛で汝の盾を攻める）と評している（『台湾人的抵抗與認同』四四頁）。このことからもわかるように、田と竹内のやりとりは「内地延長主義」というタテマエによる台湾統治の矛盾を自ら表白したものである。田の硬軟織り交ぜた説得で転向したかにみえた林献堂は、翌一九二三年一月早々、総督府評議会員の辞表を総督府に送りつけた。不服従の姿勢を明らかにしたのである（林は後に請願運動に復帰した。なお林献堂の生涯については許雪姫「林献堂」を参照）。

林献堂圧迫の実情を知った蔡培火や蔣渭水らは、この年一月一六日に台湾議会期成同盟会を結成した。台湾での結社は治安警察法違反として認められなかったが、二月に上京したかれらは、東京で期成同盟会成立大会をおこなった。『東京朝日新聞』（二月一二日付）は、「圧迫を脱れて台湾から代表者、議会設置運動に上京」との見出しで、蔡恵如・蔡培火・蔣渭水・陳逢源の四名が台湾から到着した様子を以下のように伝えた。代表団の訴えによれば、三〇名が上京するはずだったが、官憲の圧迫で三名（ほかに中国からの一名）しか上京できなかった。しかし東京駅頭では以下のような光景が見られた。「在京の男女台湾学生団五百余名は、『台湾議会設置請願団歓迎』の大旗を始め、手に手に『台湾議会』の小旗を翳《かざ》して着車ホームに集合し、『世界平和新紀元……』の議会設置請願歌[10]を高唱し、万歳を唱和して代表を出迎えた」。一三日、代表四名は林呈禄を伴って田総督を訪問した。日記には「礼訪に来る、逢わずして去る」と素っ気なく書かれているだけである（大正一二年二月一三日）。田はかれらと会見することを拒否したのだろう。

四月に実現する皇太子行啓を前に、総督府は台湾人がもろ手を挙げてそれを奉迎する「一視同仁」の光景を現出しようと腐心していた。台湾議会設置の要求はその斉一な空間を乱す混乱要因とみなされた。田たちはこの運動に執拗な抑圧を加えたが、結局、請願を阻止できなかったばかりか、代表団は盛大な歓迎を受けた。日本の新聞は伝えていないようだが、この日、東京上空からは「台湾議会設置請願委員がやって来た！　台湾人はすでに三〇年も専制政治の下で呻吟している！　総督独裁は立憲国日本の恥だ！　台湾人に議会を与えよ！　台湾人に特別参政権を与えよ！　朝野賢明人士の声援支持を切望する！」というビラがまかれるというエピソードもあった。ビラをまいたのは台湾人の飛行家・謝文達で、日本飛行協会主催の大会で三位に入賞し、台湾で一躍英雄になった人物である。田としては「万事休す」の心境だっただろう（頼西安『台湾民族運動倡導者』四六頁、陳翠蓮『百年追求』四二頁以下など参照。なお『東京朝日新聞』（六月三日）によると、謝文達は（おそらく抗議の意を込めて）「飛行免状」を返還した。かれはその後、中国にわたり国民党空軍に参加したという）。

太平公学校行啓と失敗したデモンストレーション

さて行啓の話題に戻ろう。台北滞在三日目の四月一八日午前、皇太子は九時に宿舎を出発して中央研究所・台北師範学校・同付属小学校を回った後、北門からまっすぐ北上して太平公学校に行啓した。北門の北側は大稲埕と呼ばれる地域で、台北が建設される以前からの繁華街だったことはすでに述べた。北門から北に延びる道路（現在名は延平北路）の両側が太平町で、台湾人の代表的居住地域である。皇太子が行啓した太平公学校は、一八九八年に造られた最初の公学校だった（なおこの学校は同地に太平国民

「台北市街図」（台湾総督府交通局鉄道部編『台湾鉄道旅行案内』1932年による）

小学として現存する）。台湾軍司令部や総督府高等法院などの重要施設の訪問に先立って、太平公学校に行啓したのは、台湾人への配慮だっただろう。しかしこの地域では、総督府が恐れていた不祥事が起こる可能性があった。

『都新聞』（四月二〇日付）は「不穏の噂、事実は極く静穏」とする記事で、朝鮮人独立運動家が台湾に入りこんでいるとの噂を否定した後、以下のように報道している。「台湾議会開設の使嗾《しそう》者山東人蔣異《ママ》水が本職の医者の看板を下して台湾議会開設期成同盟会の看板を掲げて直訴を試みんとすとの風説ある為め、当局は厳重なる警戒をして居る。之は彼等の常套手段たる宣伝に過ぎず実際至って静穏である」。しかし「静穏」というのは、実は抗議行動を事前に抑え込んだというにすぎなかった。二三日付同紙は「台湾議会首唱者蔣渭水　治警罪で検挙　家宅捜索の結果宣伝ビラ押収　同志の間に内訌《ないこう》を生ず」との見出しで、蔣渭水が治安警察法で検挙されたとして、以下のように報じた。

「（前略）同人一派は予《かね》てより台湾議会を開設すべく要望しつつあるものにて、愈々《いよいよ》摂政宮殿下御渡台を期して再び其運動を開始したるものである。而して彼等一派中には、目的貫徹の為めに上奏すべしといふものと、一大宣伝を試むべしと唱ふるものと、更に斯の如き直接行動によらず穏和な方法により目的を達すべしと主張する者あり。上奏論者は不敬の行動に出でんとするに非ずして、相当手続を経て上奏せんとする筈であった処が、是等のことが其筋の耳に入り、検挙を開始したのであるが、蔣渭水の家宅捜索を行った結果、多数の宣伝ビラらしいものがあったので、之を押収したらしい（後略）」。

二三日付のこの記事は台南二一日発で、検閲のために「遅着」と断わりが入っている。同じ事情が作用したのか、同日付の『大阪毎日新聞』も「台湾議会請願　宣伝書没収」との見出しで蔣渭水について報じた。

「台湾議会請願期成会の首領蔣渭水は、十八日東宮殿下が太平公学校御成りの御順路に自己の経営せる泰《ママ》安医院があるのを利用し、医院の看板を議会請願事務所と書換へた上、行啓の時刻に請願宣伝書を撒布《さんぷ》せんと計画している事が当日発見され、印刷物は没収されたが、二〇日正午検察局に拘引取調べを受け、同夜十時一旦帰宅を許された。その筋では右の看板を撤回すれば穏便に取計らはんと懇々《こんこん》訓戒したが、断じて之を聴き入れぬより看板も没収する事になった」。

いささかくどいが、同日付『東京朝日新聞』の「台北の島人不穏　文化協会の領袖を召喚」との見出しの記事も引用しておこう。

「台北市台《ママ》平町三丁目太《ママ》安医院長で文化協会の牛耳をとっている青年医師蔣渭水は、東宮殿下御着台に際し「恭迎鶴駕台湾議会請願団」と大書したものを軒頭に掲げたため近藤北警察署長から十八日治安警察法第十八条により禁止を命じられ、即日撤去すべきことを戒告され、二十日午後零時三十分頃北署に召喚取調をうけ、その拘留中約四時間に亘りて家宅捜索を受けた時節、慣例の不逞鮮人団台湾潜入と何等かの関連あるのではないかと取沙汰する者さへある」。

ここに「十八条」とあるのはおそらく「十六条」の誤りだろう。治安警察法第一六条は「街頭其ノ他公衆ノ自由ニ交通スルコトヲ得ル場所ニ於テ文書、図書、詩歌ノ掲示、頒布、朗読若ハ放吟又ハ言語形容其ノ他ノ作為ヲ為シ其ノ状況安寧秩序ヲ紊《みだ》シ若ハ風俗ヲ害スルノ虞《おそれ》アリト認ムルトキハ警察官ニ於テ禁止ヲ命ズルコトヲ得」と規定していた。

上記の三つの記事のうちいずれが事実に近いかは判定しかねるが、事件の概要は推定できる。要するに、蔣渭水は皇太子の通過の機会を捉えて台湾議会設置請願の宣伝をしようとして、警察当局から阻止された。皇太子は一九日に台中に移動したので、警戒態勢を解いた警察は、二〇日になって治安警察法を根拠に蔣渭水を拘引し、家宅捜索をおこなったのだろう。太平公学校は太平町六丁目、蔣渭水の大安医院は三丁目で、たしかに皇太子行啓の途上に大安医院があった。この医院は総督府に対する抵抗運動の台北におけるセンターだったから、種々のビラがでてきたのは当然である。

蔣渭水（一八九一～一九三一）は宜蘭の生れで、おそらく日本統治に反対する父の影響で一六歳になってやっと公学校に入学し、六年間の課程を二年間で卒業した後、総督府医学校に入学した[11]。そして医学校を二位で卒業して、短期間、郷里の病院に勤めた後、一九一六年に太平町に大安医院を開設した。翌年からは春風得意楼という酒楼なども経営している。蔣渭水は二一年に始まった台湾議会設置請願運動に関与し、前述の台湾文化協会の本部や、発禁になった『台湾青年』の後継誌『台湾民報』（日本で発行）の台湾支部も大安医院に置かれた。各種の集会が春風得意楼で開催されることもあった。

台湾議会設置請願運動には、先に引用した『都新聞』の記事で示唆されたような内部対立があり、それは一九二七年に文化協会の分裂として表面化した。その後の蔣渭水は台湾民衆党を率いることになる。しかしこうした内部対立にかかわらず、台北における総督府に対する抵抗運動は、ほぼすべて大稲埕に根拠地を置いていた。日本人が居住する城内に総督府が代表とする統治権力が存在し、それに対する抵抗の象徴が大稲埕だった[12]。台北の都市空間は、このように権力と反権力に分断されていた。やや誇張すれば、皇太子の太平公学校行啓は、台湾人の抵抗を制圧するという象徴的行為だったのである。

4 「一視同仁」の虚実

動員と統制

行啓を間近に控えた四月一日、『大阪毎日新聞』は皇太子の台湾行啓の場面を描写したカラー刷りの鮮やかな絵画を別刷りで配布した。「南国の春」と題されたもので、供奉員を従え軍服に正装した裕仁が、間近に並んだ奉迎者たちの行列に手を振りながら歩いている姿を描いたものである。並んでいる奉迎者たちは、顔立ちからみて全員が「生蕃」である。むろんこれは新聞社による想像画であるが、ここには行啓に込められた期待が表明されている。行啓が終わりに近づいた四月二三日付同紙は、「今度の行啓で私たちの特に感激したのは本島人の教育を御覧になって殿下が如何にも一視同仁の御態度であらせられた事である」と述べた。これが『大阪毎日新聞』の行啓報道の意図だったのである。

「南国の春」
(『大阪毎日新聞』1923年4月1日)

むろん他の報道機関も同様な姿勢を示した。三月三一日付『読売新聞』の社説「摂政宮殿下の御渡台」は、経済的困難と政治的自由の欠如に加えて、第一次大戦後の時代思潮の影響で、台湾・朝鮮の人民が日本の統治策に対する「不平不満の思想に充たされている」と指摘した。つまり表面上、朝鮮よりは治安が安定している台湾も、「朝鮮が活火山なら、台湾は死火山」の状態だという（「死火山」は「休火山」の誤りだろう）。だから「一視同仁」の体現者である皇室から摂政宮が訪台すれば、「間接に其統治関係に及ぼす良好の影響」も少なくないだろうと期待を表明した。

行啓はこうした期待に沿う形で演出された。台北に到着したときの印象を牧野宮内大臣は以下のように語っている。「奉迎振り内地とは自から異なり、表情明ならざるも感激の真情は一様にして、未開の事だけに深甚なるが如し。奉迎群衆を見るに内地人、本島人入り交り融和の裏に行列を拝しつゝ、あるは好感を与ふ」（『牧野伸顕日記』七五頁）。しかし牧野に好印象を与えた奉迎は、実は綿密に統制されたものだった。たとえば台北での三日間の日程を終えたとき、かれらは同じ場所に同じ集団が奉送迎の列を作り、人数に増減がないことに気づいた。これは「景仰欽慕ノ情念」（『台湾行啓記録』三一八頁）が強いからだとかれらは考えたが、実際には動員された人々が列の作りかたまで規制されていた結果だろう。

『大阪毎日新聞』（四月一四日付）は、奉迎のために全島から選ばれた「生蕃」五百名（うち三百名が児童）が、花蓮から来た一二五名を先頭に台北に到着し、宿舎の警察官練習所に入ったと伝えている。かれらは事前に現地の警察官から礼式などの教練を受けてから台北入りしたが、警察官練習所でかれらを待っていたのは猛特訓だったらしい。かれらの一人は以下のような告白をしている。「一番困ッタノハ不動ノ姿勢ト云フヤツダ、背カラ汗ガ流レルガ拭ク事モ出来ナイ。ノミナラズ眼ノ球ヲサヘ動カス事モナラヌ。ソレハ自分等ニハ生レテ始メテノ大苦痛デアッタ」（『台湾行啓記録』）。

奉迎・送迎や旗行列・提灯行列には官吏・民間人・学校児童生徒が動員されたが、資格・整列の順序・集合時間・奉送迎の仕方などが事細かく規定されていた（「皇太子殿下奉送迎者心得」、国史館台湾文献館所蔵「大正十二年皇太子殿下奉迎書類九冊ノ内ノ五」参照)。たとえば駅舎で列車を奉迎する場合は、御召車がプラットホームに入るや一斉に敬礼し、皇太子の下車と同時に再度敬礼する。街路での奉送迎では、御召車が八歩手前に来たら敬礼し、六歩過ぎるまでその姿勢を保つことになっていた。旗行列では、服装・「気ヲ付ケ」のタイミング・旗の持ちかたや揚げかたが指示され、提灯行列では東門に設置したサイレンの音で「気ヲ付ケ」の姿勢をとり、花火の音を合図に万歳三唱し、その際提灯を高く掲げることとされた(「皇太子殿下奉迎旗行列要領」「皇太子殿下奉迎提灯行列一件」、同上文書)。

謁見は皇太子が「一視同仁」を示す重要な手段で、「単独拝謁」「列立拝謁」「列立奉拝」「御通過奉拝」の四種類に分類されていた。当然ながら、拝謁の仕方もその種類によって厳格に定められていた。たとえば「列立拝謁者心得」によると、拝謁者たちは「拝謁ノ方法」を以下のように指示されていた。「拝謁者ハ係員ノ案内ニ依リ、拝謁場所内点線ノ通リ静粛ニ整列シ、殿下御来場入口ノ所ニ成ラセラレタルトキ一同敬礼(体ノ上部ヲ前約十五度ニ傾ク)シ、御座所ニ着御ノトキ一同最敬礼(体ノ上部ヲ前約四十五度ニ傾ク)ヲ行ヒ、終リテ御退下ノトキ一同敬礼、御通過後旧ニ復シ係員ノ指揮ニ依リ退出ノコト」(同上文書)。

皇太子が来臨したあらゆる空間が厳格な規律によって均斉化されていること、これが「一視同仁」の具体的な表現である。それがもっとも厳格に訓練・実践されたのは教育現場だった。「奉送迎ニ関スル学校職員生徒児童心得」には、頭髪・爪の手入れや入浴から整列解散・奉送迎の手順、教室の教壇や皇太子の座所の位置まで、実に詳細な指示が記されている。「敬礼方」の一部を引いてみよう。「前駆ノ見エタル時、部隊ノ指揮者ハ「気ヲ付ケ」ノ号令ヲ下シテ直立不動ノ姿勢ヲ取ラシメ一斉ニ脱帽セシメ、御車ガ部隊ノ先頭約十メートル前ニ近接シタル時、「礼」ノ号令ヲ下シ上体ヲ稍《やや》前方ニ屈シ御車ニ注目シテ敬礼セシメ、約一呼吸間ノ後、徐《おもむろ》ニ上体ヲ元ノ姿勢ニ復シ其ノ部隊ノ後尾御通過マデ目迎目送セシメ、鹵簿《ろぼ》ガ全部其ノ部隊前ヲ通過シ終リタル後、「休メ」ノ号令ヲ下シ休息姿勢ヲ取ラシム」（『台湾教育』第二五二号、二〇一頁）。

皇太子の行啓場所でもっとも多かったのは学校などの教育機関で、滞在時間は一般に二〇分だった。前述の太平公学校には午前一一時一〇分に到着予定だったが、一七分早く一〇時五三分に到着した。それでも三〇分前には整列が終わっていたはずなので、奉迎に支障はなかった。台覧授業が四つおこなわれ、皇太子は予定どおり二〇分で学校を後にした。教室での皇太子の座所は教壇と同じ高さで、教室の正面の入口から約四尺（約一・二メートル）の所と決められていた。校長が先導して教室に入り、そのとき全員が起立、皇太子が席に着くとき最敬礼をする。退室の時刻がきたら、校長が皇太子に一、二歩、歩み寄り、それを合図に生徒は起立、皇太子が立ち上がるとき最敬礼、退室のときは体をその方向に向けて前傾姿勢で目送する。

数分のあいだに、これだけの儀礼を正確にこなさなければならなかった。それでも教員はもちろん生徒児童も、「ありがたかった」「名誉に思った」「感激した」などの感想を語った。なかには「我等新府の民に一視同仁の御慈愛深き御答礼を賜《たまわ》ったことは感激の至りである」、「忠君愛国の精神が、本当に自分に体得されたやうに思へて嬉しかった」と模範的な感想を述べる本島人生徒もいた（『台湾教育』行啓記念号、大正一二年五月）。こうした感想には幾分か社交辞令の気分も込められていたかもしれないが、それでも特訓を通じて創りだされた規律と秩序には重要な意味があった。「高貴な人」の来臨を迎える儀式をみごとに成し遂げるという目標と訓練を通じて、かれらに連帯と協調の精神を実感させ、皇太子（＝天皇）によって体現された「国体」のなかに自分たちを位置づける態度が創りだされたのである。

当然ながら、規律は路上の群衆にももとめられた。台北州警務部が発表した「拝観者心得」には、家の窓や戸口から覗き見したり二階などの高所から見下ろすことが禁じられ、服装に気をつけて鉢巻や襷《たすき》がけをしないこと、子供を肩に乗せたり、荷物を担いだまま立って見ないこと、煙草を吸ったり檳榔《びんろう》を噛んだりしないこと、精神異常者を外に出さないことなどの注意事項が記され、また皇太子滞在中は各戸に国旗掲揚が命じられた（『台湾日日新報』四月一六日付）。

新聞に発表された一般人に対する注意はまだしも柔らかな語で語られているが、警務局の内部文書はもっとあからさまである。たとえば「精神病者取締」の項では、「管内精神病者ハ予《あらかじ》メ之ヲ調査シ置キ、其ノ地行啓時ニ在リテハ勿論、御滞在中必要アル者ニ対シテハ検束ヲ加ヘ、或ハ監護人ヲ附セシメ、濫ニ戸外ヲ徘徊セシメ又ハ行啓地方面ニ旅行セシメザル様注意スベシ」とある（台湾総督府『台湾総督府事務成績提要』（大正一四年一二月）五七七頁）。また浮浪者や乞食などについても、「浮浪者、不良少年、支那人、支那労働者、其ノ他危険ト認ムル者ノ視察ヲ厳ニシ又ハ乞食ヲシテ行啓地付近ヲ徘徊セシムベカラズ」と命じた（同上五七八頁）。また犯罪予防の項では、「刑事警察上注意ヲ要スル者ニシテ行啓ニ際シ検束ノ要アリト認ムル者ナキヤ予《あらかじ》メ調査シ置キ、之《これ》ガ実行ニ方《あた》リ不都合ナキヲ期スベシ」としている（同上五八一頁）。

後でも触れるように、総督府の統治に対して従順ではないもの（あるいはその可能性があるもの）に対する統制・排除は厳格におこなわれた。前述の蔣渭水の事件が未然に阻止されたのは、警察があらかじめ厳戒していたからだろう。しかし他方で、こうした統制が実施されたこと、とくにそれが力づくに見えることを、総督府は極力避けようとした。警衛任務にあたる要員には、民衆に「丁寧懇切ヲ旨」として対処し、制止・説諭の際は「穏和ナル言語又ハ形容」により、大声を出すなどの「威権ヶ間敷《がましき》言行」をしないようにとの注意を加えている（同上五八五頁。実際には警官の横柄な態度に対する批判や不満の声があがった）。

演出の効果と実態

田は裕仁が離台した日の日記に、「本島人、今回の行啓において、初めて朝廷の尊厳とその至仁愛民の厚を認知す」と書いた（大正一二年四月二七日）。人口の九五パーセントが台湾人からなる島内を、分刻みで皇太子を移動させた総督が抱いた偽らざる実感だったのではないだろうか。『都新聞』（五月七日付）も田の感想を以下のように伝えている。「殿下を迎ふるに本島人全般の熱心さは想像以上で、彼らは始めて朝廷の有難さを感じたらしい。或者の如きは態々《わざわざ》私を訪ふて曰く、感泣といふ文字の意味を体験したのは殿下を迎へた時が始めてであった」。これは田の自己満足ではない。宮内省御用掛・国府種徳も行啓の効果を以下のように総括している。「本島人の知識階級や有力家などは、今度こそ真個に天下晴て日本人のお仲間入りした様だと衷心から子供の様に成って喜んでゐた」（『都新聞』五月三日）。総督府関係者や総督府と密接な関係にあった台湾人たちも、異口同音に同様な感想を漏らしているので、このような感想が事実の一面だったことは疑えない。しかし動員された台湾人たちに残された記憶は、それほど単純ではなかった。

　実は総督府は行啓の効果について、組織的な調査をしていた。「台湾行啓記録」の末尾には、主要都市での「内地人」と「本島人」の「感想」が、かなり丁寧に記録されている（以下の引用はすべて「台湾行啓記録」による）。内地人の感想は概ね田たちが期待した内容だが、なかには動員、国旗・提灯の新調、奉迎費用の強制などに対して強く反発するものもあった。台北のある町では一戸あたり七円の寄付が割り当てられたが、ある日本人は生計困難者や病気の人のためなら寄付するが、「宮様」のための寄付は断ると述べた。また家屋が見苦しいので改築を命じられた一日本人は、「人民ヲシテ益々苦痛ニ陥ル」なら、「摂政宮」ではなく「殺生宮」だと放言した。

　こうした不平は内地人では少数意見だが、本島人のあいだではかなり広く共有されていたらしい。「只一回ノ御通過ニ斯クノ如キ無意味ノ奉迎門ヲ建テ市民ヨリ多額ノ費用ヲ集メ今ノ不景気ニ何ンタル意味ナルヤ、日本人ノ心ガ解セラレン」と述べた本島人の感想が記録されている。皇太子の行列が通過するすべての町で奉迎門が作られ、夜は町の各地で電飾が施され、花火や提灯行列がおこなわれた。こうした行事と出費に対する不満は、総督が自分の名誉のために皇太子を招き、島民の生活を犠牲にしているとの批判になって現れた。また誰に対しても丁寧な答礼をした皇太子の「一視同仁」の態度には広く共感が集まったが、他方では道路規制の警官が本島人に対して差別的な態度をとったと非難する声もあった。台北の専門学校教師（本島人）は、総督府高官すら本島人を「チャンコロ」と呼んで差別意識を隠さず、公学校入学率は四五パーセントで、入学の際の家庭調査で身支度が不十分だと判断されたら入学できないことなど、実態は「一視同仁」とは程遠いことを非難した。

「台湾行啓記録」に収録された「感想」から浮かび上がってくるもう一つの事実は、動員された台湾人たちの多くが皇太子に対して十分な敬意を表さず、むしろ「冷淡」だったことである。「明大商科出身」の本島人会社員は、その理由を「故国ヲ愛スルノ念未ダ脳裡ヲ去ラザルガ為」だと説明した。ある「下級労働者」は、皇太子といっても「神様」ではなく「普通ノ人間」だから、わざわざ見に行くには及ばないとして奉迎に参加せずに仕事に行った。また別の本島人は、同胞の「教育程度」が低いために「皇室ノ尊厳」を知らず、皇太子通過のときも「警察官ノ注意ヲ受クル迄脱帽スルモノ殆ンドナク、従テ敬礼ヲ為スモノ無ク」という状態だったと歎いている。行啓や催し物の見物のために近郊から集まった人々もいたが、人出は「媽祖祭」の半分にも満たず、見物も「御祭気分」で「敬虔ノ念」が欠けていたという証言もある。かれらは警察官や下級官吏から皇太子の国政上の地位や身分について説明を受けていた。皇太子が「文武ノ長」だと聞くと、「減税等ノ御沙汰」があるだろうと期待する状態で、奉迎費用の拠出には拒絶反応を示すのが一般的だったらしい。

むろん台湾人といえども、行啓に批判的な人ばかりではなかった。台中で列立拝謁に浴した林泰榮という人物は以下のように語った。「我々ノ如キ卑賤ノ者ニ迄列立拝謁ノ光栄ヲ賜ハリシニ付、唯々皇恩ノ無限ナルニ感泣ノ外ナシ。拝謁当時ハ神気身ニ迫リ全身緊張シ何等感覚モナカリシガ、拝謁後始メテ殿下ノ御威徳ノ広大ナルニ今更感嘆セリ」。おそらく偽らざる実感だっただろう。恩典に浴した台湾人はそれなりに「一視同仁」に感激した。もっとも総督府に協力的な台湾人の代表といってよい辜顕栄《こけんえい》などが叙勲されたことに対して、ある本島人開業医は、「一旦緩急ノ場合」こうした人物は矛を逆さにするだろうと冷静な見方をして、総督府の意図を見抜いていた。

台湾人の「感想」でもう一つ目立つのは、台湾議会設置請願運動の関係者などに対する官憲の抑圧である。台中のある開業医は、以下のように語った。朝鮮人と異なって、「漢民族」たる台湾人は皇室の「尊厳」を心得ており穏健であるにもかかわらず、「当局ハ数百名ノ私服巡査ヲ以テ御道筋ハ勿論、本島人有力者宅付近ニモ数名ヲ派シ警戒ニ努メタル如キ最モ不快ヲ感ジタリ」。台湾議会設置請願運動の中心人物・林献堂は台湾の代表的な名望家の一人で、本拠地は台中市中心部から一〇キロメートルほど南方の霧峰である。おそらくその影響で台中や彰化には運動の賛同者が多かった[13]。かれらは前述の蔣渭水の行為に必ずしも同調したわけではなかったが、官憲の監視には強く反発した。

同じく台中の「要注意本島人」は、自分が尾行されたのはいかなる理由によるのかと当局を詰問し、自分だけでなく「相当ノ地位アル者」にも刑事が「前後ニ附随」したと非難した。また同じ人物は八卦山事件の関係者全員が検束された事実を明らかにし、「世間」では「彼等ノ境遇ニ同情」していると述べている。八卦山は彰化の東にある山で、一八九五年に北白川宮能久が率いる近衛師団がもっとも激しい抵抗を受けたことで知られる（台湾ではしばしば、ここで負傷したのが原因で、能久は台南で死亡したとされている）。八卦山頂には「北白川能久親王殿下記念碑」と題する碑が建てられていたが、一九二二年八月にその「王」の字が毀損される事件が起こり、二〇余人が逮捕された（陳翠蓮『百年追求』一〇二頁参照。なお陳は「拷問で無実の罪を着せられた」と述べている）。台中地域には総督府に対する反感が根強かったことが想像できよう。

台南のある開業医も「総督以下ノ官吏」が台湾人に圧迫を加えている事実を「憤慨ニ堪ヘザル所」とし、かれらは「自己ノ欲望ノミ」で仕事をしており、台湾の発展に尽くしているものは一人もいないと反発した。この人物によると、台湾議会請願の関係者は「数日前ヨリ巡査尾行シ外出ダニ出来ザル」状態だった。行啓は喜ばしいどころではない。本島人は「表面ハ圧迫ノ為ニ万歳ヲ唱ヘ御慶事ヲ祝福」するかもしれないが、それは「真実ノ言」であるか疑わしいという。別の開業医も台湾議会請願運動の関係者に対する「無理解ナル圧迫」に憤慨している。それによれば、関係者に対して行啓の五日前から昼夜の別なく尾行刑事が二名ずつ監視したのは「遺憾」に堪えない。台北の蔣渭水の運動についても、門前に「歓迎」の看板を出したのは本心から歓迎の意だったはずなのに、当局が彼を呼びだして深夜まで尋問したのは「圧迫甚ダシキモノ」という。

以上、「台湾行啓記録」末尾に掲載された「感想」を紹介した。総督府に対する忌憚ない批判も収録されていることを考えると、総督府が行啓に対する台湾社会各層（内地人、本島人、蕃人）の反応を正確に捉えようとしたことがわかる。

規律と一体感

台湾には種々の社会的亀裂があった。主要なものの一つは日本人と台湾人のあいだの断絶であり、台北ではそれが城内と大稲埕という形で、典型的に表象していたことはすでに述べた。もう一つは台湾人内部の亀裂で、社会のごく一部をなす知識人や名望家と大衆（「台湾行啓記録」では「下層社会」とか「下層島民」と表現されている）とのあいだに、意識の大きな断絶があった。知識人や名望家の一部は総督府に積極的に協力し、他の一部は抵抗運動に参加したが、大半は日本の統治に抵抗感を持ちつつ消極的に受容した。他方、「下層社会」の多くは日本の統治に「冷淡」な態度を持し、なかには一九二〇年代半ば以降の労働運動や農民運動に参加していったものもあった。

総督府はこうした事情を十分意識しながら、皇太子の行啓で「一視同仁」を演出し、その記憶を社会に根づかせようとした。台南の歩兵第二連隊の敷地に皇太子が植えた榕樹はその後「神木」と呼ばれていたという（『成大』第二三〇号、国立成功大学、二〇〇九年一一月、三二頁）。様々な場所に植えられた樹木や行啓場所も同様な扱いを受けて記憶されていったことだろう。台湾で出された様々な日本語雑誌は皇太子行啓の記念号を出し、新聞社などから写真集が出版された。また皇太子が台湾に到着した四月一六日は、八月三一日付で「皇太子殿下台湾行啓記念日」と定められ、行啓を記念する石碑もあちこちに建てられた。

行啓が日本の統治にどの程度の効果を与えたかは、むろん判定しがたい。しかし行啓の準備のために教育現場で繰り返し実施された訓練が及ぼした影響は無視できない。たとえば『都新聞』（四月二二日）は、裕仁の訪台が公学校生徒に与えた影響という趣旨で、以下のようなエピソードを伝えている。「（前略）殿下が白布を覆ひたる教壇の上に遺されたる靴の砂を拾ひ取って、家に持ち帰り祭壇に供えて居る。之は彼等本島民が高貴人に対する最も敬虔なる態度を示したもので、斯の如きことは領台以来曾て無かったことで、如何に彼等が行啓に感激して居るかを知ることが出来る」。小学校児童が書き残した複数の感想のなかに、皇太子の耳が目より下の位置にあることに着目し、これは貴人の相だと述べているものがある。これは前述した本島人たちの「冷淡」な態度と著しく異なっている。儀式の訓練や事前の教育を通じて、皇室を神聖な存在と受けとめる意識が児童たちに定着していたことを示している。

牧野宮相は在台最終日の四月二六日に、主として本島人子女が通う第三高等女学校（台湾人居住地区の艋舺にあった）を巡視し、日本語や奉迎歌が本邦人子女と変わりないほど上出来だったと感動している。「学校は本島人町にあり。往来の本島人歓迎振り意外に熱誠を表したり。総じて今回の奉迎には本島人も内地人に劣らず、或る場合にはより以上に意匠を凝らし出費も惜しまざりしが如し」（『牧野伸顕日記』七七頁）。

生徒たちは嫌になるほど練習させられたに違いない。皇太子が直接訪れた学校数は多くないが、行啓先の学校には付近の学校からも教員生徒が動員され、台覧授業を受けたり奉送迎に参加した。前述のように、そこではごく微細な点まで規律が要求されていた。運動会・儀式・合唱などの集団行動における訓練と規律は、かれらに皇太子の存在を軸にした一体感を体感させた。「台湾行啓記録」の末尾に収録された「蕃人ノ感想」で印象的なのは、かれらが「儀式」の難しさを告白していることである。ある蕃人は「兵隊ノ様ナ真似」をさせる学校教育に疑念を持っていたが、児童が自分にはできない規律を身につけているのを見て「教育ハシナケレバナラヌモノダ」と悟ったと語っている。

咳ひとつない静まり返った空間で、多数の児童生徒が皇太子の存在だけを意識して、「起立」「気ヲ付ケ」「整列」「敬礼」「歌唱」などの動作を一糸乱れずやり遂げること、これが「国体」と呼ばれる秩序の理想的表現だった。ここではもはや「見ること」や「見られること」による認知という意識すら二次的である。むしろ見えない存在を意識しながら、多数の人々がひたすら均一な動作に専心し、調和のとれた斉一な空間を創り出すことが重要だった。たとえば唱歌の際には歌唱の速さ・声の高低や大小などの一致が要求され、奉迎では整列・集合と離散・方向転換、敬礼のタイミングや姿勢など、高度の規律が要求された。許佩賢『殖民地台湾的近代学校』は、公学校における唱歌や体操の授業の意味を以下のように結論づけている。「体操と唱歌の授業は団体的一致協調を要求する。このような訓練を通じて、児童の身体は単なる個人の身体ではなく、団体に従属する身体となる。その団体とは自分のクラスであり、それは学校に拡大し、さらに国家に拡大して、最後にはすべての児童の身体は国家が動員することができる身体となる」（二一九〜二二〇頁）。執拗な訓練を通じて養われた規律と一体感こそが「一視同仁」の具象的表現だったのである。

註

序章　国体論という磁場

（1）国体論の定義が大日本帝国憲法と教育勅語によって与えられたことは通説と考えてよいが、清原貞雄が編纂し、内務省神社局編で出版された『国体論史』（一九二一年）もそのことを認めていたことを指摘しておく。この書は「凡例」で「国体なる語の内容は極めて広汎なり」と述べて、明治初期の天皇の詔勅における様々な使用例を紹介した後、憲法発布について「爾後、学者の国体を論ずるもの此憲法を以て其憑拠とせざるなし」と述べる（一七三頁）。そして教育勅語について「憲法に依りて法理上より我国体の根本を示し給へるもの、更に教育上より諭し玉へるものにして、茲に我国の道徳的国是定まり、国体に関して動かす可らざる解義を見たるなり」と述べている（一七九頁）。

（2）このような理解について、安丸良夫『日本近代化と民衆思想』や宮地正人『幕末維新変革史』から着想を得た。なお前田勉「水戸学の「国体」論」は、水戸学について同様な事情を指摘し、「カネの横行する不条理な現実にたいする憤り・正義感をバネに、万世一系の天皇に列なる幻想の出自・血統を人々に付与した」と述べている（『江戸後期の思想空間』三六四頁）。

（3）神道内部の複雑な対立については多くの研究が言及しているが、さしあたり平田派と津和野派の対立については羽賀祥二『明治維新と宗教』第三章、第四章を、伊勢派と出雲派の対立については藤井貞文『明治国学発生史の研究』を参照。

（4）佐々木はこの直後に「国体は変更する」（『世界文化』一九四六年一一月号）を発表して、自分の見解を議会外に発信した。これに対して、「政治の様式」としての国体は、国体ではなく「政体」だと和辻哲郎から揚げ足をとられて論争に発展した。和辻はそこで天皇は「日本国民の全体性を対象的に示すもの」と主張し、文化的意味での日本国民の全体性の体現者として天皇という観点から、国体は不変だと主張することになる。両者の論争は佐々木惣一『天皇の国家的象徴性』、和辻哲郎『国民統合の象徴』を参照。なおこの論争の概要については、拙著『日本政治思想』二三二頁以下参照。

第1章 「国体」の発見

（1） よく知られた代表的著書を挙げておく。内務省神社局編『国体論史』、伊東多三郎『国体観念の史的研究』、牧健二『日本国体の理論』、河野省三『国体観念の史的研究』など。なおここで指摘した二つの特徴については、長尾龍一「国体論史考」も参照。

（2） 国体／政体二分論が近代国体論の不可欠の概念装置である点について、これ以上の説明は不要だと思うが、国体論者自身もそのことを明確に意識していたことを指摘しておく。たとえば井上哲次郎『国民道徳概論』（増訂版）は、日本の国体が「万世一系の皇統」を基礎としていると指摘した後、その「付属的の特色」を七つ挙げており、その第一は「国体政体の分離」である。残りの六つを井上の記述の順に挙げると、忠君愛国の一致、皇室が国民の存在に先立つこと、祖先崇拝、家族制度、君臣の分、国民的統一体の持続性である（同書四三頁以下参照）。

（3） 幕府権力の「御威光」「御武威」が入念に仕組まれた格式や儀礼によって成り立っていたことについては渡辺浩「「御威光」と象徴——徳川政治体制の一側面」（『東アジアの王権と思想』所収）を参照。それは圧倒的な実力を背景にしていたので、外国勢力の前にその無力がさらけ出されたとき、たちまち威厳を失う運命にあった。

第2章 神々の欲望と秩序

（1） 近代の国体観念の淵源は近世神道にあるとの観点から、江戸期の儒者・仏教僧侶・国学者の神道論を広く検討した著作として前田勉『近世神道と国学』がある。労作であるが、扱われた神道論の相互関係や天皇の権威上昇の論理的な説明は必ずしも明快ではない。この大著のダイジェストといってよい『兵学と朱子学・蘭学・国学』第四章（一八四頁以下）で前田は、「神国」日本という観念を醸成した精神的基盤は社会的弱者の「ルサンチマン」だったと説明している。しかし近代の国体観念が成立するには、天皇の権威を梃子にした新たな秩序・道徳観が必要で、「ルサンチマン」だけでは説明できないと、わたしは考える。

（２）富士谷御杖の『古事記』解釈について、さしあたり鎌田東二『記号と言霊』三二七〜三三七頁、東より子「富士谷御杖の神典解釈」を参照。なお宣長の『古事記伝』は国学者にとって第一の準拠書となったので、不合理な話を字義のまま信じるという宣長の方法には様々な抵抗が起きた。たとえば橘守部「難古事記伝」（橘②、所収）は、『古事記』神代を「幼語」と解釈することによって宣長を批判したものである。つまり皇祖を神聖化するための経典として語り継がれた結果、子供に聞かせる童話のような形になったものと解釈したのである。御杖とは異なるが、不合理な物語を合理的に解釈しようとする意図では、両者は一致している。

（３）幕末期の国学の動向を概観したものとして、伊東多三郎『草莽の国学』、芳賀登『幕末国学の展開』などを参照。また政治思想については、松本三之介『国学政治思想の研究』が現在でももっとも包括的な研究である。

（４）国学者たちがなぜ日本語という言語の優越性を懸命に論証しようとしたかについては、相原耕作「国学・言語・秩序」、同「言語――賀茂真淵と本居宣長」、井上厚史「大国隆正の言語認識（その１）」、同「大国隆正の言語認識（その２）」などを参照。

（５）王政復古時の平田派の政治構想と評される矢野玄道「献芹詹語」には、明治天皇への推薦図書が列挙されている。そこには記紀や日本の歴史書のほかに、漢籍としては論語・孝経や中国の史書、そして「西洋ノ教化、天文・地理書類ヲモ兼テ御渉猟」すべきだと書かれている（大系㊿五五八頁）。少し誇張すれば、万世一系の天皇によるエスノセントリズムの価値観にもとづくなら、何でも受け入れることができたのである。

（６）尊王攘夷思想のダイアレクティックを体現したといえる吉田松陰について、徳富蘇峰が名著『吉田松陰』で次のように指摘したのは的を射たものといえる。「人あるいは松陰を以て、ただ一の正直者という、これ未だ松陰を識らず。彼は目的においては誠実なり、然れども手段においては、甚だ術策に富み、而してその術策中、不謹慎なるもの一にして足らず」（二二一頁）。

（1）岩倉具視関係の文書については、原則として『岩倉具視関係文書』（全八巻、日本史籍協会、東京大学出版会）、『岩倉公実記』（岩倉公旧蹟保存会、全三巻）にもとづき、引用の際は、本文中にそれぞれ「関係文書」「実記」と略記して巻と頁を記す。『岩倉具視関係文書』と『岩倉公実記』に共通する文書については、基本的に前者による。

（2）なおペリーとプチャーチンが来航した嘉永六年の一二月に、岩倉は関白・鷹司政通に意見を具陳している（「具視文武釁ヲ興スノ議ヲ鷹司政通ニ上ツル事」、『岩倉公実記』（上）九九頁以下）。内政は幕府に委任しても外交は一任せず、「御国体」にかかわる場合には、勅命によって差し止める覚悟が必要だと述べたものである。ここでも外交における危機感が朝廷の主導権と結びついている。

（3）ただし伊藤武雄『復古の硯師　玉松操』は、玉松が岩倉のもとで活動するようになったのは「慶応二年の夏」だったとの説を紹介している（同書二二頁）。「建武中興」ではなく「神武創業」に復帰するとしたのは、「度量ヲ宏クシ規模ヲ大ニセン」（『実記』）ためではなく、むしろ摂関政治以前に復帰することを口実に、旧来の公家政治家を排斥する意図を込めたものと理解すべきである（大久保④一七頁参照）。なお玉松は明治二年正月に堂上の地位に復し従五位に叙せられた。『明治天皇紀』が「当時出づる所の詔勅・制誥・官制・文移多くは其の草する所」と評しているのはあながち誇張ではないだろう（『明治天皇紀』②一九頁）。

（4）明治初期の神祇行政をめぐって、政権内部や神道家・国学者のあいだに複雑な内部対立があった。この点については、さしあたり井上順孝・阪本是丸編著『日本型政教関係の誕生』、羽賀祥二『明治維新と宗教』、阪本是丸『国家神道形成過程の研究』などを参照。また三ツ松誠「宗教　平田篤胤の弟子とライバルたち」が論点を要領よくまとめている。

（5）ちなみに「門下諸士ニ示ス書」の注記によれば、この文書は「岩公同盟ノ士」である宇田栗園・大橋慎三・香川敬三・原保太郎・古澤迂郎・山本復一などに示したものとされ、玉松や矢野の名前は出ていないが、この注記が誰の手になるものなのかは不明である。

（6）毛利敏彦『台湾出兵』一七〇頁参照。なお毛利はこの時期の大久保と岩倉のあいだに険しい対立があったと主張し（同書一四七頁以下）、佐々木克『岩倉具視』などとは著しく異なった資料解釈をしている。わたしは毛利の解釈に同調できない。

（7）佐々木高行『保古飛呂比』一八八一年三月四日の項で、佐々木は伊藤博文との興味深い会話を記録している（同書⑩一〇三頁以下）。伊藤は憲法制定について、「道理」からすれば「民約」でなければならないが、「今日ノ景況進歩ノ度」から「欽定」でなければまとまらないとし、「生意気ノ書記官」の急進論を批判した。これに対して佐々木は、「君夫レ顧ミヨ、明治五六年ノ間ト今日ト、君ノ思想如何」と、伊藤の思想の変化を揶揄した。佐々木の記述から推測すると、伊藤はこの時点でもまだ元老院の国憲案を前提にしていたらしいので、それを否定していた岩倉とのあいだには溝があった。

第4章　自由民権運動と明治初期の言論空間

（1）たとえば植木枝盛は一八七七年六月二四日の日記に、立志社の演説会で出席者二〇〇〇人、入場できずに帰った者二〇〇〇人で、混雑のため演説会は中途で閉会になったと記している（植木⑦一二五頁）。また北海道開拓使問題が焦点になっていた一八八一年九月一〇日の大阪戎座演説会には、「五千有余の聴衆」がつめかけたという（『自由党史』（中）六四頁）。

（2）井上馨はこのときの外務卿で、この書簡はドイツの「皇孫」が大阪吹田の禁漁区で遊猟して警察の取り調べを受けた事件に関して書かれたものである。不適切な対応をして無用な謝罪をすると、「国権」を口実に民衆を扇動するものが出てくるかもしれないと、福澤は警告した。

（3）『通俗国権論』が刊行された翌月の一〇月八日付『郵便報知新聞』に藤田茂吉「評国権論」が載る。福澤は外戦の覚悟について述べたもので、外戦を為すべしと主張しているのではないと注釈したもので、おそらく福澤の意を受けたものだろう。その翌日（一〇月九日）の社説「三大新聞ノ説ヲ駁ス」は、この時期に紙面をにぎわしていた外資導入論について『東京日日新聞』などを批判したものだが、「国権の伸縮」という語を使っている。一一月四日付の犬養毅の社説「腕力進取ス可キ論」は「我国権ヲ拡張」するために軍事力の必要を、一二月三日付の江口高邦「今日ノ急務」も「国権ヲ拡張スル」必要を説いている。そして一二月七日付には福澤の

『通俗国権論』第二編の未定稿が掲載されている。

第5章　歴史認識をめぐる抗争

(1)　以下、『開国始末』(輿論社、一八八八年三月二〇日発行)からの引用はページ数を本文中に記す。なお奥付の著者名は「神奈川県平民、嶋田三郎」となっているが、ここでは一般に通用している「島田」を使う。

(2)　『開国起原安政紀事』(東崖堂、一八八八年六月一五日発行)。引用は『戊辰始末・安政紀事』〈幕末維新史料叢書六〉によって、ページ数を本文中に記す。

(3)　島田が念頭に置いていた尊攘派の歴史認識の一つの典型として、島田も何度か引用している岡千仭『尊攘紀事』の記述を紹介しよう。岡は「我邦の開国は阿部氏の無断、堀田氏の憶断とに始まり、井伊氏の武断において成る」(原文は漢文)とし、この三人には「勇断」がなかったと批判する。開港は当然の処置だったが、無礼な外国と戦ってから開国すべきだった。もし敗れたら再度あるいは三度戦い、それでも勝てなかったら講和もやむをえないが、それでも脅迫されて開国するのに比べれば「下策」ではないという(巻之二、一八〜一九丁)。別の箇所では、「一戦して勝たざれば、再戦、再戦して勝たざれば三戦四戦。勝を以て驕らず、敗を以て屈せず。天下悉く大艦大砲の少なかるべからず、貿易通商の已むべからず、外国交際の講ぜざるべからざるを知る」と論じている(巻之四、二〇丁)。要するに、戦争によって国内の士気が高まり、軍備や開国の必要性についても、認識の一致ができるというのである。だから通商拒否が受け入れられなかったら、各国に事情説明の使節を派遣し、そのあいだに開鎖の得失を検討するとともに戦備を整えて、必要とあれば戦うと主張した徳川斉昭を高く評価するのである(巻之二、一一丁)。

(4)　『王政復古戊辰始末』については、巻一のみが『戊辰始末・安政紀事』〈幕末維新史料叢書六〉に収録されている。巻一からの引用は『戊辰始末・安政紀事』収録のものを利用した。収録されているのは三冊本の訂正増補再版ではなく、初版の一冊本である。なお引用にあたっては訂正増補再版も確認した。続巻は『王政復古戊辰始末』二(金港堂、一八八八年)、『王政復古戊辰始末』三(金港堂、一八八九年)で、引用ではそれぞれ「巻二」「巻三」と表記した。なお『戊辰始末・安政紀事』の「解説」には巻三は「なんらかの事情で世に出なかった」とあるが、誤りである。

（5）「日報社ノ組織ヲ明ニス」（一八八一年一二月二〇日の社説）、「新聞紙実歴」（文学全集⑪三三六頁以下）などを参照。なお金銭的な援助について、伝記作者の見解は分かれている。川辺真蔵『報道の先駆者　福地櫻痴』（二三二頁）は援助を否定しているが、柳田泉『福地櫻痴』（二一一頁以下）は、間接的に援助を肯定している。

第６章　裕仁皇太子の台湾行啓

（1）この詩は、桂太郎が第二代台湾総督に任命された際、桂・西郷従道海軍大臣・後藤新平内務省衛生局長とともに台湾を訪れた伊藤博文首相が書いたものである。林進發編著『台湾統治史』四五頁参照。

（2）この言葉は、総督として台湾に赴任すべく東京を出発する前日に、山縣有朋邸を訪問した田が山縣に語った台詞の内容である。国立国会図書館憲政資料室所蔵『田健治郎日記』大正八年一一月五日の記述。『田健治郎日記』は漢文であるが、引用文は原則として書き下し文に直し、文中に『日記』と略して年月日を記す。

（3）もちろん台湾で映写されただけではない。まだ裕仁が台湾に滞在中の四月下旬にすでに東京で上映されていたらしく、四月二五日付『読売新聞』は「皇太子台湾行啓映画、浅草日活系、松竹系、日本館の各館で上映して居る」と報じている。

（4）この総督府による呼称を本文でも使用するが、文脈によって、「内地人」を「日本人」、「本島人」と「生蕃」を合せて「台湾人」、「生蕃」を「先住民」と呼ぶこともある。なお陳翠蓮『台湾人的抵抗與認同』（六四頁以下）は、一九二〇年代以降、台湾において自らを「台湾人」とする意識が形成され、『台湾日日新報』でも「台湾人」という呼称が出てくると指摘している。

（5）なお公学校については、「蕃人」のみの公学校は就業四年で、その他は小学校と同様に六年だった。公学校の就学率は一九二三年度の段階で男子五一・八三％、女子一三・五八パーセントで平均三三・六五％だった（台湾通信社編『台湾年鑑』大正一三年版による）。

（6）台湾総督府官房調査局『大正一二年台湾総督府第二十七統計書』（一九二五年三月三一日発行）による。なおこの人口統計によると、総人口は三九七万六〇九八人で、「内地人」一八万一八四七人（四・五七％）、「本島人」

（ただし平地在住の「生蕃」を含む）三六七万九三七一人（九二・五四％）、「生蕃」八万四一七七人（二・一二％）、外国人三万七〇三人（〇・七七％）である。

（7）二荒芳徳・澤田節蔵『皇太子殿下御外遊記』一三九頁。また宮内大臣官房庶務課編『皇太子殿下海外御巡遊日誌』（八八頁）はそれを以下のように叙述している。「この時、唯群衆は殿下の響き渡れる御声を酔ふが如くに傾聴し、その読み終らせ給ふや一斉に拍手して、この堂々たる御答辞を熱烈に歎賞せり。集まれる日本人は此の御演説の御成功に対して、真に感激言ふ所を知らざりき」。さらに吉田茂『回想十年』によれば、五月九日のバッキンガム宮殿での国王ジョージ五世の歓迎会でも、裕仁の演説は「玉音朗々」たるもので「一同感激に堪えなかった」という（波多野勝『裕仁皇太子ヨーロッパ外遊記』八九頁）。

（8）「台湾行啓記録」には宮内庁書稜部所蔵文書と国立台湾図書館所蔵文書（マイクロフィルム）の二種類がある。前者は後者をもとに宮内省御用掛・国府種徳が執筆したもので、一部分が中京大学社会科学研究所台湾史研究センター編『台湾行啓記録』として翻刻されている。国立台湾図書館所蔵文書には宮内庁書稜部文書にはない記述がある。本章では前者を『台湾行啓記録』、後者を「台湾行啓記録」とし、前者については頁数を記す。

（9）その様子は当時の絵葉書で確認できる。神奈川大学非文字研究センターの「海外神社（跡地）に関するデータベース」の以下の写真を参照 http://www.himoji.jp/himoji/database/db04/permalink_img.php?id=3375（二〇一五年一月三〇日閲覧）。

（10）「台湾議会設置請願歌」の歌詞は以下のとおりである。「一、世界平和新紀元、欧風美雨、思想波瀾、自由平等重人権、警鐘鼓動、強暴推翻、人類莫相残、慶同歓、看、々、々、美麗台湾、看、々、々、崇高玉山。／二、日華親善念在茲、民情壅塞、内外不知、孤懸千里遠西陲、百般施設、民意為基、議会設置宜、政無私、嘻、々、々、東方君子、嘻、々、々、熱血男子。／三、神聖故郷可愛哉、天然宝庫、香稲良材、先民血汗掙得来、生聚教訓、我們応該、整頓共按排、漫疑猜、開、々、々、荊棘草莱、開、々、々、文化人材」。雑誌『台湾』第四年第二号（一九二三年二月）による。なおこの号は、台湾での頒布を禁止された。

（11）蔣渭水の伝記については、黄煌雄『蔣渭水伝』、蔣朝根編著『自覚的年代』など参照。なお蔣渭水は四〇歳の若さで病気で急死したが、現在、台湾でもっとも高く評価されている人物のひとりである。大稲埕地区には蔣渭水記念公園が作られ、台北—宜蘭間の高速道路は蔣渭水高速公路と名づけられている（ともに二〇〇六年竣工）。

(12) この二つの地域の権力関係は、日本の統治が終了した後も続いたと想定できる。台湾の現代史を画する一九四七年の二・二八事件の発端は、蔣渭水の大安医院があった場所から南に徒歩数分のところで起こった。煙草の密売をしていた台湾人女性が捜査の警察官などに暴行され、売上金も没収された。翌日、それに抗議する群衆が大稲埕から専売局・行政長官公署などにデモをして、占拠した放送局（現在の台北市二二八記念館）から事件を報道した。これに対して、国民党は全国的な白色テロによって鎮圧し、その後、一九四九年から戒厳令体制が三八年間続くことになった。反権力の中心が大稲埕にあり、城内に向かってデモが組織されたことは、台北の政治空間が城内と大稲埕に相かかわらず分断されていたことを示唆している。さらに付言すると、二〇一四年の春節（旧正月）用に『大稲埕』という娯楽映画が公開された。現代の青年が一九二〇年代の大稲埕にタイムスリップするという筋立てで、皇太子行啓も主要なエピソードとして取り入れられている。史実とは異なり、裕仁の車は自由と平等な権利を要求するデモ隊に取り囲まれ、早々に退散する。主要な登場人物たちが「われわれは大稲埕の台湾人だ」と叫ぶシーンが印象的である。

(13) 陳翠蓮『百年追求』（八九頁）によると、台湾議会設置請願運動・台湾文化協会から台湾民衆党までの反抗運動関係者は中部地域の人が大半を占め、とくに彰化人が最多だった。日本官憲にとってそれは「頭痛」の種で、『台湾日日新報』は彰化を「思想悪化」地域と呼んだという。

参考文献

個人全集・著作集

『新修　生田萬全集』（教育出版センター）
『植木枝盛集』（岩波書店）
『増補　大国隆正全集』（国書刊行会）
『大久保利謙歴史著作集』（吉川弘文館）
『北一輝著作集』（みすず書房）
『木下尚江全集』（教文館）
『陸羯南全集』（みすず書房）
『復刻版　佐藤信淵家学全集』（岩波書店）
『島田三郎全集』（龍渓書舎）
『橘守部全集』（国書刊行会）
『伴林光平全集』（湯川弘文社）
『中江兆民全集』（岩波書店）
『橋本景岳全集』（畝傍書房）
『新修　平田篤胤全集』（名著出版）
『福澤諭吉全集』（岩波書店）
『新編　富士谷御杖全集』（思文閣出版）
『丸山眞男集』（岩波書店）

『本居宣長全集』（筑摩書房）
『吉田松陰全集』（大和書房）
『山川均全集』（勁草書房）

「日本思想大系」（岩波書店）、「日本近代思想大系」（岩波書店）、「明治文学全集」（筑摩書房）

『荻生徂徠』〈日本思想体系36〉（岩波書店）
『近世神道論・前期国学』〈日本思想大系39〉（岩波書店）
『本居宣長』〈日本思想大系40〉（岩波書店）
『安藤昌益・佐藤信淵』〈日本思想大系45〉（岩波書店）
『平田篤胤・伴信友・大国隆正』〈日本思想大系50〉（岩波書店）
『国学運動の思想』〈日本思想大系51〉（岩波書店）
『水戸学』〈日本思想大系53〉（岩波書店）
『渡辺崋山・高野長英・佐久間象山・横井小楠・橋本佐内』〈日本思想大系55〉（岩波書店）
『幕末政治論集』〈日本思想大系56〉（岩波書店）
『天皇と華族』〈日本近代思想大系2〉（岩波書店）
『教育の体系』〈日本近代思想大系6〉（岩波書店）
『言論とメディア』〈日本近代思想大系11〉（岩波書店）
『歴史認識』〈日本近代思想大系13〉（岩波書店）
『民衆運動』〈日本近代思想大系21〉（岩波書店）
『福地櫻痴集』〈明治文学全集11〉（筑摩書房）
『田口鼎軒集』〈明治文学全集14〉（筑摩書房）
『徳富蘇峰集』〈明治文学全集34〉（筑摩書房）
『明治史論集（一）』〈明治文学全集77〉（筑摩書房）

『明治史論集（二）』〈明治文学全集78〉（筑摩書房）

上記以外の資料集

『井上毅伝　史料篇』（国学院大学図書館）
『岩倉公実記』（岩倉公旧蹟保存会）
『岩倉具視関係文書』（東京大学出版会）
『大久保利通関係文書』（吉川弘文館）
『大久保利通文書』（東京大学出版会）
『海南新誌・土陽雑誌・土陽新聞　全』（弘隆社）
『木戸孝允日記』（東京大学出版会）
『木戸孝允文書』（東京大学出版会）
『孝明天皇紀』（平安神宮）
『嵯峨実愛日記』（東京大学出版会）
『昨夢紀事』（東京大学出版会）
『侍従武官長奈良武次日記・回顧録』（波多野澄雄・黒沢文貴編、柏書房）
『自由党史』（板垣退助監修、岩波文庫）
『自由民権思想』〈資料日本社会運動思想史一〉（青木書店）
『史料　公用方秘録』（彦根城博物館）
『神道叢書』（佐伯有義編纂、思文閣）
『神道大系　論説篇二七　諸家神道（上）』（神道大系編纂会）
『枢密院会議議事録』（東京大学出版会）
『台湾行啓記録』（中京大学社会科学研究所台湾史研究センター編、中京大学社会科学研究所）
『台湾行啓記録』（マイクロフィルム、国立台湾図書館蔵）

『田健治郎日記』（国立国会図書館憲政資料室蔵）
『幕末思想集』〈日本の思想20〉（鹿野政直編、筑摩書房）
『原敬日記』（福村出版）
『福澤諭吉書簡集』（岩波書店）
『保古飛呂比』（東京大学出版会）
『牧野伸顕日記』（中央公論社）
『水戸藩史料』（吉川弘文館）
『明治天皇紀』（吉川弘文館）
『明治文化全集』雑誌篇（日本評論社）
『明治文化全集』自由民権篇（日本評論社）
『明治文化全集』新聞篇（日本評論社）
『明治文化全集』正史篇（日本評論社）
『明六雑誌』（岩波文庫）
『元田永孚文書』（元田文書研究会）
『横井小楠関係史料』（東京大学出版会）

その他の参考文献

（1）著書

青井哲人『植民地神社と帝国日本』（吉川弘文館、二〇〇五年）
新井白石『折たく柴の記』（岩波文庫、一九九九年）
家近良樹『幕末の朝廷』（中央公論新社、二〇〇七年）
井出季和太編『台湾治績志』（成文出版社、一九八五年）
伊藤至郎『鈴木雅之研究』（青木書店、一九七二年）

伊藤武雄『復古の硯師　玉松操』（金鶏学院、一九二七年）
伊東多三郎『国体観念の史的研究』（同文館、一九三六年）
伊東多三郎『近世国体思想史論』（同文館、一九四三年）
伊藤博文『憲法義解』（丸善株式会社、一九三五年）
稲田正次『明治憲法成立史』（有斐閣、一九七八年）
稲田正次『明治憲法成立史の研究』（有斐閣、一九七九年）
井上哲次郎『国民道徳概論』（増訂版、三省堂、一九一九年）
井上順孝・阪本是丸編著『日本型政教関係の誕生』（第一書房、一九八七年）
茨城県立歴史館史料学芸部編『否塞録・悔慚録・明示録』〈茨城県立歴史館史料叢書一六〉（茨城県立歴史館、二〇一三年）
岩倉具忠『岩倉具視――『国家』と『家族』』（財団法人国際高等研究所、二〇〇六年）
遠流台湾館編『台北古城深度旅遊』（遠流出版事業股份有限公司、二〇〇〇年）
大久保利謙『岩倉具視』（中公新書、一九七三年）
大阪毎日新聞社編纂『皇太子殿下　御渡欧記念写真貼』（大阪毎日新聞社、一九二一年）
大野泰雄『自由官権両党人物論』第二編（九春社、一八八二年）
岡千仭『尊攘紀事』（竜雲堂、一八八二年）
岡本武雄『王政復古戊辰始末』巻一、巻二、巻三（金港堂、一八八八〜八九年、巻一のみ『戊辰始末・安政紀事』〈幕末維新史料叢書六〉（人物往来社、一九六八年）に所収）
岡本武雄（中村武夫）『泣血録』（江間政發、一九〇〇年）
岡本（中村）武雄『桑名藩戦記』（国立公文書館蔵）
小川原正道『大教院の研究』（慶應義塾大学出版会、二〇〇四年）
鹿児島縣編『鹿児島縣史』第三巻（鹿児島県、一九四一年）

笠原英彦『天皇親政』（中公新書、一九九五年）
霞会華族資料調査委員会編纂『華族会館誌』（吉川弘文館、一九八六年）
霞会館編纂『華族会館史』（非売品、一九六六年）
鎌田東二『記号と言霊』（青弓社、一九九〇年）
川辺真蔵『報道の先駆者　福地櫻痴』（三省堂、一九四二年）
許佩賢『殖民地台湾的近代学校』（遠流、二〇〇五年）
宮内大臣官房庶務課編『皇太子殿下海外御巡遊日誌』（宮内大臣官房庶務課、一九二三年）
久保義三『対日占領政策と戦後教育改革』（三省堂、一九八四年）
黄煌雄『蔣渭水伝――台湾的孫中山』（時報文化出版、二〇〇六年）
黄煌雄『両個太陽的台湾――非武装抗日史論』（時報文化出版、二〇〇六年）
皇典講究所編『皇典講究所五十年史』（皇典講究所、一九三二年）
河野省三『国体観念の史的研究』（電通出版社、一九四二年）
昆野伸幸『近代日本の国体論』（ぺりかん社、二〇〇八年）
坂本孝次郎『象徴天皇がやって来る』（平凡社、一九八八年）
阪本是丸『明治維新と国学者』（大明堂、一九九三年）
阪本是丸『国家神道形成過程の研究』（岩波書店、一九九四年）
佐倉政蔵（血涙居士）『志士壮士民間人物論』（能勢土岐太郎、一八八八年）
佐々木克『戊辰戦争』（中公新書、一九七七年）
佐々木克『江戸が東京になった日』（講談社、二〇〇一年）
佐々木克『幕末の天皇・明治の天皇』（講談社学術文庫、二〇〇五年）
佐々木克『岩倉具視』（吉川弘文館、二〇〇六年）
佐々木惣一『天皇の国家的象徴性』（甲文社、一九四九年）
里見岸雄『国体に対する疑惑』（里見研究所出版部、一九二八年）

篠田正作『智識進歩少年立志之友』（鍾美堂、一八九二年）
島田三郎『開国始末』（輿論社、一八八八年）
謝春木『台湾人の要求』（台湾新民報社、一九三一年）
周婉窈『日據時代的台湾議会設置請願運動』（自立晩報社、一九八九年）
蔣朝根編著『自覚的年代――蔣渭水歴史影像紀実』（国立国父記念館、二〇〇九年）
白井聡『永続敗戦論――戦後日本の核心』（太田出版、二〇一三年）
末広重恭『二十三年未来記』（博文堂、一八八六年）
杉田敦『権力の系譜学――フーコー以後の政治理論に向けて』（岩波書店、一九九八年）
台湾総督府編『台湾事情』（大正一二年版）（影印版、成文堂出版社、一九八五年）
台湾総督府編『台湾日誌』（緑蔭書房、一九九二年）
台湾総督府編『台湾総督府事務成績提要』（大正一四年一二月）
台湾総督府官房調査局『大正十二年台湾総督府第二十七統計書』（一九二五年三月三一日発行）
台湾総督府警務局編『台湾社会運動史』（台湾総督府警務局、一九三九年）
台湾総督府交通局鉄道部篇『台湾鉄道案内』（一九三二年）
台湾通信社編『台湾年鑑』（大正一三年版）
高橋秀直『幕末維新の政治と天皇』（吉川弘文館、二〇〇七年）
高橋昌郎『島田三郎伝』（まほろば書房、一九八八年）
高濱三郎『台湾統治概史』（新行社、一九三六年）
陳翠蓮『台湾人的抵抗與認同（一九二〇～一九五〇）』（曹永和文教基金会、二〇〇八年）
陳翠蓮『百年追求――台湾民主運動的故事』（巻一）（衛城出版、二〇一三年）
辻達也編『天皇と将軍』〈日本の近世2〉（中央公論社、一九九一年）
土田杏村『国文学の哲学的研究』（第一書房、一九二七年）
田健治郎伝記編纂会編『田健治郎伝』（田健治郎伝記編纂会、一九三二年）

徳重浅吉『維新精神史研究』（立命館出版部、一九三四年）
徳富蘇峰『吉田松陰』（岩波文庫、一九八一年）
徳富蘇峰編述『岩倉具視公』（民友社、一九三二年）
内藤耻叟『開国起原安政紀事』（東崖堂、一八八八年、『戊辰始末・安政紀事』〈幕末維新史料叢書六〉（人物往来社、一九六八年）に所収）
内藤耻叟『徳川十五代史』第十二巻（博文館、一八九三年）
内藤耻叟『破邪論集』（哲学書院、一八九三年）
内務省神社局編『国体論史』（内務省神社局、一九二一年）
ナカイ、ケイト・W（平石直昭・小島康敬・黒住真訳）『新井白石の政治戦略』（東京大学出版会、二〇〇一年）
二荒芳徳・澤田節蔵『皇太子殿下御外遊記』（大阪毎日新聞社・東京日日新聞社、一九二四年）
沼田哲『元田永孚と明治国家』（吉川弘文館、二〇〇五年）
野口武彦『江戸の歴史家——歴史という名の毒』（筑摩書房、一九七九年）
野口武彦『鳥羽伏見の戦い』（中公新書、二〇一〇年）
野崎守英『道——近世日本の思想』（東京大学出版会、一九七九年）
羽賀祥二『明治維新と宗教』（筑摩書房、一九九四年）
芳賀登『幕末国学の展開』（塙書房、一九六三年）
波多野勝『裕仁皇太子ヨーロッパ外遊記』（草思社、一九九八年）
原武史『大正天皇』（朝日新聞社、二〇〇〇年）
原武史『可視化された帝国——近代日本の行幸啓』（みすず書房、二〇〇一年）
原武史『昭和天皇』（岩波書店、二〇〇八年）
原口清『王政復古への道』〈原口清著作集2〉（岩田書店、二〇〇七年）
春山明哲・若林正丈『日本植民地主義の歴史的展開』（アジア政経学会、一九八〇年）
林進發編著『台湾統治史』（民衆公論社、一九三五年）

ビックス、ハーバート（吉田裕監修）『昭和天皇』（上）（講談社、二〇〇五年）
フーコー、ミシェル（渡辺一民・佐々木明訳）『言葉と物――人文科学の考古学』（新潮社、一九七六年）
藤井貞文『明治国学発生史の研究』（吉川弘文館、一九七七年）
藤田覚『幕末の天皇』（講談社、一九九四年）
藤田覚『近世政治史と天皇』（吉川弘文館、一九九九年）
藤田覚『江戸時代の天皇』〈天皇の歴史第六巻〉（講談社、二〇一一年）
古川隆久『昭和天皇――「理性の君主」の孤独』（中公新書、二〇一一年）
文化庁文化部宗務課編『明治以降宗教制度百年史』（原書房、一九八三年）
ベルツ、トク『ベルツの日記』第一部上（岩波文庫、一九七五年）
前田愛『近代読者の成立』〈同時代ライブラリー一五一〉（岩波書店、一九九三年）
前田勉『近世神道と国学』（ぺりかん社、二〇〇二年）
前田勉『兵学と朱子学・蘭学・国学――近世日本思想史の構図』（平凡社、二〇〇六年）
前田勉『江戸後期の思想空間』（ぺりかん社、二〇〇九年）
牧健二『日本国体の理論』（有斐閣、一九四〇年）
牧原憲夫『客分と国民のあいだ』（吉川弘文館、一九九八年）
松尾正人『廃藩置県の研究』（吉川弘文館、二〇〇一年）
松本三之介『国学政治思想の研究』（未來社、一九七二年）
箕田亨編『主権纂論』（萬字堂、一八八二年）
宮地厳夫『祭天古俗説弁義』（国光社、一八九二年）
宮地正人『天皇制の政治史的研究』（校倉書房、一九八一年）
宮地正人『幕末維新変革史』（上）（下）（岩波書店、二〇一二年）
毛利敏彦『台湾出兵』（中公新書、一九九六年）
安丸良夫『日本近代化と民衆思想』（青木書店、一九七四年）

安丸良夫『神々の明治維新』（岩波新書、一九七九年）
安丸良夫『近代天皇制の形成』（岩波書店、二〇〇一年）
柳田泉『福地櫻痴』（吉川弘文館、一九六五年）
矢野太郎『矢野玄道』〈愛媛県先哲偉人叢書〉（愛媛県教育会、一九四三年）
山口周三『資料で読み解く　南原繁と戦後教育改革』（東信堂、二〇〇九年）
山崎正董『横井小楠伝』（上）（中）（下）（日新書院、一九四二年）
山路勝彦『台湾の植民地統治――〈無主の野蛮人〉という言説の展開』（日本図書センター、二〇〇四年）
山住正己『教育勅語』（朝日新聞社、一九八〇年）
吉原康和『靖国神社と幕末維新の祭神たち――明治国家の「英霊」創出』（吉川弘文館、二〇一四年）
米原謙『植木枝盛――民権青年の自我表現』（中公新書、一九九二年）
米原謙『近代日本のアイデンティティと政治』（ミネルヴァ書房、二〇〇二年）
米原謙『日本政治思想』（ミネルヴァ書房、二〇〇七年）
頼山陽『日本外史』（上）（岩波文庫、一九七六年）
頼西安『台湾民族運動倡導者――林献堂傳』（近代中国雑誌社、一九九一年）
若林正丈『台湾抗日運動史研究〈増補版〉』（研文出版、二〇〇一年）
渡辺浩『東アジアの王権と思想』（東京大学出版会、一九九七年）
和辻哲郎『国民統合の象徴』（勁草書房、一九四八年、『和辻哲郎全集』第一四巻に収録）

（2）論文

相原耕作「国学・言語・秩序」（『日本思想史講座3――近世』ぺりかん社、二〇一二年）
相原耕作「言語――賀茂真淵と本居宣長」（河野有理編著『近代日本政治思想史』ナカニシヤ出版、二〇一四年）
秋元信英「大政紀要の研究」（一）～（五）（『神道学』第六四～六八号、一九七〇～七一年）
秋元信英「幕末・明治初期の内藤耻叟」（『国学院女子短期大学紀要』三、一九八五年）

東より子「富士谷御杖の神典解釈――「欲望」の神学」（『季刊日本思想史』第六四号、二〇〇三年）
井上厚史「大国隆正の言語認識（その1）――『古伝通解』の注釈について」（『地域研究調査報告書』第3集、島根県立国際短期大学、一九九六年）
井上厚史「大国隆正の言語認識（その2）――『音図神解』の注釈について」（『地域研究調査報告書』第5集、島根県立国際短期大学、一九九八年）
井上智勝「明治維新と神祇官の「再興」」（『将軍と天皇』〈シリーズ日本人と宗教　第一巻〉春秋社、二〇一四年）
大久保利謙「明治憲法の制定過程と国体論――岩倉具視の『大政紀要』による側面観」（宇野俊一編『立憲政治』〈論集日本歴史11〉有精堂出版、一九七五年）
金子展也「台湾神社の創建と祭典時の催し物の変容」（『年報非文字資料研究』第八巻、二〇一二年）
許雪姫「林献堂――台湾人良心の体現者」（若林正丈訳、趙景達・原田敬一・村田雄二郎・安田常雄編『講座　東アジアの知識人』第四巻、有志舎、二〇一四年）
呉馥旬「由一九二三年裕仁皇太子台湾行啓看都市空間之変化」（国立成功大学建築研究所碩士論文、二〇〇五年）
長尾龍一「国体論史考」（『日本人の自己認識』〈近代日本文化論2〉岩波書店、一九九九年）
春山明哲「明治憲法体制と台湾統治」（『岩波講座・近代日本の植民地4』岩波書店、一九九三年）
三ツ松誠「宗教　平田篤胤の弟子とライバルたち」（河野有理編著『近代日本政治思想史』ナカニシヤ出版、二〇一四年）
母利美和「神宮文庫所蔵中村不能斎著「磯打浪摘要」」（『史窓』六六号、二〇〇九年）
横森久美「台湾における神社――皇民化政策との関連において」（『台湾近代史研究』第四号、一九八二年）
米原謙「裕仁皇太子の台湾行啓――「一視同仁」の演出」（『阪大法学』第六二巻第六号、二〇一三年）
若林正丈「一九二三年東宮台湾行啓の〈状況的脈絡〉――天皇制の儀式戦略と日本植民地主義・その1」（『教養学科紀要』第一六号、一九八四年）
若林正丈「一九二三年の東宮台湾行啓――天皇制の儀式戦略と日本植民地主義」（平野健一郎編『近代日本とアジア――文化の交流と摩擦』東京大学出版会、一九八四年）

若林正丈「一九二三年東宮台湾行啓と「内地延長主義」」（『岩波講座　近代日本と植民地2』岩波書店、一九九二年）
渡辺昭夫「侍補制度と「天皇親政」運動」（『歴史学研究』第二五二号、一九六一年）
渡辺昭夫「天皇制国家形成途上における「天皇親政」の思想と運動」（『歴史学研究』第二五四号、一九六一年）

初出一覧

本書に収録した論文の初出は以下の通りである。

序　章　国体論という磁場　書き下ろし

第1章　「国体」の発見　『政治思想研究』第八号、二〇〇八年五月（原題は「近代国体論の誕生――幕末政治思想の一断面」）

第2章　神々の欲望と秩序――幕末国学の国体論　『阪大法学』第六〇巻第一号、二〇一〇年五月

第3章　「地球上絶無稀有ノ国体」を護持するために――岩倉具視の構想　『阪大法学』第六一巻第六号、二〇一二年三月

第4章　自由民権運動と明治初期の言論空間　平石直昭・金泰昌編『知識人から考える公共性』東京大学出版会、二〇〇六年三月（原題は「自由民権運動と公共世界」）

第5章　歴史認識をめぐる抗争――明治二〇年代の国体論　書き下ろし

第6章　裕仁皇太子の台湾行啓――「一視同仁」の演出　『阪大法学』第六二巻第六号、二〇一三年三月

あとがき

知らない土地を訪ねるときは、胸のポケットに山歩き用のコンパスを入れていくことにしている。バスやタクシーに乗ったとき、進行方向がわかれば、地図上で自分の位置を確認でき、風景と重ね合わせると、脳裡に立体化した記憶を残すことができる。街歩きのときも、地下街や複雑な路地に入り込んでも、方位を確認すれば、見当違いな場所に出てしまう心配はない。

二十代後半から始めた山歩きからこんな癖がついた。その頃、わたしは阪急宝塚線の沿線に住んでいて、気分転換に四季折々の六甲山に登るようになり、そのうち夏は日本アルプスの三千メートル級の山に行くのが習慣のようになった。続けようととくに努力したわけではないのに、折にふれて（ことさら重い荷物を背負って、しかもたいていの場合は独りで）山に出かけるのは、俗にいう「性に合って」いるのだろう。大学時代にワンゲル部とか山岳部に所属していたわけではないので、登山に関する知識は見よう見真似と書籍による独学で身につけた（「山岳地図の読みかた」「山で死なないために」「登山の体育生理学」など）。

日本で山歩きをする人は、たいてい昭文社のシリーズ「山と高原地図」を利用する。日本全国の主要な山はすべてカバーされており、その地域の山を自宅の庭のように熟知している人が踏査して、ルートを書き入れ、コースタイムのほか、危険個所や迷いやすい場所などの注記を入れてくれている。長いあいだ、わたしもこのシリーズを頼りにあちこちの山を歩いた。しかしある時、自分にとても奇妙な癖がついていることに気づいた。たとえば地図に、登山口から沢に沿って三〇分歩いた後、尾根に取りつき、四〇分歩いたら小ピークに達すると書いてあるとしよう。わたしは時計を見ながら歩き、二五分ほどで尾根に辿りついたら「しめた、五分稼いだ、後で余分に休憩しよう」と考える。その後、三〇分ほど尾根を登ったら、そろそろ小ピークに達する頃だと考え、四〇分歩いてもそれらしい地点に着かなかったら、どこかで道を間違えたのではないかと不安になる……。要するに、地形や距離をすべて時間に換算していたのである。

その後、わたしは二万五千分の一地図に赤鉛筆でルートを書き入れ、山中ではそれだけを参照して歩くことにした。縮尺度が大きい「山と高原地図」は広範囲をカバーしているので、山頂で遠くに見える山を特定するのに不可欠だが、この地図に頼ると山歩きの意味が半減すると考えた。距離や高度差、地形を読み解き、コンパスを頼りに何度もルートを確認して歩くようになって、踏み跡がない新雪の山でも自信を持てるようになった。山歩きの新たな楽しみだった。

山歩きと研究を無理に結びつけるつもりはないが、この二つの営みはわたしにはとても似通っているように思える。目標に向かって、少しずつだが、絶えず努力を積み重ねていく。道に迷うこともあるし、目標がわからなくなることもある。見失ったルートに戻るために、降りてしまった急坂を苦しみながら登り直さねばならないこともある。熊に遭遇したり、思わず滑落する危険もつねに存在する。心の隅に潜在する黒い不安を克服して、これまで歩いた経験がないコースに挑む小さな冒険精神を、わたしはこれからも持ち続けたい。

以上は「言わずもがな」だったが、一つには心身ともに衰えるばかりの自分を叱咤し、もう一つには本書の副題への解題という意味をこめて書いた。本書は、「国体」という語にこだわりながら、国体論の生成過程を思想史的に辿ろうとしたものである。わたしは近代日本の言論の構造を根底から拘束した見えない磁場が存在していたと考え、その生成と展開を跡づけたいと思った。しかし問題はあまりにも大きく、資料を読めば読むほど、自分の能力を超えていると痛感しないわけにはいかなかった。この七、八年のあいだ何度も放棄しようとしては、また気を取り直してとり組んだ結果が本書である。第1章に収録した論文を書いたとき、先の見通しはほとんどなかった。試行錯誤のなかから自分なりにルートを見つけたつもりだが、わたしが主尾根と思ったものは実際は単なる支尾根かもしれず、ピークと見たものは途中の小ピークにすぎないかもしれない。しかしここであきらめず、今後ももっともっと樹間を歩いて等高線を書き入れ、山容をもっと明快にし、さらにこの後に連なる山稜がどのような姿をしているのか、確認したい。

本書は貧しい成果だが、それでも多くの人びとの学恩を受けている。最小限のお名前だけを挙げさせていただく。最初の論文を発表した後と原稿を出版社に渡した後の二度、研究会で発表の機会を与えていただいた井上厚史氏。島根での発表の際に国体論に関する書籍を何冊も貸与してくださった飯田泰三先生。抜き刷りをお送りするたびに弱点を射ぬいた短評を寄せてくださった渡辺浩氏。第1章の論文を『政治思想研究』に投稿した際に査読を担当された宮村治雄氏からは、忌憚のない感想を聞かせていただいた。鄭子真小姐は台湾での研究で惜しみない助力を提供された。出原政雄氏と寺島俊穂氏は、定年退職後、資料の閲覧に苦慮していたわたしに、同志社大学と関西大学の附属図書館の利用の便を提供してくださった。また〈丸山眞男を読む会〉の老若の仲間からは、いつも他では得られない刺激を受けている。

最後に、本書の編集を担当されたミネルヴァ書房の田引勝二氏に。本書第1章の論文を『政治思想研究』に発表したとき、真っ先に声をかけてくださったのは田引氏であり、大阪大学での最終講義で第6章の内容を発表したときにもわざわざ足を運んでいただいた。田引氏のお世話になるのは『日本政治思想』（二〇〇七年）に次いで二度目だが、前著では怠けて「あとがき」を書かなかった。前著の分もあわせて、ここに謝意を表したい。ありがとうございました。

二〇一五年一月　軒先の吊るし柿をメジロが啄ばむ日

米原　謙

人名索引

あ　行

か　行

さ　行

た　行

な　行

は　行

ま　行

や　行

ら・わ　行

《著者紹介》

米原　謙（よねはら・けん）

1948年　徳島市生まれ。
1980年　大阪大学大学院法学研究科博士課程単位取得退学。
下関市立大学経済学部講師・助教授，大阪大学教養部助教授，同大学院国際公共政策研究科教授などを歴任し，2013年定年退職。
パリ第四大学（フランス政府給費留学生），東京大学法学部（文部省内地研究員），パリ政治学院（客員研究員），北京外国語大学日本学研究中心（派遣教授），国立成功大学（招聘教授），国立政治大学（客座教授）などで研究・教育に従事し，2016年から中国人民大学講座教授。

主　著　『日本近代思想と中江兆民』新評論，1986年。
『兆民とその時代』昭和堂，1989年。
『植木枝盛——民権青年の自我表現』中公新書，1992年。
『日本的「近代」への問い——思想史としての戦後政治』新評論，1995年。
『近代日本のアイデンティティと政治』ミネルヴァ書房，2002年。
『徳富蘇峰——日本ナショナリズムの軌跡』中公新書，2003年。
『日本政治思想』ミネルヴァ書房，2007年。

MINERVA 歴史・文化ライブラリー㉖
国体論はなぜ生まれたか
——明治国家の知の地形図——

2015年4月30日　初版第1刷発行　〈検印省略〉
2016年9月20日　初版第2刷発行

定価はカバーに
表示しています

著　者　米　原　　　謙
発行者　杉　田　啓　三
印刷者　藤　森　英　夫

発行所　株式会社　ミネルヴァ書房
607-8494　京都市山科区日ノ岡堤谷町1
電話代表　(075)581-5191
振替口座　01020-0-8076

亜細亜印刷・新生製本

ISBN978-4-623-07344-3
Printed in Japan